समाचार पत्र एवं पत्रकारिता

सम्पादन, पत्रकार एवं जनसंचार
के क्षेत्र में करियर बनाने हेतु एक उपयोगी पुस्तक

डॉ. सच्चिदानन्द शुक्ल
एम.ए., पी.एच.डी.

वी एण्ड एस पब्लिशर्स

प्रकाशक

वी एण्ड एस पब्लिशर्स

F-2/16, अंसारी रोड, दरियागंज, नई दिल्ली-110002
☎ 23240026, 23240027 • फैक्स: 011-23240028
E-mail: info@vspublishers.com • *Website:* www.vspublishers.com

क्षेत्रीय कार्यालय : हैदराबाद
5-1-707/1, ब्रिज भवन (सेन्ट्रल बैंक ऑफ इण्डिया लेन के पास)
बैंक स्ट्रीट, कोटी, हैदराबाद-500 095
☎ 040-24737290
E-mail: vspublishershyd@gmail.com

शाखा : मुम्बई
जयवंत इंडस्ट्रिअल इस्टेट, 1st फ्लोर-108, तारदेव रोड
अपोजिट सोबो सेन्ट्रल, मुम्बई - 400 034
☎ 022-23510736
E-mail: vspublishersmum@gmail.com

फ़ॉलो करें:

ISBN 978-93-505711-8-7

संस्करण 2018

मुद्रक: रेप्रो नॉलेजकास्ट लिमीटेड, ठाणे

प्रकाशकीय

खबरें हासिल करना और इसे रुचिपूर्ण ढंग से पेश करना एक कला है। जिसने इस कला को उत्तम तरीके से साध लिया वह पत्रकारिता के क्षेत्र में सफल हो गया। घटना की गलत प्रस्तुति से न केवल समाज भ्रमित होता है बल्कि पत्रकारिता की छवि भी धूमिल होती है। हाल के कुछ वर्षों में वी एण्ड एस पब्लिशर्स ने युवा वर्ग के उत्थान सम्बन्धी कई उपयोगी पुस्तकें प्रकाशित की है। जिसमें बॉडी लैंग्वेज, निबंध संग्रह, साक्षात्कार एवं समूहचर्चा आदि महत्त्वपूर्ण पुस्तकें शामिल है। जनविकास सम्बन्धी पुस्तकों के अग्रणी प्रकाशक **वी एण्ड एस पब्लिशर्स** ने वर्तमान परिदृश्य में पत्रकारिता की लोकप्रियता को महसूस किया है। पुस्तक को कुल आठ अध्यायों में बाँटा गया है, जिसमें क्रमबद्ध तरीके से समाचारों के संकलन, संप्रेषण तथा समाचार सम्पादन के तरीकों की जानकारी दी गयी है। सम्पूर्ण पुस्तक की भाषाशैली सहज, सुगम तथा आकर्षक है।

हमें उम्मीद है कि यह पुस्तक जनसंचार कोर्स के छात्र/छात्राओं के लिए उपयोगी साबित होगी। यह पुस्तक उन लोगों के लिए भी लाभदायी होगी जो पत्रकारिता को अपना करियर बनाना चाहते हैं। पाठकों को यदि पुस्तक में कोई त्रुटि नजर आये तो हमें अपना बहुमूल्य सुझाव अवश्य भेजें।

आपकी सेवा में सदैव तत्पर!

विषय-सूची

भूमिका

पत्रकारिता आधुनिक सभ्यता का एक प्रमुख अंग है, जिसमें समाचारों का एकत्रीकरण, संप्रेषण, संपादन और सम्यक प्रस्तुतिकरण शामिल है। आज पत्रकारिता के अनेक माध्यम हैं, जैसे अखबार, पत्रिकाएँ, रेडियो, दूरदर्शन, वेब-पत्रकारिता आदि। वर्तमान में पत्रकारिता एक पेशा के रूप में और पत्रकार एक व्यक्ति के रूप में समाज में महत्त्वपूर्ण स्थान रखते हैं। प्रेस को समाज के चौथे स्तम्भ की संज्ञा दी गयी है। लोकतन्त्र के अन्य तीन स्तम्भ हैं- 1. कार्यपालिका, 2. विधायिका, 3. न्यायपालिका। वर्तमान युग विज्ञान का युग है। आज विज्ञान की कृपा से आवागमन के ऐसे साधन उपलब्ध हैं जिसके कारण सम्पूर्ण विश्व सिकुड़कर एक बड़े नगर के जैसा बन गया है दुनिया के दूरस्थ देश भी हमारे पड़ोसी बन गये हैं। प्रत्येक आदमी के मन में स्थानीय खबरों के अतिरिक्त पड़ोसी देशों के दैनिक गतिविधियों के सम्बन्ध में जानकारी प्राप्त करने की प्रबल इच्छा रहती है। समाचार पत्र ही लोगों की इन इच्छाओं की पूर्ति कर उनकी जिज्ञासा शांत करते हैं। यही कारण है कि रोज सुबह उठते ही हम समाचार पत्र पढ़ने के लिए बेचैन हो उठते हैं। पत्रकारिता एक सम्मानजनक विधा है और पत्रकार उसका आवश्यक अंग हैं।

समाचार पत्रों का प्रकाशन एक स्वतन्त्र व्यवसाय है। महानगरों में प्रकाशित होने वाले स्थानीय समाचार पत्रों का प्रकाशन पूँजीपति घरानों के हाथों में होता है। इसके अन्तर्गत अनेक विभाग और कर्मचारी काम करते हैं। समाचारों के सम्पादन के लिए कई उपसम्पादक नियुक्त होते हैं। इसके अतिरिक्त विक्रय-विभाग, विज्ञापन विभाग, कम्पोजिंग और प्रिटिंग विभाग होते हैं। इन सभी के परस्पर सहयोग से ही समाचार पत्र प्रकाशित होता है। पहले जहाँ केवल बड़े महानगरों में ही अखबार छपते थे वहीं भूमण डलीकरण के पश्चात् छोटे शहरों जिलों, कस्बों आदि से भी नगर संस्करण छपने शुरू हो गये हैं। बाजार में नई वस्तुओं के लिए नये उपभोक्ताओं की तलाश भी शुरू हुई। हिन्दी के अखबार इन वस्तुओं के प्रचार-प्रसार का जरिया बनकर उभरा है। अखबार के स्थानीय संस्करणों में स्थानीय खबरों को प्रमुखता से छापा जाता है। इससे अखबार के पाठकों की संख्या में भारी वृद्धि हुई है।

समाचार पत्रों के अनेक लाभ हैं। ये संसार भर की ज्वलंत समस्याओं को प्रस्तुत

करके हमें उनके बारे में विचार करने का अवसर प्रदान करते हैं। मार्केटिंग के लिए व्यापारिक वस्तुओं का विज्ञापन भी समाचार पत्रों के माध्यम से होता है। सरकार अपनी नीतियों व विकास के प्रचार-प्रसार के लिए समाचार पत्र को ही अपना माध्यम बनाती है। यदि देश या विदेश में कोई ज्वलंत राजनीतिक, सामाजिक या भौगोलिक संकट जन्म लेती है तो इसके सम्बन्ध में हमें समाचार पत्र से ही जानकारी प्राप्त होती है।

प्रस्तुत पुस्तक में पत्रकारिता के सभी बिन्दुओं जैसे- समाचार पत्र क्या है, समाचार का संकलन और उसका सम्प्रेषण कैसे करें इत्यादि की विस्तारपूर्वक जानकारी दी गयी है।

✡ ✡ ✡

1 समाचार-पत्र क्या है?

समाचारपत्र कागज पर छपे हुए समाचारों और विचारों का सुव्यवस्थित संग्रह है, जिसे पढ़कर पाठकों को देश-विदेश, अपने आस-पास के समाचार व जिसे पढ़कर ज्ञान की जानकारी प्राप्त होती है वह प्रभावित होता है तथा अपना उद्देश्य निश्चित करता है।

समाचारपत्र दैनिक जीवन के अनिवार्य अंग हैं। यह प्रबुद्ध पाठकों के लिए एक ऐसा दर्पण है, जिसकी सहायता से वे विश्व की गतिविधि, स्वराष्ट्र के उत्थान-पतन तथा क्षेत्र-विशेष की ज्वलन्त समस्याओं से सुपरिचित होते हैं। समाज का वास्तविक थर्मामीटर तो समाचारपत्र ही हैं, जिनमें सामाजिक वातावरण का तापमान परिलक्षित होता है। समाचारपत्रों को दूरबीन कहा जाये, तो अतिशयोक्ति नहीं होगी, क्योंकि वे भविष्य में होने वाली दूर-दूर की घटनाओं को आभास दे देते हैं।

पण्डित विष्णुदत्त शुक्ल ने आधुनिक पत्रकार कला में समाचारपत्र में क्रमिक रूप को स्पष्ट करते हुए लिखा है कि 'पहले-पहले समाचारपत्रों का जन्म विशेष कर्मचारियों या संवाददाताओं द्वारा अधिकारियों के पास भेजे जाने वाली चिट्ठियों से हुआ। ये चिट्ठियाँ एक साथ जिल्द बाँधकर सार्वजनिक मिसल (Public Record) की भाँति रखी जाती थीं। इसलिए इसका सबसे पहला नाम न्यूज बुक या समाचार-ग्रन्थ रखा गया। फिर जब संवाददाता अनेक अधिकारियों के पास समाचार चिट्ठियाँ भेजने लगा, तब इसका नाम न्यूज लेटर (समाचार चिट्ठी) तथा कुछ आगे चलकर न्यूज शीट (समाचार कागज) पड़ा। इसके बाद धीरे-धीरे समाचारपत्रों की विशेष उन्नति हुई और इनका नाम न्यूजपेपर (समाचारपत्र) पड़ा। हिन्दी ने इसी नाम को अपना लिया।'

इस प्रकार मुद्रण कला के विकास के साथ ही समाचारपत्र का क्षेत्र और व्यापक हुआ। आज तो वह सर्वजन सुलभ ज्ञान-विज्ञान का संवाहक बन चुका है।

समाचारपत्र की परिभाषा

कोई भी नियतकालिक छपित कृति जिसमें सार्वजनिक खबरें और ऐसी खबरों पर टिप्पणियाँ छपी हो समाचारपत्र की परिभाषा में आती है। इसका अर्थ यह है कि समाचारपत्र कहलाने

के लिए किसी कृति को छपित होना चाहिए, वह नियत अवधि में छपनी चाहिए, उसमें ऐसे समाचार और समाचारों पर टिप्पणियाँ होनी चाहिए, जो कि सार्वजनिक हों अर्थात् इनका सम्बन्ध सार्वजनिक मामलों अथवा सार्वजनिक रुचि की जानकारी से हो।

समाचार सामयिक या हाल की घटनाओं से और सूचनाएँ अतीत या भविष्य सम्बन्धी नयी जानकारी देने वाली होनी चाहिए। पत्रिकाएँ और कानूनी रिपोर्ट भी समाचारपत्रों में शामिल हो सकते हैं, किन्तु केवल अदालती सूचनाएँ (नोटिस) छापने वाली कृतियों को समाचारपत्र नहीं कहा जा सकता है।

इंग्लैण्ड के न्यूजपेपर लायबल एक्ट रजिस्ट्रेशन एक्ट के अनुसार 'कोई भी पर्चा समाचार कहा जायेगा, बशर्ते कि उसमें सार्वजनिक समाचार, सूचनाएँ छपी हों अथवा इन समाचारों के सम्बन्ध में कोई टीका-टिप्पणी हो और वह एक निश्चित अवधि के बाद, जो 26 दिन से अधिक भी न हों, बिक्री के लिए प्रकाशित होता हो।

भारतीय प्रेस के अनुसार – 'समाचार-पत्र' ऐसे 'नियत कालिक पत्र' को कहते है, जिसमें सार्वजनिक सामचार होते है या उनसे सम्बन्धित टिप्पणी प्राप्त होती है।'

श्री आम्बिका प्रसाद बाजपेयी ने ब्रिटिश पार्लियामेण्ट द्वारा परिभाषित तथ्य के आधार पर लिखा है कि – 'जिस कागज में सब लोगों के समाचार जानकारियाँ घटनाएँ हों और जो बिक्री के लिए नियत समस पर छापा जाता हो समाचार-पत्र कहलाता है।'

इस परिभाषा के अन्तर्गत दैनिक ही नहीं, साप्ताहिक पाक्षिक तथा मासिक सभी प्रकार के प्रकाशन आ जाते है। किन्तु 'समााचार पत्र' दैनिक या साप्ताहिक पत्र के अर्थ में रूढ़ हो गया है।

विश्व में आधुनिक पत्रकारिता का वास्तविक आरम्भ आज से लगभग चार सौ वर्ष पूर्व आरम्भ हुआ। सन् 1566 के आस पास यूरोप के अनेक बड़े शहरों यथा-पेरिस, फ्रेंकफुर्ट, सर्बिया, अमर-स्टर्डम, इंगलैण्ड (लन्दन), गुण्टंनबर्ग आदि में चौराहों पर एक व्यक्ति खड़ा होकर छोटे-बड़े इस्तियारों में लिखी इबादत पढ़ कर अपने चारों ओर एकत्र लोगों को जोर-जोर से सुनाता था।

मीडिया की दृष्टि से देखा जाये, तो पुराने जमाने में मुनादी किराने, डौंडी पिटवाने जैसी पद्धति का ही एक लाक रूप था। ये इश्तिहार एक पेजी, आधे पेजी अखबार नुमा पुर्जे सम्बन्धित सरकार, राजा, प्रशासन या सामन्त की स्वीकृति से ही तैयार किये जाते थे। इसे उस काल की प्रचलित भाषा में 'गजीटा' कहा जाता था। कुछ लोगों का मानना है कि इन सूचनाओं के लिए जनता/श्रोता को एक छोटा सिक्का देना पड़ता था, जिसे 'गजीटा' कहा जाता था। सही 'गजीटा' शब्द कालान्तर में सूचनाओं के लिए जारी किये जाने पाले अधिकृत सरकारी प्रपस अर्थात् 'गजट' (Gazette) में परिवर्तित हो गया। इसी 'गजीटा' के नाम पर समाचार पत्रों को 'गजीटा' कहा जाने लगा। सम्पत्ति 'गजट' शब्द 'सूचना पत्र' का पर्याय हो चुका है।

आज यूरोप, ब्रिटेन तथा दुनिया भर के अनेक देशों में सरकारी स्तर पर 'गजट' प्रकाशित किये जाते है। वो सामग्री गजट में प्रकाशित की जाती है, उस पर राजकीय प्राधिकृति की मुहर लग जाती है। इसी को 'गजेटेड' होना कहा जाता है। ये गजट एक प्रकार के सरकारी सूचना पतन ही होते है, जो लगभग पाँच सौ वर्ष गजीटा के रूप में सामने आने लगे थे। वास्तविक अर्थों में मुद्रित समाचार-पत्र सबसे पहले जर्मनी में ही सन् 1609 में देखने को मिला। भारत में मुगल काल में फरमान, दस्तक, परवाना, पहजार, एकाडण्ट पेपर तथा बिक्री नामा समाचार पत्र के विचित्र रूप प्रचलित थे।

समाचार को फारसी में 'खबर' कहते है। 'खबर' की जमा (बहुवचन) 'अखबार' है। अर्थात् जिस कागज पर बहुत सी खबरें छपती हैं, वह 'अखबार' आखबार कहलाता है। 'सम्पादक' के लिए 'एडीटर' शब्द का प्रयोग होता है। बँगला भाषा में 'अखबार' को पहले समाचार पत्र कहते थे। बाद में 'संवाद पत्र' और 'वार्तावह' कहा जाने लगा। बँगला के 'संवाद' शब्द से ही 'संवाददाता' शब्द हिन्दी समाचार पत्रों के लिए प्रयुक्त किया जाता है। उर्दू वाले उसे 'गमानिगार' (पत्र प्रेषक) कहते है। एडीटर शब्द के लिए बँगला में 'सम्पादक' शब्द चला जो हिन्दी में भी ग्रहण किया गया।

मराठी में समाचार पत्र को 'वृत्त' या 'वृत्तपत्र' कहने की परम्परा है। इसके अलावा 'वर्तमान' और 'वर्तमान पत्र' भी कहा जाता है। सम्पादक के लिए मराठी में 'पत्रकर्ता' कहा जाता था, किन्तु अब 'सम्पादक' शब्द ही चलता है। सबसे पहले 'समाचार-पत्र' शब्द का प्रचलन राजकर्मचारियों या संवाददाताओं द्वारा अधिकारियों के पास भेजी जाने वाली चिट्ठियों से हुआ। ये चिट्ठियाँ एक साथ जिल्द बाँधकर सार्वजनिक मिसल (Pubic Record) की भाँति रखी जाती थी। इसलिए इनका नाम सर्वप्रथम 'न्यूजलेटर' (समाचार चिट्ठी) तथा आगे चलकर 'न्यूशीट' (समाचार कागज) पड़ा। हिन्दी भाषा में इसी शब्द को इहिण कर लिया गया।

इनसाइक्लोंपीडिया ब्रिशनिका ने समाचार पत्र और नियतकालिक पत्रिकाओं के अन्तर को स्पष्ट किया है-

समाचार पत्र एक अश्रिल्द धारावाहिक प्रकाशन है जो नियमित समय के अन्तर से प्रकाशित होता है और जिसमें समाचारों की प्रमुखता दी जाती है। अधिकांश समाचार पत्र दैनिक या साप्ताहिक होते है। कुछ अर्द्धसाप्ताहिक भी होते है। पाक्षिक और मासिक समाचार पत्रों के उदाहरण शायद ही कमी मिलें। 'समाचार पत्र ' और पत्रिका का अन्तर भी रोचक है। यदि प्रकाशन सजिल्द है तो उसे 'पत्रिका' कहा जाता है। समाचार पत्रों कें लिए पृष्ठ संख्या और आवार का निर्धारण कभी नहीं किया गया है।

पत्रिका की परिभाषा

हिन्दी में पत्र, पत्रिका और प्रकाशन तीनों को स्पष्ट रूप से दावा समझा जाता है। प्रामाणिक हिन्दी शब्दांश के अनुसार 'वे ग्रन्थ आदि जो प्रकाशित किये जाते है, प्रकाशित पुस्तक, पत्र

आदि प्रकाशन है। 'पत्र' का अर्थ समाचार पत्र या अखबार है और पत्रिका का अर्थ है नियत समय पर प्रकाशित होने वाला कोई सामयिक पत्र या पुस्तक। प्रेस एवं पुस्तक पंजीकरण अधिनियम (संशोधित) की पहली ही धारा में - सार्वजनिक समाचार अथवा सार्वजनिक समाचार पर टिप्पणी युक्त नियत समय पर प्रकाशित होने वाला मुद्रित प्रकाशन समाचार पत्र है और पत्रिकायों को भी उसी में सम्मिलित किया गया है।

रजिस्ट्रार ऑफ न्यूजपेपर्स की रिपोर्ट प्रतिवर्ष प्रकाशित होती है, उसमें 'पीरियोडिकल' अर्थात् पत्रिका की परिभाषा में रहा गया है - एक सप्ताह या इससे अधिक समय के अन्तराल से निकलने वाला समाचार पत्र। किन्तु उपर्युक्त दोनों व्यवस्थाओं से भी 'पत्रिका' की परिभाषा स्वज नहीं होती। सामान्य भाषा में साप्ताहिक को भी 'पत्र' कहा जाता है, 'पत्रिका' नहीं।

सार्वजनिक रूप से मान्य इस धारणा के बाद भी जो स्थिति समाचार पत्र की होती है, वह साप्ताहिक की नहीं। इसलिए यह स्पष्ट रूप से समझना चाहिए कि 'पत्र' से तात्पर्य 'समाचार पत्र' जिसमें सप्ताह में दो या तीन दिन निकलने वाले अर्द्ध साप्ताहिक को भी सम्मिलित किया जाता है। रजिस्ट्रार ऑफ न्यूजपेपर्स ने इन्हें 'न्यूजपेपर' माना है और शेष प्रकाशनों को 'पीरियोडिकल्स' जिन्हें हिन्दी में 'पत्रिका' संज्ञा से अमिश्रित किया जाता है। पत्रिका और समाचार पत्र में एक अन्तर इस प्रकार भी किया जाता है- 'जब कोई पत्र पूरे कागज को मोड़कर स्टिचिंग कर दी जाती है, तो वह पत्रिका कहलाती है और बिना स्टिचिंग के 'समाचार पत्र' ।'

इस प्रकार पत्रिका से तात्पर्य उन प्रकाशनों से समझा जाना चाहिए जो नियत अवधि के पश्चात् नियमित रूप से प्रकाशित होते है और जनता में प्रसारित होते हैं। इस परिभाषा के अनुसार वे सरकारी प्रकाशन पत्रिका नहीं कहे जा सकते जो नियमित रूप से एक अवधि के बाद प्रकाशित तो होते हैं, किन्तु मात्र सरकारी उपयोग के लिए ही प्रकाशित होते हैं, सर्वसाधारण में प्रसारित होने के लिए नहीं होते।

पत्रिका के लिए उसमें दो तत्त्व होने चाहिए- (1) नियत समय पर नियमित रूप से प्रकाशित होना और (2) जनता में प्रसारण का उद्देश्य लेकर प्रकाशित होना।

इस कसौटी के अनुसार साप्ताहिक, पाक्षिक, मासिक, द्विमासिक त्रिमासिक, अर्द्धवार्षिक या वार्षिक नियतकालिता में अन्तर से प्रकाशित प्रकाशनों को 'पत्रिका' माना जा सकता है। इसके अतिरिक्त कुछ अनियतालिक पत्रिकाएँ भी हिन्दी में प्रकाशित होती हैं। ये पत्रिकाएँ प्रकाशित होती हैं, प्रसारित भी होती हैं, लेकिन जब प्रकाशित हो पाती हैं, तभी प्रसारित होती है। हालाँकि नाम के लिए ये भी मासिक, त्रयमासिक, अर्द्धमासिक आदि होती है।

इनके अतिरिक्त पत्रिकाओं के नाम पर बहुत सी विद्यालय पत्रिकाएँ, जातीय पत्रिकाएँ, सस्ती जासूसी पत्रिकाएँ तथा अनेक औद्योगिक संस्थानों की पत्रिकाएँ प्रकाशित होती है। इन्हें यदि विशुद्ध पत्रकारिता की दृष्टि से देखें, तो इन्हें सच्चे अर्थों में हम इन्हें पत्रिका नहीं कह सकते, क्योंकि एक तो इनका उद्देश्य सीमित क्षेत्र में

प्रसार करना होता है, दूसरे इनका साहित्यिक या विधागत कोई मूल्य भी नहीं होता है और तीसरे इनमें व्यापक सामाजिक परिप्रेक्ष्य का अभाव होता है।

समाचारपत्र की आवश्यकता क्यों?

व्यक्ति स्वभाव से ही जिज्ञासा प्रधान होता है। कब, कहाँ, क्या, कैसे और क्यों हुआ? वह यह जानना चाहता है, किन्तु जान उतना ही पाता है, जितना जानने के साधन उसे सुलभ हैं। व्यक्ति के निजी अनुभवों का क्षेत्र सदा सीमित रहा है और अन्य साधनों से व्यक्ति स्थान एवं घटनाक्रम के सम्बन्ध में वास्तविकता जानना चाहता है। व्यापक परिप्रेक्ष्य में विश्व के लगभग साढ़े तीन अरब लोगों के साथ, दिन के चौबीसों घण्टे घटित होने वाली बातों को वास्तविकता की परिधि में समेटा जा सकता है, लेकिन इतने सबको प्रभावशाली ढंग से कैसे जाना जाये?

अतीतकाल में विश्व विषयक चित्र, व्यक्ति के मन पर कैसा बने, इसके निर्धारणकर्ता समाज या राजतन्त्र के नियामक होते थे। बहुत पहले सर्वाधिक महत्त्व की सूचनाएँ राजतन्त्र के उच्चपदस्थ लोगों, सेनानायकों और श्रेष्ठ वर्ग के पास हुआ करती थीं, उन पर उनका एकाधिकार था। जनसाधारण केवल वही और उतना ही जान पाता था, जितना बताना वे आवश्यक या उचित समझते थे। जनता उस समय मात्र जानने की अधिकारिणी थी, उसे बदलने या उसमें शंका करने का अधिकार उसे नहीं था।

आधुनिक युग में शिल्पविद्या की प्रगति ने इस स्थिति में आमूल परिवर्तन ला दिया है। अब न केवल जनता अधिक जानती है, वरन् समाचारपत्रों, रेडियो, टेलीविजन आदि के द्वारा समाज के नियामकों के साथ-साथ ही समाचार जान जाती है। हजारों सूत्रों से प्राप्त वास्तविकताओं का विवरण उसे सहज सुलभ है। नियामकों का जन चेतना पर से पुराना नियन्त्रण टूट चुका है। संचार-साधन एक नयी शक्ति के रूप में उदित हुए हैं, जो तय करते हैं कि राजनीतिक, सामाजिक और आर्थिक जीवन के बारे में हम क्या सोचते हैं? हम क्यों अनुभव करते हैं? और उसके प्रति हमारी क्या प्रतिक्रिया होती है? ज्ञान एक शक्ति थी, जिस पर अब शक्तिशाली लोगों का एकाधिकार नहीं रह गया है।

परन्तु आज वक्तव्य की अधिकता के कारण स्थिति यह आ गयी है कि सामान्य व्यक्ति यह नहीं जान पाता कि कैसी जानकारी, कैसा अनुभव, कौन-सी संवेदना ग्रहणीय है और कौन-सी त्याज्य? पत्र-पत्रिकाओं और पुस्तकों के आकार की सीमा है। रेडियो, टेलीविजन के प्रसारण की सीमा है। उसे पढ़, सुन या देख सकने की पाठक, श्रोता या दर्शक के समय की भी सीमा है। इस प्रकार सभी साधनों एवं सम्भावनाओं के होते हुए भी व्यक्ति को उतना ही मिल पाता है, जितना वह सचेतन होकर ग्रहण करता है। इस अवस्था में समाचारपत्र ज्ञातव्य की इस भीड़ में से चुने हुए तथ्यों एवं उनके पीछे के कार्य कारण सम्बन्धों को एक व्यवस्था देकर प्रस्तुत करते हैं और अपने अनुभवों के सहारे, अपने दृष्टिकोण से सत्य का साक्षात्कार उस रूप में कराते हैं, जिस रूप में समाचारपत्रों के पत्रकारों ने उसे देखा और समझा है। इस प्रकार समाचार और विचार दोनों का महत्त्व समाचारपत्रों में हो गया है।

समाचारपत्र का मनुष्य की जन्मजात प्रवृत्ति से प्रत्यक्ष सम्बन्ध है। जैसे-जैसे उम्र बढ़ती है, मनुष्य अपनी जिज्ञासा को पूरा करने के लिए साधन जुटाता है। इन साधनों में समाचारपत्र का विशेष स्थान है।

समाचारपत्रों की विशेषताएँ

एडविन एमरी द्वारा लिखित दि प्रेस एण्ड अमेरिका में समाचारपत्रों की सात विशेषताएँ वर्णित हैं-

(1) समाचारपत्र सप्ताह में कम से कम एक बार प्रकाशित हो।

(2) हस्तलिखित पत्रों से मिश्र रूप में यान्त्रिक माध्यम से इसका मुद्रण हो।

(3) वर्ग अथवा रुचि विशेष का ध्यान न रखकर यह उन सभी को सुलभ कराया जाये जो मूल्य देने के लिए तत्पर हों।

(4) समाचारपत्र धार्मिक एवं व्यापारिक प्रकाशनों की अपेक्षा आम जनता की रुचि के अनुसार तथ्यों से पूर्ण हो।

(5) साधारण तौर पर साक्षर व्यक्तियों की रुचि को प्रभावित करने में वह सक्षम हो।

(6) तकनीकी विकास के परिप्रेक्ष्य में इसका प्रकाशन नियत समय पर हो।

(7) पत्रों के प्रकाशन में स्थायित्त्व हो, पूर्वकालिक पत्रों की भाँति अल्पजीवी न हो।

अमेरिकी दृष्टि से सप्ताह में एक बार प्रकाशित पत्र समाचारपत्रों की श्रेणी में आ जाते हैं, परन्तु भारत में समाचारपत्रों की सीमा के अन्तर्गत दैनिक, साप्ताहिक, पाक्षिक, मासिक एवं त्रैमासिक पत्र-पत्रिकाएँ आती हैं। ऐसे भी पत्र हैं, जो आयुर्वेद, आदिवासीकल्याण, ज्योतिष से लेकर जीवन-रहस्य तक पर सामग्री छापते हैं। आज समाचारपत्रों की प्रभुता स्वयंसिद्ध है। वेण्डेल फिलिप्स का कथन इसके महत्त्व को स्पष्ट करता है-'आज का समाचारपत्र स्वयं में जनवर्ग का माता पिता, स्कूल कॉलेज, शिक्षक, थियेटर, आदर्श और उदाहरण, परामर्शदाता और साथी हो गया है। मुझे समाचारपत्र निकालने दो, फिर इस बात की मैं परवाह नहीं करता कि कौन धर्म का नियामक है और कौन कानून का निर्माता?'

इस प्रकार समाचारपत्र सामयिक सूचनाओं का ही वाहक नहीं है, अपितु यह जन-मन के दुःख दर्द और भावनाओं की अभिव्यक्ति का साधन है। वास्तव में सबके सुख-दुःख को स्वर देने वाला समाचारपत्र ही है।

समाचारपत्रों के प्रकार

प्रकाशन अवधि और विक्रय-प्रसार संख्या की दृष्टि से समाचारपत्रों को दो वर्गों में विभाजित किया जा सकता है-

(क) प्रकाशन अवधि की दृष्टि से- दैनिक, द्वि-दैनिक, अर्द्धसाप्ताहिक, साप्ताहिक, पाक्षिक, मासिक, द्विमासिक, त्रैमासिक, अर्द्धवार्षिक आदि अनेक प्रकार के समाचारपत्र

प्रकाशित होते हैं। दैनिक पत्रों में 24 घण्टों की घटनाएँ हैं, जबकि किसी में दो दिनों की तो किसी में तीन दिन, किसी में एक सप्ताह की बातें मुद्रित होती हैं। दैनिक पत्रों का प्रभाव सर्वाधिक होता है, क्योंकि इनमें अधिकांशतः समाचार और उन पर टिप्पणियाँ ही छपती हैं, जिससे पूरा राष्ट्र प्रभावित होता है। समसामयिकता और समाचारप्रधान रचनाओं के परिणाम (मात्रा) की दृष्टि से दैनिक पत्रों के बाद साप्ताहिक पत्रों की गणना होती है, तत्पश्चात् पाक्षिक पत्र की। नियतकालिकता की अवधि ज्यों-त्यों बढ़ती जाती है, समाचारों का स्वर उतना ही मन्द पड़ता जाता है और विचारों की मात्रा उसी अनुपात में बढ़ती जाती है। दैनिक पत्रों में सपाटबयानी होती है, जबकि साप्ताहिक और पाक्षिक पत्रों में भाषा की चुस्ती, चुटीलापन और विषय का विशद् विश्लेषण प्राप्त होता है।

मासिक पत्रों में लेख, गल्प, अनुसंधान की प्रधानता होती है। त्रैमासिक, अर्द्धवार्षिक तथा वार्षिक पत्रों में आलोचना, अनुसंधान एवं अन्य साहित्यिक विधाओं से सम्बन्धित सामग्रियाँ सुलभ होती हैं। नियत समय पर प्रकाशित होने वाली विद्यालय, जाति-विशेष और बाजार भाव देने वाली पत्रिकाएँ सीमित उद्देश्य रखती हैं तथा व्यापक सामाजिक परिप्रेक्ष्य से दूर रहती हैं, फलतः इन्हें सच्चे अर्थों में पत्रिका नहीं कह सकते।

(ख) विक्रय संख्या की दृष्टि से - समाचारपत्रों की प्रतियों की विक्रय संख्या के आधार पर तीन वर्गों में विभाजित किया गया है-

(1) **बड़ा दैनिक समाचारपत्र :** जिन समाचारपत्रों की प्रसार संख्या 50 हजार से अधिक होती है, उन्हें बड़ा दैनिक समाचारपत्र कहते हैं।

(2) **मध्यम श्रेणी का दैनिक समाचारपत्रः** जिन समाचारपत्रों की प्रसार संख्या 50 हजार से कम, किन्तु 15 हजार से अधिक होती हैं, उन्हें मध्यम श्रेणी का दैनिक समाचारपत्र कहते हैं।

(3) **लघु दैनिक समाचारपत्र :** जिन समाचारपत्रों की प्रसार संख्या 15 हजार प्रतियों से कम है, उन्हें लघु समाचारपत्र या छोटे दैनिक समाचारपत्र कहा जाता है।

लघु समाचारपत्रों का महत्त्व

लघु, मध्यम और बड़े समाचारपत्रों का वर्गीकरण विक्रय संख्या, साधन एवं आकार के आधार पर होता है। इनमें लघु समाचारपत्र के सम्बन्ध में जानकारी प्राप्त कर लेने पर उसी अनुपात में अन्य पत्रों का अनमान लगाया जा सकता है। लघु समाचारपत्र वे हैं, जिनके साधन सीमित हैं तथा कम संख्या में, कम पृष्ठों में प्रकाशित होते हैं और अधिकांशतः स्थानीय समस्याओं-खबरों को महत्त्व देते हैं। इनमें राष्ट्रीय तथा अन्तर्राष्ट्रीय खबरें भी छपती हैं तथा विद्वानों के लेख आदि भी यदाकदा प्रकाशित होते रहते हैं। लोकतन्त्र को मजबूत बनाने में स्थानीय समस्याओं को प्रस्तुत करने वाले लघु समाचारपत्रों की उपादेयता स्वयंसिद्ध है। छोटे या लघु समाचारपत्र सीमित साधन होते हुए, भी साहस, दूरदर्शिता तथा लोकहित को ध्यान में रखकर अधिक लोकप्रिय हो

जाते हैं। जनहित में लिखने के कारण कभी-कभी मुकदमेबाजी में फँसकर इन पत्रों को आर्थिक क्षति भी उठानी पड़ती है।

महात्मा गांधी द्वारा सम्पादित हरिजन को काया और प्रसार संख्या की दृष्टि से लघु समाचारपत्र कहा जा सकता है, लेकिन उसने जन-जागृति एवं आदर्श समाज-रचना सम्बन्धी जो कार्य किया, वह आज भी अनुकरणीय है।

समाचारपत्रों के कर्त्तव्य

समाचारपत्रों की विविध व्याख्याओं द्वारा उनके कर्तव्यों का बोध हो जाता है। उज्जवल सामाजिक चेतना के निर्माण की दिशा पत्रों से प्राप्त होती है, साथ ही अन्याय को मिटाने, आदर्शों को फैलाने और व्यक्तिगत जीवन को सुखमय बनाने का मन्त्र समाचारपत्र देते हैं। राष्ट्र की उन्नति अथवा अवनति इनके ऊपर ही निर्भर है। ऑस्कर वाइल्ड का कथन द्रष्टव्य है, जिसके अनुसार-'अमेरिका का राष्ट्रपति तो चार वर्षों तक शासन करता है, किन्तु वहाँ के पत्र तो सदैव शासन करते हैं।'

वास्तव में समाचारपत्रों के निम्नलिखित कार्य हैं-

(1) प्रतिदिन की न्यूनतम घटनाओं का सही-सही सरल ढंग से विवरण प्रकाशित करना।

(2) विचारों के आदान-प्रदान का सफल माध्यम बनना।

(3) अग्रलेखों, समाचार-समीक्षाओं, स्तम्भों एवं विशिष्ट लेखों द्वारा स्वस्थ जनमत का निर्माण करना।

(4) समाजपयोगी एवं स्वस्थ मनोरंजन के साधन उपलब्ध कराना।

(5) आर्थिक, औद्योगिक और सांस्कृतिक विकास हेतु दिशा-निर्देश करना।

(6) राष्ट्र की सुरक्षा के प्रति सतर्क रहना और राष्ट्रीय एकता को प्रोत्साहन देना।

पहले समाचार और रहस्यपूर्ण तथ्य कुछ सुविधा सम्पन व्यक्तियों की ही थाती मानी जाती थी, परन्तु समाचारपत्रों ने इनका सामान्यीकरण कर दिया और प्रत्येक संवाद को बिना किसी पंक्तिभेद के जन-जन तक पहुँचा दिया और उसे राष्ट्रव्यापी बनाया।

सन् 1947 ई. में अमेरिकी समाचारपत्रों की स्वतन्त्रता के सम्बन्ध में जाँच करने के लिए एडीसन कमीशन की स्थापना हुई थी। इस कमीशन ने समाज के लिए समाचारपत्रों के प्रति निम्नलिखित पाँच कर्तव्यों का उल्लेख किया-

(1) घटनाओं का इस प्रकार प्रदर्शन हो कि उनका सत्य सामने आ जाये।

(2) समाचारपत्र विचार एवं आलोचना कि रूप में कार्य करें।

(3) वे समाज के वैधानिक क्षेत्रों का सत्य चित्र उपस्थित करें।

(4) वे समाज के उद्देश्यों और मूल्यों का विवेचन करें।

(5) प्रतिदिन के समाचारों का प्रकटीकरण ठीक रूप में हो।

समाचारपत्रों का उद्देश्य

जिज्ञासा ने चिन्तन को और अभिव्यक्ति की उत्कट लालसा ने भाषा को जन्म दिया। कुछ उसी प्रकार अपनी बात दूसरे से कहने और दूसरों की बात जानने की तीव्र इच्छा एवं आवश्यकता ने समाचारपत्रों को जन्म दिया। ढोल पीटकर या डुगडुगी बजाकर ज्ञातव्य बातों की सूचना देने से लेकर समाचार जानने के नये से नये तरीकों और पत्रों की विविधता में मानव सभ्यता के विकास चरणों की कहानी गुँथी हुई है। भाषा के विकास के साथ उच्चरित शब्द जहाँ समाचारों के आदान-प्रदान के माध्यम बने, वहाँ लिपि के विकास ने उनको लिखने और मुद्रण ने उनके व्यापक प्रसार का आधार प्रस्तुत किया। इस प्रकार जानने की उद्याम लालसा ने समाचारपत्रों की जहाँ आवश्यकता सिद्ध की, वहाँ कागज एवं मुद्रण कला ने समाचारपत्रों का प्रकाशन और प्रसार सरल बनाया।

समाचार एवं विचार-प्रसार की उत्कट अभिलाषा को जब भाषा के साथ मुद्रण का सहारा मिल गया, तो समाचारपत्र निकलने की पृष्ठभूमि तैयार हुई। मानव की जिज्ञासा शान्त करना, मनोरंजन करना और ज्ञान-क्षेत्र का विस्तार करना पत्रकारिता का उद्देश्य बना और सत्य का अन्वेषण तथा अभिव्यक्ति उसका प्राणतत्व। बहुजन हिताय बहुजन सुखाय का लक्ष्य सामने रखकर पत्रकार युगीन चेतना को युगबोध के स्तर पर ग्रहण कर यथार्थ रूप में प्रस्तुत करता है। इसके लिए वह अनेक प्रकार के कष्ट सहने के लिए भी तैयार रहता है। भारत में समाचार-प्रसार का प्रथम प्रयास करने वाले जेम्स आगस्ट हिकी ने अपने पत्र बंगाल गजट ऑफ कैलकटा जनरल एडवटाइजर के पहले ही अंक (1780ई.) में लिखा था-'.... मुझे अपने मन और आत्मा की स्वतन्त्रता मोल लेने हेतु अपने शरीर को दास बनाने में प्रसन्न्ता होती है।' हिन्दी के आरम्भिक पत्रों ने तो समग्र जातीय चेतना को आत्मसात् कर हिन्दी समाज के सांस्कृतिक और राजनीतिक उन्नयन में सक्रिय योग दिया है।

स्वतन्त्रता से पूर्व हिन्दी के समाचारपत्रों का उद्देश्य प्रधानतः (1) स्वतन्त्रता के लिए प्रयत्न करना एवं वैचारिक क्रान्ति लाना और हिन्दी भाषा व देवनागरी लिपि को बढ़ावा देना था। स्वतन्त्रताप्राप्ति के बाद पत्रों के उद्देश्यों में भी परिवर्तन आया और वे प्रमुखतः-

(क) नया दृष्टिकोण प्रदान करने,

(ख) ज्ञान विज्ञान के नये क्षेत्रों का हिन्दी के माध्यम से उद्घाटन करने,

(ग) नवनिर्माण को प्रोत्साहन देने,

(घ) भारतीय संस्कृति को मुक्त वातावरण में फैलाने,

(ड.) भावनात्मक एकता की दृष्टि से भारतीय भाषाओं में सामंजस्य स्थापित करने,

(च) रचनाकारों की कुण्ठा तिरोहित कर सृजनशीलता जगाने,

(छ) विविध क्षेत्रों में विचार-मन्थन, मौलिक शोध एवं सशक्त अभिव्यक्ति को उत्प्रेरणा देने और

(ज) सामाजिक स्तर पर नैतिकता की श्रेष्ठता स्थापित करने की ओर प्रवृत्त हुए।

(2) समाचारपत्र का उद्देश्य केवल यह बताना नहीं है कि फलां स्थान पर युद्ध हो रहा है। उसके साथ ही यह बताना भी समाचारपत्र का कर्तव्य है कि दोनों पक्ष क्यों लड़ रहे हैं? क्यों हमला किया गया? उन युद्धरत देशों की सहायता क्या विश्व या उसके पड़ोसी देश कर रहे हैं? मेरा देश किसका पक्ष ले रहा है? क्या युद्ध को शान्त करने के भी उपाय किये जा रहे हैं? इसके अलावा यदि संसार में कहीं युद्ध भड़कने की आशंका है, तो उससे समाज को सचेत करना भी समाचारपत्र का कर्तव्य है।

(3) समाचारपत्र केवल खबर ही नहीं देता है, बल्कि पाठकों को उनका महत्त्व भी बतलाता है और लोगों को शिक्षित भी करता है। इसीलिए इसे लोकगुरु भी कहा गया है। समाचारपत्र जनसाधारण को उसके कर्तव्य का बोध करा कर और शासनवर्ग को समय-समय पर चेतावनी देकर अथवा उसकी पीठ ठोंक कर भी अपना कार्य करता है। कोई भी समाचारपत्र जिस सीमा तक निर्भीकता और कुशलता से यह कार्य करता है, उसकी साख उतनी ही अधिक बनती है। तानाशाही शासन में जहाँ समाचारपत्र असहाय हो जाते हैं, वहीं प्रजातन्त्र में उन्हें पूर्ण सुविधाएँ मिलती हैं और वे जनता की पूर्ण सेवा कर पाते हैं।

(4) प्रजातन्त्र में समाचारपत्रों का विशेष स्थान माना गया है और उन्हें फोर्थ एस्टेट अथवा लोकतन्त्र का चौथा खम्भा कहकर सम्मानित किया गया है। (अन्य तीन स्तम्भ हैं- विधायिका (संसद या विधान मण्डल), कार्यपालिका (सरकार) और न्यायपालिका (अदालतें)। यह फोर्थ एस्टेट जनमत प्रचारित ही नहीं करता, तैयार भी करता है। स्वतन्त्रता संग्राम में समाचारपत्रों ने आन्दोलन कराये हैं और उनका नियन्त्रण किया है। उपद्रवों को उभारा है और उनका दमन कराया है। शासन को संभाला है और उसको उखाड़ा है।

भारत पर चीनी हमले के बाद कुछ प्रमुख समाचारपत्रों ने खुलकर तत्कालीन रक्षामन्त्री कृष्णमेनन पर इतना हमला किया कि न चाहते हुए भी प्रधानमन्त्री नेहरू को उन्हें अपने मन्त्रिमण्डल से अलग करना पड़ा था। समाचारपत्रों के भय से नेहरू ने मेनन को नहीं हटाया, बल्कि समाचारपत्रों ने ऐसा वातावरण बना दिया कि कांग्रेस संसदीय दल का वह गुट प्रधानमन्त्री पर हावी हो गया, जो मेनन को पसन्द नहीं करता था।

सन् 1974 में श्रीमती इन्दिरा गांधी के खिलाफ विरोधी गुट के नेता राजनारायण चुनाव याचिका जीत गये। इन्दिरा गांधी ने त्यागपत्र न देकर देश में इमरजेंसी लगायी। समाचारपत्रों ने इस विषय को इतना उछाला कि देश में महान् आन्दोलन हुआ। अन्तत: देश में उप चुनाव हुए और जनतापार्टी शासन में आयी।

इसी प्रकार राजीव गांधी के प्रधानमंत्रित्वकाल में बोफोर्स तोप और जर्मन पनडुब्बी कमीशन काण्ड को देशहित में समाचारपत्रों ने इतना उछाला कि देश में मध्यावधि चुनाव कराने पड़े और श्री राजीवगांधी सत्ताच्युत हो गये।

समाचारपत्रों के आदर्श

भारत के पूर्व मुख्य न्यायाधीश श्री के. सुब्बाराव ने समाचारपत्रों के कर्तव्यों का विश्लेषण करते हुए उनसे यही अपेक्षा की थी कि वे-

(1) शासन और शक्तिमान पूँजीपतियों के हाथ की कठपुतली न बनें।

(2) तथ्यों को सही सही प्रकाशित करें और विचार प्रकट करते समय पक्षपात न करें।

(3) वे सर्वसाधारण को वैधानिक, राजनीतिक, आर्थिक और सामाजिक समस्याओं के विषय में प्रबुद्ध करने के लिए ईमानदारी से प्रयास करें और इस प्रकार प्रभावकारी लोकमत तैयार करें।

(4) वे न्यायालयों का व्यक्तित्त्व प्रतिबिम्बित करने का प्रयास करें, क्योंकि अन्ततः न्यायालय ही विधि व्यवस्था के संरक्षक हैं। विधि व्यवस्था अथवा कानून बनाये रखने में शासन और प्रेस, ये दोनों एक दूसरे के लिए कार्य करते हैं। प्रेस की स्वतन्त्रता की रक्षा कानून करता है और बदले मे कानून की मर्यादा प्रेस बनाये रखता है।

सारांश यह कि समाज के विचारों का परिष्कार, सार्वजनिक अधिकारों की रक्षा, स्वस्थ जनमत का निर्माण एवं सन्मार्गों पर सतत् चलते रहने की प्रेरणा देना समाचारपत्रों का लक्ष्य होना चाहिए।

समाचारपत्रों की भाषा

समाचारपत्र के लेख-समाचार आदि साहित्य तो हैं, किन्तु क्षणिक हैं। अर्थात् दैनिक समाचारपत्र 24 घण्टे के बाद ही बासी हो जाता है। वह एक दिन का मेहमान होता है। इसलिए उसकी भाषा चलती हुई होनी चाहिए, जिसे पाठकों को समझने में देर न लगे। समाचारपत्र चूँकि सामान्य या कम पढ़े-लिखे लोग भी पढ़ते हैं, इसलिए सामान्य पाठकों की समझ में आने वाली भाषा ही होनी चाहिए। लेखों, टिप्पणियों आदि की भाषा कठिन हो यह आवश्यक नहीं, किन्तु विषय के अनुसार कठिन हो सकती है। वैज्ञानिक, दार्शनिक, राजनीतिक, आर्थिक तथा अन्तर्राष्ट्रीय विषयों पर लिखे हुए लेखों की भाषा स्वभावतः कुछ कठिन होगी। उस लेख को समझने के लिए, पाठक से पूर्व ज्ञान की आशा अवश्य की जाएगी। इसमें दोष लेखक का नहीं, विषय की कठिनता का है। कुशल लेखक पाठकों के ज्ञानवर्द्धन हेतु इन विषयों को भी यथासाध्य समझा कर ही लिखेगा।

समाचारपत्रों का महत्त्व

आज के युग में समाचारपत्रों का महत्त्व कितना है, इसे बतलाने की आवश्यकता नहीं है। वेण्डेल फिलिक्स ने समाचारपत्रों के महत्त्व को स्पष्ट करते हुए लिखा है-'आज का समाचारपत्र एक बारगी जनवर्ग का माता-पिता, स्कूल-कॉलेज, शिक्षक, थियेटर, आदर्श और उदाहरण, परामर्शदाता और साथी हो गया है। मुझे समाचारपत्र निकालने दो, फिर मैं इस बात की परवाह नहीं करता कि कौन धर्म का नियामक है और कौन कानून का निर्माता।'

समाचारपत्रों में व्यावसायिकता का प्रवेश- वैचारिक स्तर पर उपर्युक्त उद्देश्य उभरने के बाद भी समाचारपत्रों में व्यावसायिक पूँजी का प्रवेश होने से व्यवहारत: इसमें भिन्न स्थिति बनी है। आज समाचारपत्र एक उद्योग के रूप में चलते हैं, जिनमें पर्याप्त पूँजी लगती है और लाभ-हानि का हिसाब रखा जाता है। कोई भी व्यवसाय घाटे के लिए नहीं किया जाता। अत: समाचारपत्र लाभ अर्जन की चेष्टा में जनरुचि के नियामक न रहकर जनरुचि का अनुसरण करने लगे हैं। जनरुचि के अनुसरण तथा सम्पादक एवं उसके सम्पादकीय सहयोगी समाचारपत्र व्यवस्था के बड़े तन्त्र के अंग बनकर रह गये हैं। जिससे पत्रों में तेजस्विता का स्थान लोकप्रियता ने ले लिया है, जो पत्र की प्रसार संख्या के रूप में प्रतिबिम्बित माना जाता है। अधिक प्रसारसंख्या पत्र को अधिक विज्ञापन एवं महँगा विज्ञापन दिलाने का आधार बनाती है। अत: पत्र की प्रसारसंख्या बढ़ाना एवं अधिक विज्ञापन-आय कमाना समाचारपत्रों का एक उद्देश्य बन गया है। पाठकों की संख्या की न्यूनाधिकता की दौड़ में पाठकवर्ग के स्तर का विचार ही पीछे छूट गया और समाचारपत्र सनसनीखेज खबरों तथा चटपटी मनभावन सामग्री से भरी दिखने लगे हैं, जो विशुद्ध सम्पादन कला या स्तरीय पत्रकारिता की दृष्टि से ढलान पर लुढ़कने जैसी स्थिति की पर्याय बन गये हैं। पीत पत्रकारिता अब नील पत्रकारिता (ब्लू जर्नलिज्म अर्थात् अश्लील पत्रकारिता) के स्तर पर दिखने लगी है। यह सच है कि आज भी इन सबको शिष्ट समाज में मान्यता नहीं मिली है, अत: इसे कुछ अच्छा नहीं समझा जाता। वैसे चलने को, सब चलने लगा है।

शक्ति का दुरुपयोग- समाचारपत्र इतिहास का रोजनामचा ही नहीं, उसके निर्माता भी हैं। समाचारपत्र का यह शक्तिबोध पत्रकारों को पथभ्रष्ट करने को भी प्रेरित करता है। सभी समाचारपत्र हमेशा सही मार्ग पर होंगे, यह समझना एक भूल है। कुछ समाचारपत्र गलत मार्ग के लिए भी निकाले जाते हैं। इनका उद्देश्य सार्वजनिक सेवा की अपेक्षा व्यक्तिगत दुश्मनी निकालना, गन्दगी उछालना और अपना उल्लू सीधा करना होता है। कभी-कभी स्थानीय प्रशासन से ऐसे समाचारपत्रों का गठजोड़ हो जाता है, जिससे ये प्रशासकीय आतंक के अंग बन जाते हैं। किन्तु ऐसे पत्रों का कोई स्थायी आधार नहीं बनता और ये अपना कुत्सित उद्देश्य पूरा करके विदा हो जाते हैं।

एक बात निर्विवाद रूप से सत्य है कि समाचारपत्र जनता के प्रति अपना दायित्व ईमानदारी से निभा सकें, इसके लिए आवश्यक है कि वे बन्धनयुक्त हों और मुक्त रहने

के लिए उनका स्वतन्त्र होना परमावश्यक है। पत्र तो वैसा ही बन पाता है, जैसा उसके मालिक, सम्पादक तथा अन्य कर्मचारी उसे बनाते हैं। पत्र के गुण या दोष सापेक्ष हैं, जो कालक्रम में घटते-बढ़ते रहते हैं। पत्र का चरित्र, उसकी मर्यादा एवं प्रतिष्ठा इसी में है कि वह पाठकों के प्रति अपने कर्तव्यों का ईमानदारी से निर्वाह करे, क्योंकि पत्र (प्रेस) लोकतान्त्रिक प्रणाली का अभिन्न अंग है और लोकतन्त्र की सफलता के लिए मर्यादापूर्ण पत्रों का होना आवश्यक है, जो बौद्धिक, तकनीकी एवं अन्य दृष्टियों से उच्च स्तन के हों, जो स्वतन्त्र, ईमानदार, ज्ञानवर्द्धक हों और समाज के लोगों का जो श्रेष्ठ हैं, उसे प्रोत्साहित करें एवं समाज की सेवा करते हुए भी उसका मार्गदशन करें।

समाचारपत्रों का स्वामित्व

समाचारपत्रों के स्वामित्व का स्वरूप लोकहित तथा सम्पादकीय स्वतन्त्रता का निर्धारक होता है। किसी निहित स्वार्थ वाले उद्योगपति के यहाँ कार्यरत सम्पादक पत्रकारिता के आदर्शों से च्युत होकर लोकहित को गौण बना देता है तथा स्वामी के संकेतों पर समाचारपत्र के पृष्ठों को काला करता रहता है। इस तरह समाचारपत्र की आत्मा मर जाती है तथा समाचारपत्र अर्थोपार्जन, चाटुकारिता एवं पक्षविशेष का उद्घोषक मात्र रह जाता है। समाचारपत्रों के स्वामित्त्व के विविध रूप निम्नलिखित हैं-

(1) एकल स्वामित्व (Self Proprietroship) - इसमें मालिक ही पत्र का सम्पादक तथा प्रबन्धक होता है और समय पड़ने पर रह तरह का कार्य उसके द्वारा सम्पन्न होता है। चूँकि पत्र के लाभ-हानि से मालिक प्रत्यक्षरूपेण प्रभावित होता है, अत: पूरी जिम्मेदारी एवं निष्ठा से अहर्निश समाचारपत्र की चतुर्दिक प्रगति हेतु वह कटिबद्ध रहता है। एकल स्वामित्व का सबसे बड़ा दोष यही है कि कभी-कभी स्वयं की शिथिलता तथा हठधर्मिता के कारण पत्र-व्यवसाय चौपट हो जाता है। स्वामी की मृत्यु के बाद समाचारपत्र की जीवनशक्ति मन्द पड़ जाती है। एकल स्वामित्व वाले संस्थान को दीर्घकालीन ऋणप्राप्ति में बहुत-सी बाधाएँ आती हैं। एक व्यक्ति द्वारा पत्र-संचालन के असीमित दायित्व का सफलतापूर्वक निर्वहन वर्तमान औधोगिक प्रगति के युग में कठिन है।

(2) साझेदारी (Partnership)- एक ही व्यक्ति जब पत्र-व्यवसाय को चलाने में असमर्थ होता है, तो साझेदारी अधिनियम सन् 1932 की धारा 4 के अनुसार 'Partbnership is the ralation between person who have agreed to share the profile of a business caused on by all or any of them acting for all.' साझेदारी में व्यापार के लाभ को आपस में बाँटने का समझौता किया जाता है। इसमें सभी अथवा सबके प्रतिनिधि के रूप में एक व्यक्ति कार्यरत होता है। एक से अधिक व्यक्तियों के मस्तिष्क के लगने से व्यापार में चतुर्दिक प्रगति होती है। प्रकाशन की जिम्मेदारियाँ बँट जाती हैं और प्रत्येक साझीदार पर अपेक्षाकृत कम बोझ पड़ता है। छल-कपट के कारण एक नेक साझीदार को भी बदनामी और अर्थसंकट का सामना करना पड़ता है। उत्तरदायित्त्व को दूसरों पर मढ़ देने की प्रवृत्ति के कारण व्यापार में आशा के अनुरूप प्रगति नहीं हो पाती ।

(3) मिश्रित पूँजी कम्पनी (Joint Stock Comapines)- भारतीय कम्परी अधि नियम, 1956 की धारा-तीन के अनुसार इन कम्पनियों का पंजीकरण होता है। इसमें अंशधारी का दायित्व सीमित होता है तथा व्यापार का विस्तार पूँजी बढ़ाकर सरलता बड़ी कठिनाई होती है तथा टैक्स में कोई सुविधा प्राप्त नहीं होती।

प्रमुख भारतीय समाचारपत्रों पर मिश्रित पूँजी कम्पनियों का अधिकार है। इण्डियन एक्सप्रेस न्यूजपेपर्स प्राइवेट लिमिटेड, मुम्बई, बेनेट कोलमैन एण्ड कम्पनी लिमिटेड मुम्बई, आनन्द बाजार पत्रिका (प्राइवेट) लिमिटेड कोलकाता, हिन्दुस्तान टाइम्स पटना, एसोसिएटेड जर्नल्स लिमिटेड लखनऊ और पायोनियर लिमिटेड लखनऊ द्वारा अनेक गौरवशाली पत्रों के प्रकाशन का कार्य चल रहा है।

(4) ट्रस्ट - किसी विशेष उद्देश्य के प्रचार-प्रसार हेतु समाचारपत्र की सम्पत्ति समाजसेवियों के प्रबन्ध के अन्तर्गत देने की दृष्टि से ट्रस्ट की स्थापना की जाती है। प्रकाशन से लाभा की आशा न कर सीाी ट्रस्टी सेवाभाव से पत्र के नियमित प्रकाशन पर बल देते हैं। थान्थी ट्रस्ट, सौराष्ट्र ट्रस्ट और लोकशिक्षण ट्रस्ट द्वारा ट्रिब्यून जैसे अनेक समाचारपत्र प्रकाशित हो रहे हैं।

(5) समितियाँ तथा संस्थाएँ - समितियों और संस्थाओं के लक्ष्यों को जनसामान्य तक पहुँख्सपे के लिए कुछ पत्रों का प्रकाशन होता है, जिनका उद्देश्य लाभार्जन नहीं होता। सर्वेण्ट्स ऑफ इण्डिया सोसाइटी, नागपुर, सर्वेण्ट्स ऑफ दि प्यूपिल सोसाइटी कटक और ऑल इण्डिया कश्मीरी पण्डित कान्फ्रेंस श्रीनगर द्वारा अनेक समाचारपत्र निकाले जाते हैं।

समाचारपत्रों के प्रकाशन यदि निष्ठावान हुए तो जनता के प्रति अपने दायित्त्वों का निर्वाह कर सकते हैं। प्रेस-रजिस्ट्रार की रिपोर्टों से ज्ञात होता है कि अपने देश में मिश्रित पूँजी कम्पनी का स्वामित्व प्रचलित है। देखा जाता है कि शक्तिसम्पन्न और उच्चपदस्थ व्यक्तियों की त्रुटियों को प्रकाशित करने में समाचारपत्र भीरुता दिखलाते हैं और सामान्य नागरिकों की कमियों को धड़ल्ले से प्रकाशित करते हैं। यह भी पाया जाता है कि समाचारपत्र से सम्बद्ध वित्तीय संस्थाओं के हितों के प्रतिकूल समाचारों को दबा दिया जाता है। स्वामित्व तथा सम्पादकीय रुझान में अनेक दोष होते हैं। निजी संस्था की अपेक्षा सार्वजनिक संस्था को प्राथमिकता दिया जाना श्रेयस्कर है। ऐसे तो ट्रस्ट का स्वामित्व पत्रकारिता-जगत् में उतम है। पत्रों के स्वामित्व अनेकात्मक और व्यापक आधार वाले हों, तो अभिव्यक्ति-स्वातन्त्र्य को प्राथमिकता प्राप्त होती है।

स्वतन्त्रताकानीन गुप्त प्रकाशन 'रणभेरी'

स्वतन्त्रता-संग्राम में समाचारपत्रों की भूमिका बहुत ही महत्त्वपूर्ण और प्रभावकारी थी। इन समाचापत्रों में प्रकाशित होन वाले क्रान्तिकारी-पत्र रणभेरी का महत्त्वपूर्ण स्थान है। इस पत्र ने अंग्रेज शासकों की नींद उड़ा दी थी। यहाँ रणभेरी के प्रकाशन से सम्बन्धित कुछ तथ्यों का उल्लेख किया जा रहा है-

सन् 1930 के स्वतन्त्रता आन्दोलन के समय दैनिक आज और उसे छापने वाले (ज्ञानमण्डल प्रेस) इन दोनों प्रबन्धकों से दो-दो हजार रुपये की जमानत माँगी गयी। समाचारपत्र और प्रेस के संस्थापक-संचालक बाबू शिवप्रसाद गुप्त ने आनी स्वाभिमानी वृत्ति के अनुसार कहा - 'मैं अंग्रेजी शासन के खजाने में फूटी कौड़ी भी न दूँगा।'

सरकार ने जो अध्यादेश निकाला था, उसमें प्रेस पर प्रतिबन्धा था, किन्तु साइक्लोस्टाइल मशीन से प्रतियाँ निकालने पर कोई रोक नहीं थी। इसका लाभ उठाकर आज के समाचार के नाम से छोटा-सा समाचारपत्र फुलस्केप साइज में आन्दोलन की खबरों को देने के लिए निकाला गया। सरकार ने तब साइक्लोस्टाइल पर भी प्रतिबन्ध लगा दिया, जिससे आज के समाचार का प्रकाशन बन्द कर देना पड़ा।

इस सम्स्या से निपटने और स्वातन्त्र्य आन्दोलन को चलाने के लिए एक युक्ति से काम लिया गया। ज्ञानमण्डल-प्रेस से साइक्लोस्टाइल मशीन की बिक्री दिखा दी गयी। दूसरे दिन से उसी मशीन पर गुप्त रूप से रणभेरी नामक समाचारपत्र का प्रकाशन आरम्भ किया गया। उस समय तक हिन्दी टाइपराइटरों का चलन नहीं हुआ था। इसलिए हाथ से स्टेंसिल पेपर पर लिखकर साइक्लोस्टाइल मशीन द्वारा छापा जाता था। पं० विष्णुराव बाबूराव पराड़कर के हाथ की लिखावट बहुत सुन्दर होती थी। वे ही स्टेंसिल पर हाथ से लिखते थे। रणभेरी के अनेक अंकों में पराड़करजी की लिखावट थी। पराड़कर जी की हस्तलिपि होते हुए भी पुलिस उन्हें पकड़ नहीं सकी थी। उनके भाई माधव विष्णु पराड़कर आज से प्रेस मैनेजन थे। चूँकि रणभेरी का प्रकाशन ज्ञानमण्डल प्रेस में ही साइक्लोस्टाइल मशीन पर होता था, अतः पुलिस को छापा मारने की आशंका बनी रहती थी। माधवजी प्रेस में आन-जाने वालों पर कड़ी निगाह रखते थे। उनकी मेज में एक घण्टी लगी थी, जिसे तनिक भी सन्देह होने पर तुरन्त बजा देते थे और सम्बन्धित व्यक्ति सतर्क हो जात थे। लगभग दो माह के बाद सावधानी के लिए यह मशीन मैदागिन मुहल्ले में रेवाबाई धर्मशाला के एक कमरे में ले जायी गयी।

रणभेरी का दैनिक संस्करण फुलस्केप साइज में दो पेज और साप्ताहिक रविवार को चार पेज का होता था। उसका मूल्य था, पुराना एक पैसा। सम्पादक के स्थान पर पुलिस सुपरिटेण्डेण्ट, कोतवाली, बनारस छपता था। एक बर्ष अर्थात् 1931 तक रणभेरी इसी प्रकार प्रकाशित होता रहा।

1932 में पुनः रणभेरी के प्रकाशन की योजना तैयार हुई इसमें यह निश्चय किया गया कि किसी प्रेस से छपाई करायी जाये। किसी प्रकार एक हैण्डप्रेस लिया गया, जिसके तीन भाग करेक मणिकार्णिका घाट के ऊपर एक मकान के तिमंजिले पर उसे पहुँचाया गया। आज कार्यालय से कम्पोजिंग के लिए टाइप पहुँचाया गया। इन सब सावधानियों के बाद भी छापा पड़ने की आशंका के कारण कुछ दिनों बाद सारा सामान दूसरे स्थान पर, फिर वहाँ से अन्ततः श्रीशिवप्रसाद गुप्त के ही एक मकान में जे नन्दन साहू की गली में था, लाया गया। लोग इस मकान की भुतहा कहते थे।

सचमुच यह इतना भुतहा था कि एक बार पुलिस ने यहाँ छापा मारा तो भी कोई सामान नहीं मिला।

सन् 1942 के असहयोग आन्दोनल में फिर से रणभेरी का प्रकाशन आरम्भ किया गया। काशी के घासीटोला मुहल्ले में आज दैनिक क एक कम्पोजिटर के नाम से एक मकान लिया गया और कुछ दिनों तक वहाँ से रणभेरी छपी। बाद में गुप्त प्रेस पत्थरगली में आया, जहाँ पराड़करजी रहते थे। पत्थरगली एक अन्धेरी-सी गली थी, जिसमे पशुओं का एक बड़ा बाड़ा था यह बाड़ा पं० लक्ष्मी नारायण गर्दे (सम्पादक 'आज') के मकान से सटा हुआ था। पराड़करजी का मकान वहाँ से लगभग पचास कदम ही दूर था। इसलिए इस गली के बाहर से कोई सन्देह नहीं कर सकता था कि अन्दर गली के किसी मकान में क्या हो रहा है।

एक बार किसी तरह पुलिस को रणभेरी का सुराग लग हो गया। पुलिस ने छापा मारा और अनेक लोगों को गिरफ्तार कर लिया। पराड़करजी बच गये। पूर्व योजना के अनुसार मकान मालिक श्री कन्हैयालाल गोर ने एक आदमी का नाम बता दिया कि वही कागज छापता है। पता नहीं क्या छापता है? पकड़े जाने पर वह व्यक्ति गूँगा-बहरा बन गया, जिससे पुलिस को रणभेरी के सम्बन्ध में बहुत सीमित जानकारी ही मिल पायी। कुछ लोग नजरबन्द रखे गये, लेकिन कोई विशेष क्षति नहीं हुई।

1930 में समाचारपत्रों के दमन के लिए जब ब्रिटिश सरकार ने काला कानून पारित कर दिया, तब साइक्लोस्टाइल पर परचे छापकर अनेक स्थानों से समाचार प्रचारित होने लगे। बरद में साइक्लोस्टाइल पर भी प्रतिबन्ध लगा, जिसके फलस्वरूप तत्कालीन भारत के लगभग सभी बड़े शहरों में दर्जनों गुप्त-पत्र साइक्लोस्टाइल के रूप में निकलने लगे। केवल मुम्बई शहर में ही लगभग एक दर्जन परचे निकलते थे। उन परचों के नाम कांग्रेस-बुलेटिन, रिवोल्ट (बलवा), रिवोल्यूशन (विप्लव), बलवो (गुजराती भाषा में), फितूर (द्रोह), गदर, बगावत, बदमाश अंग्रेज सरकार आदि थे।

✡✡✡

2 पत्रकार, संवाददाता और रिपोर्टर

पत्रकार का अर्थ

क्या आप पत्रकार बनना चाहते हैं? इस प्रश्न के उत्तर में आपका उत्तर होगा – 'हाँ, मैं पत्रकार बनना चाहता हूँ।' आप पत्रकार क्यों बनना चाहते हैं? इस प्रश्न का उत्तर प्राय: अलग–अलग होगा।

कोई पत्रकार इसलिए बनना चाहता है कि इस व्यवसाय में ग्लैमर और सम्मान है। कोई पत्रकार इसलिए बनना चाहता है कि इस व्यवसाय में व्यक्तिगत उन्नति की व्यापक सम्भावनाएँ हैं। कोई पत्रकारों को मिलने वाली सुविधाएँ और उसके समाज में पड़ने वाले प्रभाव से प्रभावित है।

इसलिए पत्रकार बनने से पूर्व पत्रकार के बारे में जानना आवश्यक है। पत्रकार शब्द के साधारण अर्थ के अनुसार – 'पत्रकार किसी भी ऐसे व्यक्ति को कहते हैं, जो पत्र बनाने में सहायक हो।' पत्र से यहाँ तात्पर्य समाचारपत्र से है। समाचारपत्र को बनाने में सहायता देने वाला व्यक्ति पत्रकार कहलाता है। किन्तु समाचारपत्र को बनाने में कागज बनाने वाले, स्याही बनाने वाले से लेकर मशीन बनाने वाले, कम्पोज करने वाले, छापने वाले आदि न जाने कितने व्यक्ति सम्मिलित होते हैं। इसलिए उपर्युक्त व्याख्या के अनुसार इन व्यक्तियों को भी पत्रकार नहीं कहा जा सकता।

पत्रकार के नाम से वे ही पुकार जाते हैं, जिनका समाचारपत्र, लेखों, समाचारों आदि से सम्बन्ध होता है। इस काम में लिखने वाले, लेखों आदि का सम्पादन करने वाले, समाचार संग्रह करने वाले, आलोचना करने वाले आदि अनेक प्रकार के व्यक्ति शामिल हैं। सामान्यत: समाचारों के संकलन, लेखन तथा उन पर विचारों को लिखने वाला पत्रकार कहा जाता है। अंग्रेजी भाषा में इसे जर्नलिस्ट (Journalist) कहते हैं। ब्रिटेन में पत्रकारिता के आरम्भिक दिनों में गुप्तचरों को संवाददाता, रजिस्टर निरीक्षकों को सम्पादक तथा क्लर्कों को उप–सम्पादक कहा जाता था। सम्भवत: इसी आधार पर कुछ लोगों ने समाचारपत्र और पत्रिकाओं को बनाने में सहयोगी व्यक्ति को पत्रकार कहा है।

प्रश्न उठता है कि, कागज निर्माता, टाइप फाउण्ड्री का कर्मचारी, कम्पोजिटर तथा छापने वाला भी पत्रकार ही कहा जायेगा? जिस प्रकार बाइण्डर को लेखन नहीं कहा जा सकता, उसी प्रकार प्रेस से सम्बन्धित प्रत्येक कर्मचारी को पत्रकार नहीं कहा जा सकता है। वास्तव में पत्रकार उसे कहेंगे, जो समाचारपत्रों के संवाद, अग्रलेख, स्तम्भलेख, फीचर, विशेष लेख, विज्ञापन-व्यवस्था (विज्ञापन से सम्बन्धित लेख) आदि से सम्बन्धित होते हैं।

इस प्रकार पत्रकार अध्ययनशीन, बहुश्रुत बुद्धिजीवी है, जो समाज का हितैषी होता है। वह समाज की विविध समस्याओं पर चिन्तन करना है और उसे प्रभावशाली ढंग से प्रस्तुत करता है। संवाददाता, विशेष संवाददाता, सम्पादक, अग्रलेखों के लेखन, स्तम्भलेखक, रिपोर्टर-ये सभी पत्रकार कहलाते हैं।

पत्रकार की परिभाषा

प्राचीन काल में रोम में धर्मप्रचारक एवं शासक अपने-अपने खेमे में प्रजाजनों को आकर्षित करने या कोई आज्ञा देने के लिए हाथ से लिखकर सूचनाएँ चौराहे, किसी चट्टान या दीवार या गाँव-बस्ती, मुहल्ले या विशेष नुक्कड़ों या चिपका देते थे। इस प्रकृति से वे अपनी बात लोगों तक पहुँचाते थे।

कहा जा सकता है। कि आधुनिक विज्ञापनों की तरह यह पद्धति होती थी, जो प्राचीन रोम, यूनान, अरब-देशों तथा मध्य यूरोप के देशों में अपनायी गयी थी। रोम में इस पद्धति को 'एक्टा-डायूर्ना' (Acta & Diurna) कहा जाता था। इसी से 'डायूर्नेलिस्ट' बना है। इसका अर्थ होता है - पत्रकार (जर्नलिस्ट)।

अंग्रेजी का 'जर्नलिस्ट' शब्द इसी प्राचीन 'डायूर्नेलिस्ट' शब्द से बना है। 'ड' वर्ण का स्थान बाद में अंग्रेजी के 'जे' वर्ण ने ले लिया। प्रारम्भ में दिन में समय सूचनओं के संग्रहण-वितरण के कार्य को धोतित करने वाली क्रिया इसी शब्द 'डायूर्नेलिस्ट' से अभिहित होती थी। बाद में किन और रात दोनों से ही इसे जोड़कर देखा जाने लगा। इसी प्राचीन पद्धति ने कालान्तर में इश्तिहारों तथा हस्त लिखित अखबारों, रुक्को, पत्र-पत्रिकाओं को जन्म दिया।

(1) चैम्बर्स डिक्शनी के अनुसार - 'समाचारों के संकलन, लेखन, सम्पादन और पत्र-पत्रिकाओं की अन्य सामग्रियों को प्रकाशनार्थ तैयार करने वाला ही पत्रकार है। (Journlaist - One who are writes for conducts a newspapers & magazine.)'

(2) आक्सफोर्ड डिक्शनी के अनुसार - 'किसी पत्र का सम्पादन करके या उसके लिए कुछ लिखकर, जो अपनी जीविका चलाता है, उसे पत्रकार कहते हैं।'

(3) टी.एच.एस. स्काट के अनुसार - 'पत्रकार वह व्यकित है, जो थोड़े-थोड़े समय के अन्तर पर प्रकाशित अपनी रचनाओं से जनमत को एक निश्चित दिशा में प्रभावित करना चाहता है।'

(4) एक अन्य परिभाषा के अनुसार - 'पत्रकार वह है, जो समाचारों का संग्रह और संकलन करता है, समाचार तैयार करना है और उन्हें प्रकाशित करता है।'

(5) विक्रम स्टीड ने एक आदर्श पत्रकार को निम्नलिखित रूप से परिभाषित किया है - 'आदर्श पत्रकार वह है, जो प्राचीन ज्ञान, इंजीनियर की जानकारी अपने समय पूर्व इतिहास तथा आर्थिक, समाजिक एवं राजनीतिक जीवन के मुख्य तथ्यों को अच्छी तरह बोधगम्य करने, इन सबको हृदय में सजा कर रखन में समर्थ हो और अपने इस ज्ञान में से अधिक से अधिक जितना उसके लाखों पाठक तत्परता से पचा सकें, उन्हें देता रहे।'

कहने का तात्पर्य यह है कि कुशल पत्रकार वह है, जो समय और समाज के साथ चलता हो, उनका पारखी हो और जिसमें दायित्त्वबोध की भावना हो।

उपर्युक्त परिभाषाओं के आधार पर पत्रकार वह है, जो अपने राष्ट्र और समाज के परिवेश में रहकर विभिन्न सामाजिक या अन्य समस्याओं को अपनी लेखनी से विभिन्न माध्यमों (मुद्रणमाध्यम, रेडियोमाध्यम, दूरदर्शनमाध्यम आदि) के द्वारा सामाजिक चेतना उत्पन्न करने में सहायक होता है। पत्रकार के व्यवसाय का प्रमुख साधन है-'पत्रकारिता लेखन और जनसामान्य की स्थितियों का लेखन तथा संग्रह एवम् जनरल्स की सुरक्षा और संग्रहवृत्ति।'

इस प्रकार कहा जा सकता है कि पत्रकारिता से सम्बद्ध वे सभी व्यक्ति, जो समाचार संकलन, सम्पादन, अनुवाद, प्रूफ संशोधन, विवेचन-विश्लेषण, सम्पादकीय लेखन, मुद्रण-प्रकाशन आदि के कार्य में संलग्न हैं-पत्रकार हैं। साथ ही समाचारपत्रों में प्रकाशनार्थ फीचर, समीक्षा, विशिष्ट स्तम्भ, सामग्री प्रस्तुत करने वाले लेखक और छायाकार, व्यंग्यकार, चित्रकार, कार्टूनिस्ट आदि भी पत्रकार हैं। समाचारपत्र और पत्रिका के कार्यालय में, पत्रकारों के अतिरिक्त अन्य कार्य करने वाले व्यक्ति जैसे-मुद्रक, महाप्रबन्धकक, लेखपाल, विज्ञापन-प्रबन्धक, प्रशासन-प्रभाग के विभिन्न अधिकारी व कर्मचारी गैर-पत्रकार कहलाते हैं।

पत्रकार का दायित्त्व या कर्तव्य

जे.वी.मेकी ने दी वाक्यों में पत्रकार के सम्पूर्ण कर्तव्यों की विवेचना इस प्रकार से की है-

(1) जो पत्रकार अपने कर्तव्यों को पूरी तरह अनुभव करता है और अपने लक्ष्य के प्रति पूर्ण निष्ठा रखता है, उसकी सबसे बड़ी चिन्ता यह होती है कि अधिकतम व्यक्तियों का अधिकतम हित कैसे हो?

(2) पत्रकार की न्यायप्रियता का तकाजा है कि धन या उच्चपद के प्रति पक्षपात न करें।

पाण्डेय बेचन शर्मा उग्र ने पत्रकार का पेशा त्याग का मार्ग माना है, जोड़ का नहीं। उनका कथन है-'मेरी राय में पत्रकार बनने से पूर्व आदमी को समझ लेना चाहिए के

यह त्याग का मार्ग है, जोड़ का नहीं। जिस भाई या बहन को भोग-विलास की लालसा हो, वह कोई अन्य धन्धा करे, रहम करे इस रोजगार पर। मेरा आदर्श पत्रकार ईमानदार, पीर, परमहंस-सा नजर आता है। व्यक्तिगत सुख-दु:ख के बहुत ऊपर, किसी भी भीड़ में जैसे आसानी से पहचाना जा सके।'

एडविन ए. लाहये के अनुसार- 'मुझे गर्व है कि मैं एक समाचारदाता हूँ। मुझे अपने कार्य में पूरा सन्तोष मिलता है। मैं किसी देश का राष्ट्रपिता बनना पसन्द नहीं करूँगा, बल्कि राष्ट्रपिता के क्रिया-कलापों के समाचार एकत्र करूँगा। मैं धन नहीं, शब्दों का कोश तलाशता हूँ।'

गणेश शंकर विद्यार्थी ने पत्रकार कैसा हो? इस सम्बन्ध में लिखा है-' पत्रकार कैसा हो? इस सम्बन्ध में दो राय हैं। एक तो यह कि उसे सत्य या असत्य, न्याय या अन्याय के झगड़े में नहीं पड़ना चाहिए। दूसरी राय यह है कि पत्रकार की समाज के प्रति बड़ी जिम्मेदारी है। वह अपने विवेक के अनुसार अपने पाठकों को ठीक मार्ग पर ले जाता है, वह जो लिखे, प्रमाण और परिमाण का विचार रखकर लिखे और अपनी गति-मति में सदैव शुद्ध तथा विवेकशील रहे। पैसा कमाना उसका ध्येय नहीं, लोकसेवा उसका ध्येय है।'

श्रीविष्णुदत्त शुक्ल के अनुसार- 'पत्रकार का काम बहुत टेढ़ा है। इसमें प्रवेश करने से पहले खूब सोच-समझ लेना चाहिए। प्रसिद्ध अंग्रेजी पत्रकार लार्ड मार्ले ने कहा था-'मैं किसी नवयुवक को यह सलाह नहीं देता कि वह पत्रकार बने।' मैं लार्ड मार्ले की उस सलाह को दुहराना चाहता हूँ कि इस काम में बहुत त्याग, बहुत लगन, बहुत परिश्रम और बहुत जिम्मेदारी की जरूरत है, जो साधारणतया बहुत कम लोगों में पायी जाती है।'

पत्रकार के उत्तरदायित्त्व को विविध उपमाओं द्वारा श्रीप्रकाशचन्द्र भुवालपुरी ने इस प्रकार परिभाषित किया है-'वह (पत्रकार) साहित्यकार की तरह मधुव्रती बनकर जीवन के बिखरे हुए सत्य का मात्र संचयन नहीं करता, वरन् उसे देवर्षि नारद-सा भ्रमणशील, संजय-सा दूरदृष्टि सम्पन्न, अर्जुन जैसा लक्ष्यसिद्ध, एकलव्य जैसा अध्यवसायी, अभिमन्यु जैसा निर्भीक, परशुराम-सा साहसी, सुदामा-सा सन्तोषी, दधीचि-सा त्यागी, धर्मराज-सा सत्यव्रती, भीष्म-सा अडिग, गणेश जैसा प्रतिभासम्पन्न, कृष्ण जैसा ज्ञानी एवं कर्मयोगी, श्रीराम-सा मर्यादावादी, कृष्णद्वैपायन जैसा प्रगतिशील और भगवान् शिव जैसा लोकमंगल के लिए विषपायी होना पड़ता है। ये सभी गुण किसी एक में समवेत होकर उसे पत्रकार बनाते हैं ओर, ऐसा पत्रकार ही अपनी पत्रकारिता को, अपने दायित्वबोध को सामने लाकर सामाजिक सम्मान और समादर का सच्चा अधिकारी बनता है।'

डॉ॰ रामचन्द्र तिवारी ने पत्रकार को भविष्यद्रष्टा और समाज को विधिवत् विकसित करने वाला ही माना है। उनके अनुसार-' पत्रकार भविष्यद्रष्टा होता है। वह

समस्त राष्ट्र की, जनता की चित्तवृत्तियों, अनुभूतियों और आत्मा का साक्षात्कार करता है। पत्रकार किसी को ब्रह्मज्ञानी नहीं बना सकता, किन्तु मनुष्य की भाँति जीते रहने की प्रेरणा देता है। जहाँ उसे अन्याय, अज्ञान, उत्पीड़न, प्रवचना, भ्रष्टाचार या कदाचार दिखता है, वह उनका ताल ठोंक विरोध करता है और आशातीत आत्मविश्वास एवं दृढ़ता से प्राणी-प्राणी में शान्ति एवं सद्भाव की स्थापना करता है। सच्चा पत्रकार निर्माणक्रान्ति की लपटों से समाज की बुराइयों को भस्म करने का आयोजन करता है। पत्रकार ऐसे समाज का विधिवत् विकास करता है, जिससे आत्मसाक्षात्कार के इच्छुक व्यक्तियों को अपनी पहचान करने की दृष्टि मिलती है।'

सम्पादकाचार्य बाबूराव विष्णु पराड़कर ने पत्रकार के व्यवसाय की पवित्रता के सम्बन्ध में लिखा है-' पत्रकार का स्थान आधुनिक समाज में बड़े महत्त्व का है। समाज के जीवन में जिन प्रश्नों पर उचित निर्णय की आवश्यकता होती है, और जिन निर्णयों पर समाज का जीवन अन्त में निर्भर रहता है, उसके बारे में जनता को योग्य जानकारी कराना, उनके सम्बन्ध में जनता का निर्माण और नेतृत्त्व करना, उस मत को प्रकट करना तथा उससे अधिक से अधिक लाभ जनता को पहुँचना एक आदर्श पत्रकार का कर्तव्य है। '

एक पत्रकार को कैसा निर्भीक, साहसी और स्वाभिमानी होना चाहिए, इसका एक दृष्टान्त पं० जवाहरलाल नेहरू की इन पंक्तियों से मिलता है, जो उन्होंने नेशनल हेराल्ड के सम्पादक श्री एम.चेलपति राव को पत्रकार के दायित्त्व बोध के सन्दर्भ में लिखा था- 'आप जो कुछ भी लिखें, निर्भीकतापूर्वक लिखें। हेराल्ड को एक विशेष दायित्त्व वहन करना है, राष्ट्र की विचारधारा को बनाने में महत्त्वपूर्ण भूमिका अदा करना है। भीरुता एक भयंकर जूर्म है। यदि आप हिचकिचाएँगें, तो दूसरा थर्राएगा नहीं, बहुत-से लुढ़क जाएँगें।'

श्रीमती इन्दिरा गांधी ने पत्रकार की अन्तर्मात्मा को ही सच्चे अर्थों में उसका पथ-प्रदर्शक माना है। उनके अनुसार-'एक पत्रकार के लिए उसकी आत्मा ही सच्चे अर्थों में उसका पथप्रदर्शक होती है, क्योंकि उसे अपना काम किसी के दबाव में रहकर और आड़े वक्त पर करना पड़ता है। न सिर्फ ये, बल्कि पत्रकार ही वह व्यक्ति होता है, जो रोजाना के हालात को देखता है, विश्लेषण करता है, व्याख्या करता है तथा उन्हें प्रभावित करता है।'

पं० बनारसी दास चतुर्वेदी ने लिखा है-'कण्ठ की स्वाधीनता पत्रकार के लिए सबसे महत्त्वपूर्ण है। सती के लिए सतीत्व जितना आवश्यक है, उससे कहीं अधिक पत्रकार के लिए उन्मुक्त कण्ठा और, जनमत के हामी (हिमायती) देशों में तो स्वाधीन (स्वतन्त्र) पत्रकारों की अत्यन्त ही आवश्यकता है।'

डी० लायड जार्ज ने लिखा है-'राष्ट्र के राजनीतिक जीवन में पत्रकार का जो योगदान करता है, उसका बहुत बड़ा महत्त्व होता है। उसकी सेवाएँ अक्षय हैं। पत्रकार पर जनता को अपने सामाजिक जीवन, व्यवसाय, खेल-कूद, कला-साहित्य, धर्म और नैतिकता से सम्बन्धित विषयों से अवगत कराने का दायित्त्व होता है। सारा राष्ट्र उसका स्वाध्यायपीठ है और उसका पाठयक्रम सम्पूर्ण वर्षभर बिना अवकाश के साथ चलता रहता है।'

सुप्रसिद्ध कवियत्री श्रीमती महादेवी वर्मा के अनुसार-'पत्रकारिता एक रचनाशील विद्या है। इसके बिना समाज को बदलना असम्भव है। अत: पत्रकारों को अपने दायित्त्व और कर्तव्यों का निर्वाह निष्ठापूर्वक करना चाहिए, क्योंकि उन्हीं के पैरों के छालों से इतिहास लिखा जायेगा।'

इसी उच्च आदर्श के कारण पत्रकारिता को चतुर्थ-सत्ता की संज्ञा मिली थी और पत्रकार पद इतना ऊँचा माना गया था। पत्रकार की आदर्शोन्मुखता को देखकर किसी ने उसे लोकनायक, किसी ने लोकशिक्षक, किसी ने शिक्षकों का शिक्षक और किसी ने राष्ट्र का शिक्षक कहा है।

भाषा समाचार समिति के सम्पादक डॉ० वेदप्रताप वैदिक की मान्यता है-

'विधायिका, कार्यपालिका तथा न्यायपालिका की भाँति खबरपालिका भी लोकतन्त्र का महत्त्वपूर्ण स्तम्भ है। पत्रकार को किसी विशेषाधिकार की आकांक्षा न रखते हुए न्यायाधीश की सी निष्पक्षता और योद्धा की सी निर्भीकता के साथ सच्चाई उजागर करनी चाहिए। वे अपनी स्वयं की आचार संहिता के साथ पत्रकारिता में प्रवेश करें।'

जो भी व्यक्ति इस नीयत से पत्रकार बनना चाहता है कि वह अपना समय बहुत आराम से व्यतीत कर सकता है, उसके लिए यही अच्छा रहेगा कि वह कोई अन्य व्यवसाय या कार्य खोज ले। पत्रकारिता फूलों की सेज नहीं, काँटों की सेज है।

पत्रकार के दस आदर्श

नेशनल एण्ड पैन- अमेरिका प्रेस कांग्रेस, मैक्सिको 1942 द्वारा पत्रकारों के लिए प्रसारित किये गये निम्नांकित तथ्य पत्रकार के गुणों और उनके वांछित, अवांछित कत्तव्यों को सूचित करते हैं-

(1) अपने समाचारपत्र के नाम पर गर्व कीजिए। जोश के साथ अपना उत्साह दिखाइए किन्तु व्यर्थ का अभिमान मत कीजिए।

(2) पत्रकारिता में 'जड़ता' (निष्क्रियता) मृत्युवत् है।

(3) अवसर मत चूकिए, बहुज्ञानी बनिए। नवीनता के प्रदर्शन से मत चूकिए।

(4) व्यक्ति से बड़ा समाज है। सरकार से बड़ा देश है। मनुष्य मरणशील है, संस्था और सिद्धान्त अमर हैं।

(5) शत्रु और मित्र दोनों बनाइए। मित्र ऐसे हों, जो आपसे आदर प्राप्त करें और शत्रु ऐसे हों, जिनसे आप द्वेष न कर सकें।

(6) आर्थिक और साहित्यिक क्षेत्रों में आक्रमण का सामना आक्रमण से कीजिए। शान्ति से रहना हो, तो अपनी रक्षा करने के लिए हमेशा तैयार रहिए।

(7) तलवार (आज के युग में बन्दूक) और पैसा दोनों ही कलम के शत्रु हैं। आवश्यकता पड़े, तो सम्मान की रक्षा के लिए जीवन और धन की भी बलि दीजिए।

(8) दृढ़ रहिए पर, हठी नहीं। परिवर्तनीय बनिए पर कमजोर नहीं। उदार बनिए पर, हाथ बिल्कुल ढीला मत छोड़िए।

(9) स्पष्टवादी, गर्वसहित, सचेष्ट और स्फूर्तिमान रहिए तभी आपका सम्मान होगा। कमजोरी परलोक के लिए अच्छी है नहीं तो वह नपुंसकता है।

(10) जो कुछ छपा हो (अथवा प्रसारित हो) सबकी जिम्मेदारी लीजिए। व्यर्थ दोषारोपण पाप है। प्रतिष्ठा की हानि करने वाली चीज मत छापिए/प्रसारित कीजिए। घूस लेना पाप है। साथी पत्रकार की जगह लेने की इच्छा रखना, कम वेतन पर काम स्वीकार कर साथी पत्रकार को निकालना भी पाप है। रहस्य सम्भाल कर रखिए। पत्र स्वातन्त्र्य या पत्र की शक्ति (पत्रकार की शक्ति) का व्यक्तिगत उपयोग कभी न कीजिए।

संवाददाता और रिपोर्टर

संवाददाता शब्द अंग्रेजी भाषा के कोरेस्पॉण्डेण्ट (Correspondent) शब्द का हिन्दी रूपान्तर है। कोरेसपॉण्डेण्ट या संवाददाता का तात्पर्य है– 'दूरस्थ स्थानों से प्रेषण माध्यम द्वारा संवादों/समाचारों को भेजने वाला। समाचारों को सूँघने, खोदने, गढ़ने और लिखने वाला सक्षम और उत्साही व्यक्ति संवाददाता, संवादवाहक या संवादलेखक या खबरनवीस कहलाता है। वह समाचार प्रस्तुत करता है, जबकि सम्पादक उसका संशोधन करता है, सजा-सँवार कर पाठकों के सम्मुख प्रस्तुत करता है। संवाददाता सम्पूर्ण समाचारपत्र का शिल्पी होता है। लार्ड क्लिफ ने संवाददाता के बारे में स्पष्ट करते हुए लिखा है कि 'गवेषणात्मक प्रतिभासम्पन्न संवाददाता सम्पूर्ण पत्र का अदृश्य शिल्पी होता है। संवाददाता समाचारपत्र रूपी शरीर का आँख, कान, नाक और मुख है।'

घटनाओं का प्रत्यक्षदर्शी होने के कारण वह आँख, गली, सड़क, मंच एवं सभागार की विभिन्न गतिविधियों को सुनकर तथा सूँघकर कान और नाक का कार्य करता है। अपनी लेखनी से किसी समाचार को विशेष रूप देकर वह समाचारपत्र में लेख के रूप में मुँह का कार्य करता है। संवाददाता कभी एलसीसियन कुत्ता बनता है, तो कभी शोधकर्त्ता, तो कभी गुप्तचर और कभी कल्पनाशील प्राणी होकर सुलेखक का कार्य करता है। इन प्रक्रियाओं को पूरा करने वाला निःसन्देह सर्जनात्मक मौलिक प्रतिभा से सम्पन्न होता है।

समाचारपत्र, रेडियो या टेलीविजन का मुख्य कार्य पाठक/श्रोता/दर्शक वर्ग तक समाचार पहुँचाना है। समाचार पहुँचने के लिए इन समाचारों का संग्रह आवश्यक है। समाचार संग्रह को पत्रकारिता की भाषा में रिपोर्टिंग और समाचार एकत्र करने वाले व्यक्ति को रिपोर्टर या संवाददाता या समाचारदाता कहा जाता है।

वास्तव में रिपोर्टर का अर्थ है- रिपोर्ट प्रस्तुत करने वाला। पत्रकारिता के सन्दर्भ में रिपोर्टर का तात्पर्य है- समाचार की रिपोर्ट को लाकर कार्यालय में सम्पादक के सम्मुख प्रस्तुत करना। संवाददाता और रिपोर्टर दोनों ही समाचार संग्रह करते हैं, किन्तु संवाददाता या कोरेसपॉण्डेण्ट जहाँ दूर से संवादों का प्रेषण करता है, वहीं रिपोर्टर समाचारों को स्वयं लाकर समाचार-कार्यालय में सम्पादक के समक्ष प्रस्तुत करना है। इसीलिए प्राय: स्थानीय संवाददाताओं का रिपोर्टर कहा जाता है। वैसे आजकल संवाददाता और रिपोर्टर का अर्थ प्राय: एक जैसा ही माना जा रहा है। ये दोनों ही पत्रकार की श्रेणी में आते हैं। उपर्युक्त तथ्यों के आधार पर देखा जाये, तो संवाददाता, रिपोर्टर और पत्रकार में कोई अन्तर नहीं प्रतीत होता, लेकिन इन दोनों के बीच वास्तव में बहुत ही सूक्ष्म अन्तर होता है। संवाददाता उसे कहा जा सकता है, जो विभिन्न प्रकार के समाचारपत्रों के लिए समाचारों का संकलन करके, समाचारपत्र कार्यालय को प्रेषित करता है, जबकि पत्रकार विविध विषयों पर विविध विधा के समाचार व अन्य रचनाओं को लिखता है। पत्रकार की श्रेणी में उप-सम्पादक, स्तम्भ लेखक, अग्रलेखक संवाददाता आदि सभी आ जाते हैं। इस प्रकार पत्रकार (जर्नलिस्ट) शब्द संवाददाता और रिपोर्टर की अपेक्षा व्यापक है।

संवाददाता के प्रकार

वैसे तो प्रत्येक संवाददाता का मुख्य कार्य समाचारों को तैयार कर अपने माध्यम को भेजना ही है पर उनके कार्यक्षेत्र एवं पदों की स्थिति आदि को ध्यान में रखते हुए उन्हें निम्नलिखित प्रकारों में विभाजित किया जा सकता है-

कार्यक्षेत्र के अनुसार

कार्यक्षेत्र की दृष्टि से हम संवाददाताओं की एक लम्बी सीढ़ी तैयार कर सकते हैं, जो ग्रामीण क्षेत्रों से लेकर विदेश तक जाती है। इसे हम इस प्रकार समझ सकते हैं-

(1) **ग्रामीण संवाददाता**- इस प्रकार के संवाददाता ग्रामीण क्षेत्रों में नियुक्त होते हैं और प्राय: गाँवों से सम्बधिन्त समाचारों को अपने माध्यमों को देते हैं। ये प्राय: अवैतनिक ही होते हैं।

(2) **कस्बाई संवाददाता**- इसे मुफस्सिल संवाददाता भी कहते हैं। समाचार-माध्यम प्राय: कस्बों/छोटे शहरों में भी अपने संवाददाता नियुक्त करते हैं, जिन्हें वे प्राय: निज प्रतिनिधि कहते हैं। ये भी प्राय: अवैतनिक ही होते हैं।

(3) **जिला संवाददाता**- जिलों के मुख्यालय में नियुक्त ऐसे संवाददाता जिलों के समाचारों के लिए पूरी तरह उत्तरदायी होते हैं। एक स्तरीय समाचारपत्र इन्हें प्राय: उनके

समाचारों के हिसाब से भुगतान देते हैं। वैसे आजकल जिलों में भी स्टाफर नियुक्त होने लगे हैं, जो समाचारपत्र के वेतनभोगी होते हैं।

(4) कार्यालय प्रतिनिधि- इसे कार्यालय संवाददाता भी कहते हैं। यह समााचारपत्र के मुख्यालय पर नियुक्त होता है और प्रायः मुख्य संवाददाता के रूप में कार्य करता है। यह अपने संगठन का वेतनभोगी कर्मचारी होता है।

(5) संवाददाता- मुख्यालय पर नियुक्त वह वेतनभोगी कर्मचारी जो अपने विशेष क्षेत्र (बीट) जैसे- अपराध, अदालत, प्रशासन आदि के समाचार लाता है। यह उप-सम्पादक स्तर का नियमित वेतनभोगी कर्मचारी होता है।

(6) ब्यूरो चीफ- समाचार संगठन/समाचारपत्र प्रायः राज्यों की राजधानियों एवं महानगरों में अपने ब्यूरो ऑफिस स्थापित करते हैं, जिनका प्रभारी ब्यूरो चीफ कहलाता है।

(7) विशेष संवाददाता- विशेष संवाददाता किसी सीमा में नहीं बँधा होता, फिर भी विशिष्ट स्थानों एवं विशिष्ट समाचारों के लिए इसकी नियुक्ति की जाती है। यह प्रायः देश की राजधानियों को मुख्यालय बनाकर अपना काम करता है। यह सरकार के विशिष्ट निर्णयों और सरकार की गतिविधियों पर रिपोर्टिंग करता है। प्रधानमन्त्री आदि के साथ उनकी यात्राओं में साथ रहता है।

(8) विदेश संवाददाता- ऐसे संवाददाता प्रायः महत्त्वपूर्ण देशों की राजधानियों में रहकर विदेशों के महत्त्वपूर्ण समाचारों का संकलन और प्रेषण करते हैं।

Working Journalist (conditions of service) and Miscellaneous Provisions Act 1955 में संवाददाताओं का समूह निर्धारण निम्नलिखित प्रकार से किया गया है-

विशेष संवाददाता को सहायक सम्पादक, समाचार सम्पादक और लीडर राइटर की श्रेणी में रखा गया है। मुख्य संवाददाता, प्रधान संवाददाता (राजधानियों एवं देश के चार महानगरों-चेन्नई, मुम्बई, कोलकाता, दिल्ली में नियुक्त) को मुख्य उप-सम्पादक और मैगजीन एडिटर की श्रेणी में रखा गया है। वरिष्ठ संवाददाता को वरिष्ठ उप-सम्पादक और मुख्य न्यूज फोटोग्राफर की श्रेणी में रखा गया है। द्वितीय वेतन आयोग ने संवाददाताओं की चार श्रेणियाँ निर्धारित की हैं - (1) विशेष संवाददाता (2) मुख्य कार्यालय संवाददाता (3) उपमुख्य कार्यालय संवाददाता और (4) कार्यालय संवाददाता। पुरानी परम्परा के अनुसार संवाददाताओं को निम्नलिखित श्रेणियों में भी विभाजित किया जाता है-

(1) लाइनर (The Liner) - छोटे कस्बे से समाचार प्रेषित करने वाला लाइनर है, जो प्रकाशित संवादों की पंक्तियों के अनुसार पारिश्रमिक पाता है। ऐसे व्यक्ति का मुख्य कार्य कुछ दूसरा ही होता है, शौकिया तौर पर ये कभी-कभी संवाद-प्रेषण कर देते हैं।

(2) स्ट्रिंगर (The Stringer) - लाइनर से थोड़ा अधिक सुविधा प्राप्त संवाददाता स्ट्रिंजर है। यह भी पूर्णकालिक पत्रकार नहीं होता। पत्र द्वारा इसे निश्चित रकम प्रतिमास प्राप्त होती है। कुछ लोग इसे रिटेनर भी कहते हैं।

(3) सम्पूर्ण पत्रकार (Full-fledged Journalist) – ये महत्त्वपूर्ण जिला मुख्यालयों पर पूर्णकालिक पत्रकार के रूप में रखे जाते हैं, जिनको उप-सम्पादक की सुविधाएँ प्राप्त होती हैं।

(4) स्टाफर्स (Staffers) – प्रान्त की राजधानियों में पूर्णकालिक संवाददाता नियुक्त होते हैं, जिन्हें स्टाफर्स कहते हैं। ये पत्र के नियमित कर्मचारी होते हैं, जिनका सीधा सम्पर्क पत्र के मुख्यालय से होता है।

विशेष परिस्थितियों और घटनाओं के लिए भी संवाददाता नियुक्त किये जाते हैं, जैसे – युद्ध के दौरान। ऐसे कार्यों के लिए संवाददाता नियुक्त करते समय इस बात का ध्यान रखा जाता है कि सम्बन्धित संवाददाता उस विषय का विशेष योग्यता एवं अनुभव प्राप्त व्यक्ति हो।

संवाददाताओं के विविध रूप

संवाददाताओं की अनेक श्रेणियाँ हैं कार्य की महत्ता के अनुसार इन्हें लाइनर, स्ट्रिंजर, फुल फ्लेज्ड जर्नलिस्ट तथा स्टाफर्स के रूप में विभाजित किया गया है, जिनका संक्षिप्त विवेचन प्रस्तुत है–

विशेष संवाददाता

सामान्य संवाददाताओं से श्रेष्ठ-विशेष में पारंगत बुद्धिजीवी को विशेष संवाददाता कहा जाता है। वह एक संकेतक भी होता है और सर्तक करने वाला भी होता हैं वह समाचार-एजेंसियों की भाँति ही घटनाओं की सूचना देता है, किन्तु प्रवृति उसकी अपनी विशेष होती है। वह घटनाओं का पूर्वेक्षण भी कर सकता है। विशेष संवाददाता सम्पादक के कान और परामर्शदाता होते हैं। स्तम्भलेखक के समान वह अपने व्यक्तित्त्व से समाचार को प्रभावित करता है, परन्तु समाचारपत्र की नीति के अनुरूप ही उसे कार्य करना पड़ता है। वह स्तम्भलेखक की तरह स्वतन्त्र नहीं होता। वह क्षेत्र-विशेष के संवादों की गवेषणा करता है, निष्पक्षता तथा विश्वसनीयता के साथ प्रलेख तैयार कर उसे सम्पादक के पास पहुँचा देता है। देखा जाये, तो पत्रकारिता में सर्वोत्तम और सर्वाधिक रुचिकर कार्य विशेष संवाददाता ही का है, जो अपेक्षाकृत अधिक पारिश्रमिक पाता है, नियन्त्रणविहीन रहता है, परन्तु अपने उत्तरदायित्त्व-बोध से समाचारपत्र की प्रसिद्धि हेतु तत्पर रहता है।

संवाददाता की योग्यता और गुण

किसी भी माध्यम के आदर्श पत्रकार या संवाददाता के लिए निम्नलिखित योग्यताओं का होना आवश्यक है–

(1) पैनी दृष्टि तथा विस्तृत श्रवणशक्ति।

(2) आशुलेखन या टंकण का ज्ञान।

(3) सत्यनिष्ठा और निर्भीकता।

(4) जिस भाषा में वह लिखता हो उस भाषा तथा एक या अधिक किसी विदेशी भाषा का ज्ञान।

(5) जटिल विषयों, घटनाओं तथा विविध समस्याओं को समझने की शक्ति

(6) समाचार सूँघने की क्षमता।

(7) जिज्ञासावृत्ति और उत्सुकता।

ऐ.जे. लिबलिंग ने संवाददाताओं की तीन रूपों में देखा है-

(1) ऐसे संवाददाताओं जो वही लिखते है, जो देखते हैं।

(2) ऐसे व्याख्यात्मक संवाददाता जो यथा तथ्य प्रस्तुत करते है और उसे व्याख्यायित करते है।

(3) ऐसे विशेषज्ञ जो अपनी दूर दृष्टि के बल पर अनदेखे तथ्य को सुस्पष्ट करते हैं। पत्रकारिता के किसी भी माध्यम के क्षेत्र मे कार्य करने के लिए निम्नलिखित गुणों का होना आवश्यक माना गया है-

(1) कार्य का ज्ञान - संवाददाता या कोरेस्पोण्डेण्ट समाचारपत्र या अन्य माध्यम का 24 घण्टे का सेवक होता है। जिस विषय की रिपोर्टिंग करनी हो, उस विषय के बारे में संवाददाता को पूर्ण ज्ञान होना चाहिए। युद्ध की रिपोर्टिंग करते समय युद्ध के शस्त्रस्त्र, विविध प्रकार के लड़ाकू जहाज आदि की जानकारी उसे होनी चाहिए। युद्धक्षेत्र के संवाददाताओं को समाचार पाने के लिए गोलियों की बौछार में जान हथेली पर रखकर काम करना पड़ता है। यही बात अन्य विषयों के बारे में है। फुटबाल या क्रिकेट, व्यापार या उधोग आदि से अनजान व्यक्ति इन विषयों के बारे में सही रिपोर्टिंग नहीं कर सकेगा।

(2) भाषा का ज्ञान - संवाददाता जिस देश में नियुक्त हुआ हो, वहाँ के लोग उसे पसन्द करें, यह आवश्यक है। उदाहरण के लिए रूस में अनेक क्षेत्रीय भाषाएँ हैं, किन्तु रूसी भाषा का ज्ञान होने से काम चल जायेगा। लैटिन अमेरिकी देशों में स्पेनिश भाषा जानना बहुत आवश्यक है। इस प्रकार यदि कोई संवाददाता अंग्रेजी, रूसी, फ्रेंच और स्पेनिश भाषा जानता हो, तो वह विश्व के अधिकांश देशों में अपना कार्य सुविधापूर्वक कर सकता है।

(3) दिनमान का ज्ञान - पृथ्वी बहुत विस्तृत क्षेत्र में फैली हुई है। अत: जब एक शहर में दिन होता है, दूसरे में सन्ध्या होती है और तीसरे में रात्रि। इसलिए समाचार भेजते समय संवाददाता को इस बात का ध्यान रखना चाहिए कि वह जिस स्थान के लिए समाचार भेज रहा है, वहाँ समाचार कब पहुँचेंगे? महत्त्व का समाचार समय पर न पहुँचे, तो उसका भेजना न भेजने के बराबर है।

इंग्लैण्ड की ग्रीनविच वेधशाला जो विश्व के मानक समय का हिसाब रखती है, के अनूसार ही दिन मे घटने-बढ़ने का हिसाब लगाया जाता है। उसके पूर्व-पश्चिम

के बीच कहीं-कहीं 13 घण्टे का अन्तर पड़ जाता है, जिससे कैलेण्डर की तारीख में एक दिन का अन्तर हो जाता है। इसलिए ग्रीनविच के पश्चिम दिशा में भेजे जाने वाले समाचारों में पहली तारीख दूसरी तारीख हो जाती है और ग्रीनविच के पूर्व दिशा में भेजे जाने वाले समाचारों के लिए एक दिन घट जाता है। अर्थात् पहली तारीख पिछले माह की 31 या 30 तारीख हो जाती है। अपने देश में भी तार या टेलीफोन से समाचार भेजते समय इस बात का ध्यान रखना चाहिए कि संवाददाता द्वारा भेजा हुआ समाचार समय से समाचारपत्र कार्यालय में पहुँच सकेगा या नहीं। समाचारपत्रों के प्रभात-संस्करण का कार्य रात 1 बजे से 2:30 बजे तक बन्द हो जाता है। अतः कोई बहुत महत्त्व का समाचार न हो और जो प्रथम पृष्ठ पर स्थान पाने लायक न हो, तो उसे डाक द्वारा ही भेजना चाहिए। क्योंकि रात की पाली का उप-सम्पादक 11 बजे के बाद मिले समाचारों का उपयोग नहीं करेगा।

उपर्युक्त गुणों के अतिरिक्त एक अच्छे संवाददाता या रिपोर्टर में निम्नलिखित गुण भी होने आवश्यक हैं –

(1) समाचार-बोध (News Sense) – वस्तुतः समाचारजगत् से जुड़े प्रत्येक व्यक्ति में इस गुण का होना आवश्य ही नहीं बल्कि अनिवार्य भी है, क्योंकि यदि किसी में समाचारबोध का अभाव होगा, तो वह समाचार की पकड़ नहीं कर सकेगा। इतना ही नहीं बल्कि उसमें विभिन्न समाचार-मूल्यों में अन्तर करने की भी क्षमता होनी चाहिए। समाचार-मूल्यों की जानकारी न होने की स्थिति में एक संवाददाता समाचार की अच्छी तरह प्रस्तुत नहीं कर सकता।

(2) यथार्थता (Occuracy) – संवाददाता/रिपोर्टर को समाचारों की यथार्थता की परख करने की योग्यता अनिवार्य रूप से होनी चाहिए। समाचार की यथार्थता की जाँच-पड़ताल किये बिना उसे नहीं दिया जाना चाहिए। इस सम्बन्ध में अंग्रजी में एक कहावत है 'Get it first, but first get it right' अर्थात् संवाददाता को कोई समाचार सबसे पहले प्राप्त करने की कोशिश करनी चाहिए, लेकिन उससे भी पहले उसे इस बात की जाँच करनी चाहिए कि समाचार सही है या नहीं।

(3) स्पष्टता– संवाददाता/रिपोर्टर को अपने समाचार के बारे में बिल्कुल स्पष्ट होना चाहिए। उसे पता होना चाहिए कि वह क्या लिख रहा है और क्या लिखना चाहिए? संशयग्रस्त संवाददाता/रिपोर्टर अपने समाचार-विषय के साथ न्याय नहीं कर सकता। अच्छे संवाददाता को अपनी स्टोरी शीशे की तरह पारदर्शी बनानी चाहिए, जिसे सभी अच्छी तरह समझ सकें।

(4) क्षिप्रता – समाचार के मामलों में क्षिप्रता एक ऐसा शब्द है, जो अपनी सम्पूर्णता के साथ हर पल, हर कोने में व्याप्त रहता है। संवाददाता/रिपोर्टर में तेजी से काम करने की क्षमता होनी चाहिए। उसे समाचार को न केवल शीघ्रता से प्राप्त करना चाहिए बल्कि उसे उसके समाचार-मूल्यों के साथ शीघ्रतिशीघ्र अपने समाचार संगठन को भेजने की क्षमता होनी चाहिए।

(5) सतर्कता - एक संवाददाता/रिपोर्टर को हमेशा अपने काम में सतर्कता बरतनी चाहिए। बिना सतर्क हुए अच्छे समाचारों की प्राप्ति नही ही सकती। सतर्कता से ही समाचारों में तथ्यों की सही प्रस्तुति सम्भव है। 'सतर्कता हटी, दुर्घटना घटी' वाली कहावत पर संवाददाता को हमेशा ध्यान में रखना चाहिए ओर अपनी स्टोरी लिखते समय सतर्कता बरतनी चाहिए । यह नहीं कि अपनी स्टोरी में फ्रांस की मुद्रा फ्रेंक को जर्मनी की मुद्रा मार्क लिखकर भेज दे और वह स्टोरी ज्यों की त्यों यदि अखबार में छप गयी, तो अखबार की बहुत बदमानी होगी।

(6) जिज्ञासा - संवाददाता/रिपोर्टर में जिज्ञासा की प्रवृति हमेशा विद्यमान रहनी चाहिए। उसे नये-नये तथ्य, ज्ञान, विचार जानने का सदा इच्छुक होना चाहिए। चह जिज्ञासा ही होती है, जो किसी संवाददाता/रिपोर्टर को नये-नये समाचारों की खोज की ओर उन्मुख करती है।

(7) निष्पक्षता - संवाददाताओं/रिपोर्टरों को समाचार प्रस्तुत करते समय पूर्ण निष्पक्षता बरतनी चाहिए। चूँकि संवाददाता भी एक मनुष्य ही होता है, अतः किसी विषय में पक्षपात आ जाना बिल्कुल स्वाभाविक है पर, उसे प्रयत्नपूर्वक अपने को पक्षपात से दूर रखना चाहिए। संवाददाता को स्टोरी लिखते समय घटना के सभी पहलुओं, सभी पक्षों को प्रस्तुत करने की कोशिश करनी चाहिए। इससे समाचार में न केवल सन्तुलन बना रहता है, बल्कि निष्पक्षता आ जाती है।

(8) कर्तव्यपरायणता एवं सत्यनिष्ठा - एक संवाददाता/रिपोर्टर में इन सदगुणों का होना भी बहुत जरूरी है, तभी वह अपने कर्त्तव्य का सही निर्वाह कर सकता है। संवाददाता के सामने बहुत प्रकार के प्रलोभन आते हैं। यदि उसमें कर्त्तव्यपरायणता एवं सत्यनिष्ठा का अभाव होगा, तो वह समाचारों में हेरा-फेरी करेगा।

(9) व्यवहार-कुशलता (Tactfulness) - व्यवाह-कुशलता भी एक संवाददाता/रिपोर्टर के लिए आवश्यक योग्यता है। अपनी व्यवहार-कुशलता के कारण ही संवाददाता/रिपोर्टर विभिन्न लोगों, कभी-कभी विपरीत विचारधारा के लोगों के समाचार प्राप्त करने में सफल होता है। अपनी व्यवहार-कुशलता के लिए उसे कुछ ऐसे मानवीय भावों पर नियन्त्रण रखना होता है, जो सामान्यतया लोग नहीं करते। उदाहरण के लिए उसे अपने क्रोध पर काबू रखकर न चाहते हुए भी विनम्र बनना पड़ता है। व्यावहारिक विचलन से बचने के लिए उसे कई अन्य मनोभावों जैसे - प्रसन्नता, हँसी आदि पर भी नियन्त्रण करना पड़ता है। उसे ऐसी चालाकी बरतनी होती है कि वह सम्बन्धित पक्ष से समाचार के महत्त्व की चीजें उगलवा ले।

(10) अध्ययनशीलता - एक संवाददाता की अध्ययनशील होना बहुत आवश्यक है, क्योंकि अध्ययनशील होना बहुत आवश्यक है, क्योंकि अध्ययन के बिना वह रिपोर्टिंग करते समय, प्रेस कान्फ्रेन्स के समय, साक्षात्कार के समय अपने दायित्वों का सही ढंग से निर्वाह नहीं कर सकता। उससे तथ्यात्मक भूल होने की आशंका बनी रहेगी। यदि

उसका व्यापक अध्ययन नहीं होगा, तो समाचार लिखत समय वह तथ्यों को सन्दर्भित नहीं कर सकेगा। प्रेस कान्फ्रेंस क समय वह विषय पर उचित प्रश्न नहीं कर सकेगा। या नये समाचार के लिए आवश्यक है। इस दृष्टि से एक अच्छे संवाददाता को घोर अध्ययनशील होना चाहिए। क्योंकि –'एक संवाददाता जीवनपर्यन्त एक विद्यार्थी रहता है।'

'Neosmen at Week' के लेखकों कैम्पबेल और वॉल्सली (Campbell and Wolseley) ने संवाददाता/रिपोर्टरों के लिए चार मानदण्ड बताये हैं-

(1) व्यावहारिक मनोवैज्ञानिक (2) साधनसम्पन्न अनुसन्धाता (3) सहज लेखक (4) जिम्मेदार विश्लेषक।

उपर्युक्त गुणों के अतिरिक्त एक अच्छे संवाददाता/रिपोर्टर में अध्यवसाय, कल्पनाशीलता, धैर्य, निर्भयता, साहस, सामान्य कानूनों का ज्ञान, दूरदृष्टि, विश्वसनीयता, मिलनसार होना तथा परिचय क्षेत्र की व्यापकता आदि जैसे गुण भी होने चाहिए।

संवाददाता के कार्य

समाचार मोटे तौर पर प्रत्याशित और अप्रत्याशित दो प्रकार के होते हैं। नगर-निगम, विधानसभाओं या संसद तथा विभिन्न संस्थाओं की बैठकें, राजनीतिक दलों के सम्मेलन, सरकार द्वारा आयोजित बैठकें, प्रेस सम्मेलन या भेंटवार्त्ताएँ आदि के समाचार प्रत्याशित समाचारों की कोटि में आते हैं, क्योंकि यह सब होना पहले से ही निश्चित होता है।

जो पहले से निश्चित नहीं होता, अचानक घटित होता है, उसे अप्रत्याशित समाचार कहते हैं। जैसे- दुर्घटना, हत्या, आग, डकैती, बलात्कार, चोरी आदि। इनकी जानकारी संवाददाता को अस्पताल, रेलवे स्टेशन, अग्निशमन केन्द्रों, पुलिस स्टेशनों आदि से प्राप्त करनी होती है।

इसके अतिरिक्त रिपोर्टर/संवाददाता अपनी कुशाग्र बुद्धि के द्वारा समाचारों का अनुसंधान करते हैं। वे समाचारपत्रों का सूक्ष्म अध्ययन करते हैं और अपनी विश्लेषण बुद्धि से सार्वजनिक सूचनाओं, व्यक्तिगत विज्ञापनों, नीलामी के नोटिसों, सभा-सूचनाओं में से अपने आगे के समाचार का आधार खोज निकालते हैं।

रिपोर्टर/संवाददाता व्यापारिक प्रतिकाओं या ऐसी ही अन्य पत्रिकाओं को (जिनमें घटिया पत्रिकाएँ भी हो सकती हैं) पढ़कर वह सूँघता है कि कहीं इसमें वर्णित तथ्यों के बीच कोई समाचार तो नहीं छिपा है। इसके लिए आवश्यक है कि वह अपने पास एक डायरी रखे, जिसमें प्रत्याशित समाचारों की तिथियाँ नोट रखे। कुशल रिपोर्टर/संवाददाता को अपने कान खुले रखने चाहिए ताकि लोग जिस विषय की चर्चा करते हैं, वह उनमें से अपना समाचार निकाल ले। उसे अपनी आँख खुली रखनी चाहिए, क्योंकि समाचार उसके चारों घटित होते रहते हैं। उसे उन्हीं में से रुचिकर समाचार चुनकर पाठकों तक पहुँचाना होता है।

समाचार संकलन के स्रोत-

किसी भी अच्छे रिपोर्टर/संवाददाता के लिए अपने कार्यक्षेत्र की पूरी-पूरी जानकारी होनी चाहिए। अपने नगर की भौगोलिक स्थिति, सड़कों आदि की जानकारी के साथ-साथ उसे यह भी पता रहना चाहिए कि नगर के स्वायत अधिकारी कौन हैं? पुलिस, अस्पताल के प्रमुख कौन हैं? कॉलेजों के प्राचार्य कौन-कौन हैं? प्रमुख वकील, उद्योगपति तथा बुद्धिजीवी कौन-कौन हैं? इन सबके नाम, पते, फोन आदि की सूची रेडी स्कैनर की भाँति रहनी चाहिए। रिपोर्टर/संवाददाता को इनसे अपने सम्पर्क-सूत्र स्थापित करने चाहिए। विभिन्न सूचना अधिकारी या संस्था प्रमुख उसके सम्पर्क सूत्र हो सकते हैं। संस्था की पूरी जानकारी रखते हुए रिपोर्टर/संवाददाता छोटे अधिकारी से भी समाचार ले सकता है। यदि आवश्यक हो, तो वह संस्था के प्रमुख से भी मिल सकता है। रिपोर्टर/संवाददाता को अपने सम्पर्क सूत्र से हमेशा सम्पर्क बनाये रखना चाहिए। उसके फोन-पता आदि की जानकारी रखनी चाहिए।

राजनीतिक दलों के प्रमुख व्यक्तियों से सीधा सम्पर्क रखना चाहिए, किन्तु स्वयं राजनीति में समाचार से अधिक दखल (हस्तक्षेप) नहीं रखना चाहिए। राजनीतिक समाचार के संकलन मे सम्भव हो सके, तो एक से अधिक सम्पर्क-सूत्रों का उपयोग करना लाभकर होता है। सम्पर्क सूत्र से जो चर्चा 'ऑफ दि रिकार्ड' रूप में हुई है, उसको किसी अन्य के सामने प्रकट नहीं करना चाहिए।

सबसे महत्त्वपूर्ण बात यह है कि रिपोर्टर/संवाददाता को स्वयं समाचार प्राप्त करना चाहिए और प्रेसएक्ट, सेंसर नियमों तथा प्रकाशन सम्बन्धी अन्य सभी बातों का भी पूर्ण ज्ञान होना चाहिए। रिपोर्टर/संवाददाता कभी-कभी झाँसा देकर या व्यक्ति को उत्तेजित करके भी समाचार प्राप्त करता है, किन्तु ऐसे समय में उसे पूरी नैतिकता बरतनी चाहिए।

समाचार संकलन के लिए रिपोर्टर/संवाददाता को चाहिए कि वह अपने क्षेत्र का प्रतिदिन कम से कम दो बार दौरा करे। इससे उसे अपने सभी सम्पर्क सूत्रों, सुनी हुई बातों तथा आँखों देखी अनेक घटनाओं से सम्बन्धित विभिन्न समाचार प्राप्त होंगे।

प्रसिद्ध विदेशी पत्रकार मोरिस फेंगेस के अनुसार-'समाचारों के शीघ्र संकलन, उनकी सुस्पष्ट व्याख्या तथा शुद्धता के साथ पाठकों हेतु उसे बोधगम्य बनाने का कार्य रिपोर्टर/संवाददाता का है। गुप्तचर, मनोवैज्ञानिक एवं वकील के गुणों से सम्पन्न होकर वह अपनी प्रतिभा के बल पर समाज सेवा करता है। यह कार्य सरल नहीं है। रिपोर्टर/संवाददाता को प्रारम्भ में ही यह समझ लेना चाहिए कि उसका कच्चा माल समाचार है। समाचार के महत्त्व को उसे भलीभाँति जानना होगा। उसकी थोड़ी-सी असावधानी से अफवाह दंगे का रूप पकड़ सकती है और अव्यवस्था तथा अनिश्चितता का वातावरण बन सकता है। अकुशल रिपोर्टर/संवाददातों के हाथों में पड़कर समाचार कभी डायनामाइट से भी अधिक

खतरनाक बन सकता है। समाचार ऐसा देना चाहिए, जिसमें क्या हुआ? कब हुआ? कहाँ हुआ? क्यों हुआ? कैसे हुआ? का वर्णन करते हुए किसके साथ क्या घटना हुई? इसका विवरण हो। इन सब तत्त्वों का प्रत्येक समाचार में होना आवश्यक नहीं, किन्तु इनको ध्यान में रखकर, समाचार के महत्त्व के अनुसार विवरण देना चाहिए।'

रिपोर्टर/संवाददाता का महत्त्व व उपकरण

जैसा कि कहा जा चुका है कि प्रत्येक समाचार के मूल में कोई न कोई संवाददाता/ रिपोर्टर होता है। अत: समाचारों के लिए संवाददाताओं की महत्ता बहुत स्पष्ट है। संवाददाताओं की महत्ता को देखते हुए वरिष्ठ पत्रकार हेरम्ब मिश्र ने रिपोर्टिंग पर लिखी गयी अपनी एक पुस्तक का नाम ही 'संवाददाता: सत्ता और महत्ता' रख दिया है। श्रीरंगास्वामी पार्थ सारथी ने अपनी पुस्तक 'बेसिक जर्नलिज्म' में संवाददाताओं की महत्ता का वर्णन करते हुए लिखा है कि संवाददाता अपने देश, नगर, कस्बे एवं गाँव में व्यापक रूप से जाना जाता है। जबकि अन्य पत्रकारों को बहुत कम लोग जानते हैं। इतना ही नहीं बल्कि वह अपने समाज में अत्यन्त प्रतिष्ठित व्यक्ति भी होता है। उसे लोग शासनाध्यक्षों, मन्त्रियों एवं राजनीतिज्ञों की तरह प्रभावशाली एवं शक्तिशाली अति महत्त्वपूर्ण व्यक्ति के रूप में जानते-पहचानते हैं।

वस्तुत: कोई भी समाचार माध्यम अपने द्वारा प्रकाशित- प्रसारित समाचारों के कारण ही लोकप्रिय होता है। समाचार-माध्यमों के पास जिस प्रकार की योग्यता व गुण वाले संवाददाता होंगे, वैसे ही उसे समाचार भी प्राप्त होंगे। यही कारण है कि अच्छे समाचार संगठन अच्छे संवाददाताओं/रिपोर्टरों की तलाश में रहते हैं। यदि समाचार-संगठन शरीर है, तो संवाददाता/रिपोर्टर उसकी धड़कन है। यही कारण है कि एक अच्छे संवाददाता द्वारा दी गयी स्टोरी किसी समाचारपत्र को रातों-रात लोकप्रिय बना देती है और बदनाम संवाददाताओं/रिपोर्टरों का नाम पढ़कर ही लोग कहने लगते हैं कि 'अरे ऐसे ही बण्डल मारा होगा।'

संवाददातों/रिपोर्टरों का महत्त्व उस समय बहुत स्पष्ट दिखायी देता है, जब कोई समाचार जनता की भावनाओं (Sentiments) से सम्बन्धित होता है। धार्मिक दंगा, क्षेत्रीय आन्दोलन, दो राष्ट्रों के बीच चल रहे युद्ध आदि के समय संवाददाताओं/रिपोर्टरों द्वारा लिखी गयी स्टोरी समाज में व्यापक रूप से प्रभाव डालती है। उस समय संवाददाता लाखों की एक शक्ति के रूप में खड़ा दिखायी पड़ता है। किन्तु साथ ही एक अकुशल संवाददाता/रिपोर्टर के हाथ लगा समाचार किसी डायनामाइट से अधिक खतरनाक भी हो जाता है।

नन्दकिशोर त्रिखा ने संवाददाता/रिपोर्टर के महत्त्व को रेखांकित करते हुए लिखा है कि 'समाचारपत्र का मौलिक कच्चा माल न कागज है, न स्याही, वह है समाचार। फिर चाहे प्रकाशित सामग्री ठोस संवाद के रूप में हो या लेख के रूप में सबके मूल

में वही तत्त्व रहता है, जिसे हम समाचार कहते है। समाचारपत्रों के लेख भी किसी समाचारविशेष अथवा संवादसमूह या श्रृंखला की नींव पर खड़ी शिलाएँ होते हैं और इन सब शिलाओं का दृश्य-अदृश्य शिल्पी संवाददाता/रिपोर्टर होता है।'

संवाददाता/रिपोर्टर होने की महत्ता इससे भी सिद्ध होती है कि विश्व के बड़े-बड़े राजनीतिज्ञ और विचारक अपने जीवनकाल में संवाददाता/रिपोर्टर का काम कर चुके हैं। इस प्रसंग में विंस्टन चर्चिल, अर्नेस्ट हेमिंगवे, हर्बर्ट मैथ्यू, एडगर स्नो, तिलक, मालवीय, गांधी, नेहरु आदि और जान रीड जैसे नामों की चर्चा की जा सकती है।

समाचार रिपोर्टिंग के आरम्भिक दिनों में किसी संवाददाता/रिपोर्टर के लिए कोई समाचार जान लेना और उसे समाचारपत्र के लिए लिख देना ही पर्याप्त होता था। आगे चलकर वैज्ञानिक एवं तकनीकी प्रगति ने समाचारपत्रों के कार्यों में शीघ्रता ला दी, जिसके कारण स संवाददाताओं/रिपोर्टरों को अपनी कार्य पद्धति भी बदलनी पड़ी। उसे संवाद संकलन, अनुरक्षण एवं प्रमाणन हेतु कुछ उपकरणों की आवश्यकता महसूस होने लगी। इसके लिए उसने नोट बुक का प्रयोग करना शुरू किया। बाद में इसकी जगह डायरी ने ले ली। डायरी में समाचार नोट को सुरक्षित रखना अधिक सुविधाजनक हो गया। डायरी से एक लाभ यह भी हुआ कि साक्षात्कार जैसे समाचारों की प्रामाणिकता बनाये रखने के लिए संवाददाता/रिपोर्टर समाचार देने वाले का हस्ताक्षर करा लेता था। जिससे वह साक्षात्कार देने के बाद साक्षात्कार देने की बात से मुकर नहीं सकता था।

आधुनिक युग में विज्ञान ने उसे आडियो कैसेट, वीडियो रिकार्डर, अत्याधुनिक फोटो कैमरा आदि उपलब्ध करा दिये हैं। आज का संवाददाता/रिपोर्टर अपनी आवश्यकता एवं सुविधानुसार समाचार संकलन के लिए इन उपकरणों का धड़ल्ले से प्रयोग कर रहा है। अब उसे आशुलिपि सीखना और पूरे भाषण को दत्तचित होकर नोट करने की जरूरत नहीं है। प्रामाणिकता के लिए उसे हस्ताक्षर करने का निवेदन करने की भी आवश्यकता नहीं है। वीडियो कैमरा और फोटोग्राफ्स स्वयं प्रमाण हैं। ये अलग बात है कि इन सब प्रमाणों के बाद भी मोटी खाल एवं दोगले चरित्र वाले लोग 'मैंने ऐसा नहीं कहा', 'मेरा यह आशय नहीं था', 'मेरे कथ्य को तोड़-मरोड़ कर प्रस्तुत किया गया' आदि जैसी बातें कहते रहते हैं।

फ्रीलांसर या स्वतन्त्र पत्रकार

पत्रकारों को उनके पेशे की दृष्टि से मोटे तौर पर दो भागों में बाँटा जा सकता है- (1) वे पत्रकार, जो किसी संचार माध्यम मे नियुक्त हैं और (2) वे पत्रकार जो मुद्रण और इलैक्ट्रॉनिक माध्यमों के लिए लिखते हैं या लिखने के लिए स्वतन्त्र हैं तथा केवल एक माध्यम के लिए ही प्रतिबद्ध नहीं है। विगत कुछ वर्षों में प्रिण्ट और इलैक्ट्रॉनिक दोनों माध्यमों ने तेजी से प्रगति की है। संचार माध्यमों में स्वतन्त्र पत्रकारों की भूमिका

भी इसके साथ ही बढ़ती जा रही है। सच पूछें तो स्वतन्त्र पत्रकार किसी भी संचार माध्यम के लिए अपरिहार्य हो गये हैं।

एक अनुमान के अनुसार भारत के विभिन्न भागों में लगभग पचास हजार पत्र-पत्रिकाएँ छपती हैं, जिनमें दैनिक-पत्र, साप्ताहिक, पाक्षिक, मासिक और द्विमासिक पत्रिकाएँ शामिल हैं। इनके अलावा त्रैमासिक और वार्षिक प्रकाशन भी हैं। साथ ही अनेक टी.वी. चैनल और रेडियो वेब लेन्थ हैं, जा चौबीसों घण्टे कार्यक्रम प्रसारित करते रहते हैं। इनके कारण विश्व एक गाँव में परिवार्तित हो गया है, जिसमें सूचनाओं का निरन्तर प्रवाह चलता रहता है। यहाँ यह उल्लेख करना जरूरी होगा कि शायद ही ऐसा कोई प्रकाशन, रेडियो या टेलीविजन होगा, जो यह दावा कर सके कि वह अपने पाठक, श्रोता या देर्शक तक बिना किसी स्वतन्त्र पत्रकार की सहायता से पहुँचता है। स्वतन्त्र पत्रकारों में से कुछ स्ट्रिंगर होते हैं, जो किसी समाचार-संगठन से अनियतकालिक रूप से जुड़े होते हैं और उस संगठन के कर्मचारी नहीं होते।

हालाँकि समाचार-संगठनों में बहुत-से पत्रकार काम कर रहे होते हैं, फिर भी ये किसी समाचारपत्र विशेष के अभिन्न अंग होते हैं। ये स्वतन्त्र पत्रकारों की विशाल फौज के बिना किसी भी समाचार-संगठन के लिए देश के कोने-कोने से समाचार एकत्र करना असम्भव है।

इस तरह स्वतन्त्र पत्रकारिता ऐसे युवाओं या व्यक्तियों के लिए सम्भावनाओं के द्वार खोलती है, जो कठिन श्रम करने से नहीं हिचकिचाते और अपने काम के प्रति समर्पित हैं।

स्वतन्त्र पत्रकार और उसके उपकरण

आपका भाषा पर अच्छा अधिकार है, तो स्वतन्त्र पत्रकार के रूप में आपके लिए अपार सम्भावनाएँ हैं। किन्तु यदि आपका व्यक्तित्त्व भी प्रभावशाली है, तो क्या कहने? और, यदि आपको किसी क्षेत्र में विशेषज्ञता हासिल है, तो समझें, आप स्वयं को मनचाही कीमत पर बेच सकते हैं।

यह जरा अटपटा लगेगा, लेकिन यह सत्य है कि यदि आप अपनी छवि बनाये रखना और उसे बेचना चाहते हैं, तो आप बेहतर स्वतन्त्र पत्रकार हैं आज के युग में आप अगर किसी विषय के विशेषज्ञ हैं जो आपको स्वयं की छवि बनानी और उसे बेचना आसान होगा। आज का युग विशेषज्ञता और उच्च्च विशेषज्ञता का है।

आज अनेक ऐसे प्रकाशन और टेलीविजन चैनल हैं, जो किसी विषय या क्षेत्र विशेष में विशेषज्ञता रखते हैं। उन्हें ऐसे विशेषज्ञों की आवश्यकता होती है, जो उनके लिए काम कर सकें। आज विभिन्न क्षेत्रों की विशेषत पत्र-पत्रिकाएँ हैं, जैसे-राजनीतिज्ञ, ऑटोमोबाइल, वित्त, फैशन, अन्तर्राष्ट्रीय मामले, पर्यटन, जनसम्पर्क, खाद्य, वस्त्र, बस्ती, हवाई जहाज, मशीनरी और वह सब, जो भी इस ब्रह्माण्ड में है। जो इन विषयों में महारात रखते हैं, उन्हें इन पत्र-पत्रिकाओं के लिए काम का आसानी से न्यौता मिल सकता है।

कम्प्यूटर/ई-मेल की उपलब्धता

स्वतन्त्र पत्रकार का आमतौर पर अपना कोई कार्यालय नहीं होता। वह सामान्यत: घर से ही अपने काम निपटाता है। इस तरह के कार्य के लिए आजकल एक नाम प्रचलित है- एस.ओ.एच.ओ. (स्माल ऑफिस होम ऑफिस)। इसमें सामान्यत: एक टेलीफोन कनेक्शन, एक फैक्स मशीन, एक कम्प्यूटर और एक इण्टरनेट कनेक्शन होता है। यदि समाचारस्टोरी के साथ फोटो भी भेजनी हो, तो एक छोटा स्कैनर बहुत काम का साबित हो सकता हैं एक.एस.ओ.एच.ओ. स्थापित करने के लिए पचास हजार से एक लाख रूपये तक की आवश्यकता होती है। लेकिन यदि किसी के पास कार्यालय आरम्भ करने के लिए इतने रूपये नहीं, तो वह किसी साइबर कैफे से सेवाएँ ले सकता है। साइबर कैफे आजकल महानगरों में और यहाँ तक कि छोटे कस्बों में भी कुकुरमुत्तों की तरह उग आये हैं। ऐसे कैफे में आपकी जरूरत की हर सुविधा होती है। आप वहाँ अपना लेख टाइप करा सकते हैं और उसे वहीं से प्रकाशन के लिए फैक्स या ई-मेल कर सकते हैं। ये कैफे आपके फैक्स या ई-मेल प्राप्त भी कर सकते हैं। और, तरह से आपके लिए बहुत मददगार साबित हो सकते हैं।

पहले साल कम पैसों में ज्यादा मेहनत मानकर चलें

अगर कोई सफल स्वतन्त्र पत्रकार बनना चाहता है, तो उसे आरम्भ के वर्षों में बहुत मेहनत करनी होगी। यह वह समय होगा, जब वह रूपया नहीं कमा पाएगा। एक ऐसा समय है, जब उसे सम्पर्क और सम्बन्ध बढ़ाने होते हैं, जो आगे चलकर उसके लिए फायदेमन्द होंगे।

अच्छा होगा अगर आप आरम्भ के वर्षों में अंशकालिक के रूप में स्वतन्त्र लेखन अपनाएँ। खूब सम्पर्क बना लेने और अनुभव हासिल कर लेने के बाद आप इसे पूर्णकालिक कैरियर के रूप में अपना सकते हैं।

स्वतन्त्र लेखन के कुछ वर्षों के बाद आपको कोई अखबार या पत्रिका अथवा प्राइवेट टेलीविजन चैनल रिपोर्टर के रूप में ले सकते हैं। यदि आपकी परिस्थिति ऐसी है कि आपको आरम्भ से ही अपने लेखन का पारिश्रमिक लेना है, तो आपको फीचर-सम्पादक या अन्यों से, जो आपको फीचर या लेख लिखने का जिम्मा सौंपते हैं, उनसे विनम्रतापूर्वक यह पता करना चाहिए कि उनकी भुगतान नीति क्या है?

ऐसा इसलिए कि अनेक ऐसे प्रकाशन हैं, जो भुगतान करते ही नहीं है। ऐसे भी प्रकाशन हैं, जो लेख प्रकाशित होने के कुछ महीनों बाद भुगतान करते हैं, जबकि कुछ ऐसे होते हैं, जो अच्छे पे-मास्टर या भुगतानकर्त्ता हैं। अच्छे भुगताकर्त्ता प्रकाशकों में वे शामिल हैं, जो लेख को प्रकाशन के लिए स्वीकार होते ही लेखक को भुगतान कर देते हैं। रेडियो और दूरदर्शन अच्छे पे-मास्टर माने जाते हैं। विदेशी प्रकाशनों के लिए लिखना अधिक फायदे का सौदा होता है, क्योंकि वे भारतीय मानकों के मुकाबले अधिक भुगतान करते हैं।

स्वतन्त्र पत्रकार के लिए कुछ उपयोगी सुझाव

माँगी गयी सामग्री देने के लिए आपको असुविधाजनक समय में भी लिखना पड़ सकता है। यह बहुत महत्त्वपूर्ण है, क्योंकि यदि आप निश्चित समय-सीमा का पालन नहीं कर सकते, तो आपका लिखा गया लेख अपना महत्त्व खो देगा। समय-सीमा-रेखा का कड़ाई से पालन करने के लिए आपको पूरी रात या सुबह तड़के जुटना पड़ सकता है।

अगर आपको किसी अति विशिष्ट व्यक्ति का साक्षात्कार लेने का काम सौंपा गया है, तो आपको उन्हें उनके सुविधाजनक समय और स्थान पर मिलना होगा। कभी-कभी अति विशिष्ट व्यक्ति द्वारा दिये गये समय और साक्षात्कार लिखकर जमा कराने की समयसीमा के बीच कुछ ही घण्टों का समय होता है और आपको इसी अवधि में सब लिखकर जमा कराना होता है। यहाँ एक सफल स्वतन्त्र पत्रकार बनने के लिए कुछ सामान्य लेकिन व्यावहारिक टिप्स दिये जा रहे हैं–

(1) जिन पत्र-पत्रिकाओं में आप लिखना चाहते हैं, उन्हें ध्यान से पढ़ें। इससे आप जान जाएँगे कि उनमें किस तरह की सामग्री छपती है।

(2) अपने कार्य का श्रीगणेश 'सम्पादक के नाम पत्र' स्तम्भ के लिए पत्र लिखकर कर सकते हैं।

(3) इन पत्र-पत्रिकाओं में पहले से लिख रहे स्वतन्त्र पत्रकारों से मिलें और उनसे मार्गदर्शन लें।

(4) विभिन्न समाचारपत्रों में विशेष लेख पृष्ठ के लिए लिखने की बहुत गुंजाइश रहती है। इसलिए समाचारपत्र कार्यालय में जाकर फीचर-प्रभारी से मिलें। अगर उन्हें आप अपनी प्रकाशित सामग्री भी दिखाएँ, तो काफी मदद मिलेगी।

(5) अगर आप कॉलेज के छात्र हैं, जो अपनी कॉलेज पत्रिका के लिए लिखें। अगर सम्भव हो, और उस पत्रिका को चलाने के लिए सम्पादकीय परिषद बन रही है, तो उसमें सम्मिलित होने का प्रयास करें। यह अनुभव आगे चलकर लाभकारी सिद्ध होगा।

(6) पास-पड़ोस में छप रही पत्रिकाओं और अखबारों पर नजर दौड़ाएँ और उनके सम्पादकों से मिलें। आपको वहाँ लिखने का अवसर मिल सकता है। भविष्य में स्थानीय अखबार निकालने की भी आप सोच सकते हैं।

(7) अखबारों, पत्रिकाओं, मीडिया और पत्रकार-संगठनों द्वारा संगोष्ठी या सेमिनार और सिम्पोजिया यानी परिसंवाद आयोजित किये जाते हैं। उनमें उत्साहपूर्वक भाग लें। वहाँ आपको विभिन्न प्रकाशकों के संवाददाता, सम्पादकों से मुलाकात का अवसर प्राप्त होगा। इन सम्पर्कों से आपको आगे चलकर लाभ होगा।

(8) अगर मौका मिलता है, तो कुछ मीडिया से आपको आगे चलकर लाभ होगा।

(9) आकाशवाणी, दूरदर्शन और निजी चैनलों के सम्पादकों व कार्यक्रम प्रोड्यूसरों से मुलाकात रखें। कुल मिलाकर स्वतन्त्र पत्रकार के रूप में सफल होने के लिए बहुत धैर्य की आवश्यकता होती है।

3 समाचार

समाचार की अवधारणा

एक संवाददाता को अपने कार्य में लगने से पहले यह भलीभाँति समझ लेना चाहिए कि संवाद या समाचार, जो कि उसे खोजकर अपने समाचारपत्र को भेजना है, आखिर क्या चीज है? आमतौर पर प्रत्येक व्यक्ति इस प्रश्न का उत्तर दे सकता है कि अखबारों में रोज सैकड़ों खबरें छपती हैं, वे सब समाचार हैं। किन्तु एक कुशल संवाददाता का काम ऐसी अस्पष्ट धारणा से नहीं चल सकता। उसे समाचार के तत्त्वों और विशेषताओं की बहुत अच्छी समझ होनी चाहिए। तभी वह अपना कार्य कुशलतापूर्वक निभाने तथा प्रगति करने में समर्थ हो सकती है। एक नये अथवा अनुभवहीन संवाददाता को समाचार के तत्त्वों का ज्ञान होने से निम्नलिखित लाभ होंगे-

(1) समाचार लेने कहाँ जाना है, इसका ज्ञान (2) कहीं कोई समाचार हो, तो उसे पहचानने की क्षमता।

(3) मुखड़े (इण्ट्रो या लीड) में समाचार के महत्त्वपूर्ण अंश चुन कर रखने की योग्यता

(4) अनावश्यक ब्यौरा छोड़ने की समझ।

जब कोई संवाददाता उप-सम्पादक या सम्पादक बन जाता है, तब भी समाचार के तत्त्वों का ज्ञान उसे निम्नलिखित कार्यों मे सहायक सिद्ध होता है-

(1) संवाददाताओं द्वारा भेजे गये समाचारों का संशोधन

(2) समाचारों की लम्बाई तथा उनके शीर्षकों के आकार का निर्णय करना।

(3) पृष्ठ-सज्जा (मेकअप) में विभिन्न समाचारों की तुलनात्मक महत्ता समझना।

बुद्धि, ज्ञान आदि के विकास की कारक प्रवृति जिज्ञासा ही समाचार का मूल है। मनुष्य अपनी इसी प्रवृति के कारण जो कुछ जानने की कोशिश करता है, उसमें कुछ चीजें कुछ लोगों के लिए समाचार होती है, तो दूसरे के लिए समाचार नहीं होती। उदाहरण के लिए - जब कोई व्यक्ति मरता है, तो उसे जानने वाले, रुचि रखने वाले व्यक्तियों के लिए यह घटना (मृत्यु) एक समाचार हो जाती है, जबकि जो उसके बारे में नहीं

जानता या जिसकी उसमें रुचि नहीं होती, उसके लिए उसका मरना समाचार नहीं बनता। ऐसा प्रायः देखने में मिलता है कि बड़ी से बड़ी घटनाएँ बहुत से लोगों के लिए समाचार नहीं बनतीं। इसका मूल कारण यह है कि उस घटना में उन लोगों की रुचि नहीं होती।

समाचार आज के युग में ही नहीं बल्कि आदिकाल से ही जनसामान्य के जीवन का एक अनिवार्य अंग रहा है। एक अत्यन्त साधारण गाँव का आदमी भी जब किसी से मिलता है, तो 'क्या समाचार है' वाक्य से बातचीत आरम्भ करता है। वस्तुतः वह मिलने वाले से अपने परिवेश, जान-पहचान के दायरे में घटी या सम्भावित घटनाओं को जानने की अपनी जिज्ञासा व्यक्त करता है और मिलने वाले से यह आशा करता है कि वह उसे कुछ बताएगा। यही कारण है कि अपने परिवेश की बकरी या मुर्गी का मरना भी उसके लिए समाचार होता है। यद्यपि वह बकरी या मुर्गी किसी दूसरे के लिए समाचार नहीं होती। खेत में हुई अच्छी फसल भी उसके लिए समाचार होती है। किसी बच्चे का जन्म भी उसके लिए समाचार बन जाता है, जबकि ये बातें अन्य के लिए समाचार नहीं होतीं।

इसे कुछ दूसरे उदाहरणों से भी समझा जा सकता है। जैसे व्यापारी वर्ग के लिए वाणिज्य-व्यापार की बातें ही महत्त्वपूर्ण समाचार होती हैं। वह पत्र-पत्रिकाओं के अन्य पृष्ठों को प्रायः नहीं पढ़ता। इसी प्रकार खेल में रुचि रखने वाले लोग अन्य पृष्ठों को सरसरी तौर पर देखते हुए खेल पर स्वयं को केन्द्रित करते हैं और खेलपृष्ठ को पूरा-पूरा पढ़ते हैं। इसी तरह अधिकांश महिलाएँ सौन्दर्य-प्रसाधन, पाककला, सिलाई-कढ़ाई आदि में ज्यादा रुचि लेती हैं। इस प्रकार स्पष्ट है कि समाचार व्यक्ति सापेक्ष वह वांछित सूचना है, जो सम्बन्धित व्यक्ति की जानकारी में न हो।

व्युत्पति एवं अर्थ

समाचार शब्द संस्कृत की चर् धातु से बना है, जिसका अर्थ है - गतिशीलता। इसकी शाब्दिक व्युत्पत्ति इस प्रकार समझी जा सकती है - सम + आङ्. + चर् + धञ् (कृदन्त) = समाचार।

अर्थात् 'सम्यक् प्रकारेण चारों तरफ से जो परिपूर्ण हो, ऐसे आचार-व्यवहार को समाचार कहते हैं।' इस प्रकार समाचार शब्द का व्युत्पत्तिकारक अर्थ भी वही है, जो आधुनिक अर्थ में समाचार का अर्थ होता है। डॉ॰ रामचन्द्र वर्मा द्वारा सम्पादित मानक हिन्दी कोश में इसका अर्थ इस प्रकार लिखा है- 'आगे बढ़ना, चलना (मध्य और परवर्ती काल में) किसी कार्य या व्यापार की सूचना, ऐसी ताजी या हाल की घटना की सूचना, जिसके सम्बन्ध में पहले लोगों को जानकारी न हो, हाल-चाल, कुशल-मंगल।'

समाचार में अनेक समानार्थी शब्द हैं। हिन्दी में वैसे तो समाचार शब्द ही अधिक प्रचलित है, किन्तु इसके लिए दो अन्य शब्द भी चलते हैं - (1) संवाद और (2) संदेश।

संस्कृत में समाचार के लिए वार्ता का प्रयोग होता है। आकाशवाणी के संस्कृत बुलेटिन में इसी वार्ता शब्द का प्रयोग किया जाता है। अंग्रेजी में न्यूज शब्द का प्रयोग सर्वविदित है। इस शब्द का प्रयोग सर्वप्रथम सन् 1550 ई॰ के बाद मिलता है। इससे पहले 1423 ई॰ NEWS तथा 1455 ई॰ NEWYES और 1523 ई॰ में NEWES शब्दों का प्रयोग मिलता है। यहाँ तक कि 1622 ई॰ में प्रकाशित होने वाले एक साप्ताहिक पत्र के साथ NEWS शब्द का प्रयोग मिलता है। 1500 ई॰ से पूर्व समकालीन घटनाओं की सूचना के रूप में टाइडिंग (Tyding) शब्द का भी प्रचलन मिलता है। वास्तव में न्यूज (News) का तात्पर्य है - सूचनाओं के संकलन और प्रसारण द्वारा लाभ अर्जित करना, जबकि सूचनाओं के यदा-कदा प्रसारण को टाइडिंग (Tyding) कहते हैं। इस प्रकार सुनियोजित ढंग से शोध पूर्ण समाचारों का संकलन तथा प्रसार ही न्यूज (समाचार) है। ब्रिटेन में NEWS की अवधारण तो काफी प्राचीन है, पर इस शब्द का प्रयोग हमें 1550 ई॰ के बाद ही मिलता है।

अंग्रेजी शब्द NEWS की व्युत्पत्ति के बारे में प्रचलित है कि यह शब्द जिन चार शब्दों से बना है, वे विभिन्न दिशाओं के बोधक हैं, अर्थात्

N = North (उत्तर), E = East (पूर्व), W = West (पश्चिम), S = South (दक्षिण)

इस तरह की व्याख्या करने वालों की मान्यता है कि समाचार का सम्बन्ध चारों दिशाओं में होने वाली घटनाओं से है। शायद इसी कारण हेडन ने अपने कोश में चारों दिशाओं की घटना को समाचार बताया है।

कुछ लोग NEWS को NEW को बहुवचन भी मानते हैं। इस प्रकार उनका आग्रह नवीनता की ओर होता है। आक्सफोर्ड डिक्शनरी में इसे लैटिन के NOVA शब्द से बना बताया गया है। भाषा वैज्ञानिकों के अनुसार लैटिन का NOVA शब्द भारोपीय परिवार का शब्द है और इसका मूल संस्कृत का नव शब्द है, जिसका अर्थ नवीन या नया है। इस प्रकार NEWS से नई-नई घटना या नयी-नयी बात का अर्थ निकलता है।

समाचार क्या है?

ऊपर कहा जा चुका है कि समाचार की अवधारणां आदिकाल से व्याप्त है। वैसे देखा जाये, तो सृष्टि का प्रारम्भ है एक समाचार है। श्री हेरम्ब मिश्र का यह कहना कि 'सृष्टि समाचार के साथ, समाचार लेकर आयी थी' बिल्कुल सही है। श्री के.एम. श्रीवास्तव ने अपनी पुस्तक 'News Reporting and Editing' में समाचार की अवधारण को ईश्वर की अवधारणा से भी प्राचीन बताया है। समाचार जगत् में समाचार के बारे में कई अवधारणाएँ हैं, जो हमें समाचार को समझने में दिशा-निर्देश देती हैं, जैसे-

(1) समाचार वह है, जो कुछ उद्‌घाटित करे।

(2) समाचार वह है, जिसे कोई छुपाना चाहता हो।

(3) समाचार वह है, जिसे आप नहीं जानते।

(4) समाचार वह घटना, विचार या मान्यता है, जिसमें बहुत से लोगों की रुचि होती है।

(5) समाचार वह है, जिसे समाचारपत्र या अन्य समाचार माध्यम प्रकाशित अथवा प्रसारित करते हैं।

(6) समाचार उन सामयिक घटनाओं की प्रस्तुति है, जिसे लोग समाचार माध्यमों के द्वारा जानते हैं।

(7) समाचार वस्तुत: सेक्स और अपराध से जन्मता है।

(8) समाचार असामान्य घटना है।

(9) सामाचार वह रहस्य है, जिसे हम नहीं जानते।

(10) समाचार महत्त्वपूर्ण एवं आधिकारिक व्यक्तियों का वक्तव्य है।

(11) समाचार प्राकृतिक आपदा एवं दुर्घटना है।

(12) समाचार वह है, जो बिल्कुल नया हो।

समाचार की परिभाषा

उपर्युक्त वर्णन से समाचार के बारे में बहुत कुछ स्पष्ट हो जाता है। प्रात: उठते ही प्राय: सबकी दृष्टि घर में आने वाले अखबार की ओर लगी रहती है। यहाँ तक कि सड़कों पर प्राय: भ्रमण करने वाले, बसों और रेलगाड़ियों में यात्रा करने वाले भी सवेरे-सवेरे अखबार पढ़ना चाहते हैं। इसका क्या कारण है? इसका मुख्य कारण यह है कि उनके मन में यह तीव्र जिज्ञासा होती है कि दुनिया-जहान में कल क्या हुआ? जानकारी देना और प्राप्त करना मानव का स्वभाव है। यह जानकारी ही समाचार माना जा सकता है। समाचार की कोई तर्कसम्मत और सर्वमान्य परिभाषा नहीं ही सकती। व्यक्तिगत मान्यताओं, भावनाओं तथा परिस्थितियों के भेद से अलग-अलग व्यक्तियों ने समाचार की भिन्न-भिन्न परिभाषाएँ दी हैं, जो इस प्रकार हैं-

- यूनाइटेड प्रेस एसोसिएशन ने संवाददाताओं के लिए अपनी निर्देशिका में एक परिभाषा दी है- 'मनुष्य-जीवन तथा संसार के सभी पक्षों में कोई भी तथा प्रत्येक, रोचक बात ही समाचार है।'
- सम्पादक स्टैनले वाकर ने समाचार की अत्यन्त संक्षिप्त परिभाषा दी है। उनके अनुसार - 'समाचार है - जर, जोरू और जुर्म।' अर्थात् समाचार प्राय: धन, सैक्स तथा अपराध से जन्म लेता है।'
- फ्रेजर बाण्ड की परिभाषा है - 'मानव जाति के लिए रोचक किसी भी बात की सामयिक सूचना ही समाचार है। सबसे अच्छा समाचार वह है, जो सबसे अधिक पाठकों की रुचि का हो।'
- एम.लार्ड स्पेन्सर के अनुसार 'वह घटना या विचार समाचार है, जिसमें बहुसंख्यक पाठकों की दिलचस्पी हो।'

- विलियम एस. माल्सबाई के अनुसार 'किसी समय होने वाली उन महत्त्वपूर्ण घटनाओं के सही एवं निष्पक्ष विवरण को, जिसमें उस पत्र के पाठकों की अभिरुचि हो – समाचार कहते हैं।'

- प्रो॰ चिल्टन बुश के अनुसार 'समाचार सामान्यत: वह उत्तेजक सूचना है, जिससे कोई व्यक्ति सन्तोष अथवा उत्तेजना प्राप्त करता है।'

- कैम्पबेल और वाल्सली का कथन है कि 'समाचार किसी सामयिक विचार, घटना या विवाद का ऐसा विवरण है, जो लोगों को रुचिकर लगे।'

- मैक्सफील्ड का कथन है – 'घटना समाचार नहीं है, बल्कि वह घटना का विवरण है, जिसे उनके लिए लिखा जाता है, जिन्होंने उसे देखा नहीं है।'

- जे.जे सिंडलर ने अनुसार – 'पर्याप्त संख्या में मनुष्य जिसे जानना चाहे, वह समाचार है, शर्त यह है कि वह सुरुचि तथा प्रतिष्ठा के नियमों का उल्लंघन न करे।'

- टर्नर केटलिज के अनुसार – 'समाचार कोई ऐसी चीज है, जिसे आप कल तक नहीं जानते थे।'

- प्रो॰ विलार्ड ब्लेयर के अनुसार – 'अनेक व्यक्तियों की अभिरुचि जिस सामाजिक बात में हो, वह समाचार है। सर्वश्रेष्ठ समाचार वह है, जिसमें बहुसंख्यकों की अधिकतम रुचि हो।'

- प्रो॰ चिल्टन बुश का कहना है कि 'समाचार सामान्यत: वह उत्तेजक सूचना है, जिससे कोई व्यक्ति सन्तोष या उत्तेजना प्राप्त करता है।'

- विलियम एल॰ रिवर्स के अनुसार – 'घटनाओं, तथ्यों और विचारों की सामयिक रिपोर्ट समाचार है, जिसमें पर्याप्त लोगों की रुचि हो।'

- इरी सी. हॉपवुड के अनुसार – 'उन महत्त्वपूर्ण घटनाओं की, जिनमें जनता की दिलचस्पी हो, पहली रिपोर्ट को समाचार कहते हैं।'

- जार्ज एच. मूरसि का कथन है कि 'समाचार शीघ्रता में लिखा गया इतिहास है।'

- लार्ड नार्थ क्लिफ के अनुसार – 'समाचार वह है, जो पाठक की जिज्ञासा और कौतूहल को प्रज्वलित कर दे।'

- ब्रिटेन के मानचेस्टर गार्जियन ने एक प्रतियोगिता आयोजित की थी, जिसमें पुरस्कृत सर्वोत्तम परिभाषा निम्नलिखित थी–'समाचार किसी अनोखी या असाधारण घटना की अविलम्ब सूचना को कहते हैं, जिसके बारे में प्राय: पहले कुछ न जानते हों, लेकिन जिस तुरन्त ही जानने की ज्यादा से ज्यादा लोगों की रुचि हो।'

- श्री रा॰र॰ खाडिलकर के अनुसार–'दुनिया में कहीं भी किसी समय कोई

छोटी-मोटी घटना या परिवर्तन हो, उसका शब्दों में जो वर्णन होगा, उसे समाचार या खबर कहते हैं।'

- प्रवीण दीक्षित के अनुसार-'पत्र-पत्रिकाओं में प्रकाशित और रेडियो-टेलीविजन जैसे इलैक्ट्रानिक जनमाध्यमों से प्रसारित होने वाले सामयिक महत्त्व के सार्वजनिक विचारों, घटनाओं और क्रियाकलापों के उस विवरण को समाचार कहते हैं, जिसमें हमें किसी प्रकार की शिक्षा, सूचना या मनोरंजन प्राप्त होने की अनुभूति होती है।'
- प्रेमनाथ चतुर्वेदी का कथन है कि 'सूखे तथ्यों को समाचार नहीं माना जाता। वे तथ्य ही समाचार हैं, जो पाठक के जीवन, सुख-दुःख, भावना और विचारों पर प्रभाव डालते, उसे रुचिकर प्रतीत होते और आनन्द देते हैं।'
- के.एम. श्रीवास्तव का कथन है कि समाचार सामयिक घटना अथवा विचार का विवरण है, जो महत्त्वपूर्ण अथवा रुचिकर हो।

विश्व के महान पत्रकारों ने समाचार की परिभाषा अनेक रूपों में की है। किन्तु उन सबमें जो तत्त्व एक समान है, वह है-रोचकता। अर्थात् समाचार की प्राथमिक तथा सर्वप्रमुख आवश्यकता यह है कि वह रोचक हो। इसके अतिरिक्त किसी समाचार को महत्त्व प्रदान करने वाले दो अन्य तत्त्व भी प्रमुख हैं। वे हैं- सामयिकता और समीपता।

इन उपर्युक्त परिभाषाओं से निम्नलिखित तथ्य उपस्थित होते हैं-

(1) समाचार के लिए वास्तव में कोई घटना होनी चाहिए। (2) उस घटना में उस समाचारपत्र के पाठकों को रुचि होनी चाहिए।

जो बात साधारण रूप से होती है और जिसमें आम पाठकों की रुचि नहीं है, उसका समाचार की दृष्टि से कोई महत्त्व नहीं है। साधारण पाठक की रुचि उन्हीं घटनाओं में होती है, जो प्रायः नहीं घटती, जैसे- आदमी ने कुत्ते को काटा, आदमी ने साँप को काटा या साँप ने आदमी को काटा, तो दोनों स्थितियों में साँप मर गया या घोड़े और आदमी की दौड़ में आदमी आगे निकल गया या गाय ने सुअर के बच्चों को दूध पिलाया या कुतिया ने मनुष्य को दूध पिलाया आदि-आदि। ऐसी खबरें कभी-कभी समाचारपत्रों में प्रकाशित भी होती हैं।

कुल मिलाकर समाचार की मूल विशेषता यही मानी गयी है कि उसमे नयापन, वास्तविकता और संक्षिप्तता होनी चाहिए तथा वह सार्वजनिक महत्त्व का हो। श्रीअम्बिका प्रसाद वाजपेयी ने अपनी पुस्तक समाचारपत्र कला में इसका एक बहुत अच्छा उदाहरण दिया है-'अस्पतालों में लोग भर्ती होते हैं, कुछ अच्छे हो जाते हैं और कुछ मरते भी हैं। किन्तु अनेक मरीज इसलिए मर जाते हैं कि अस्पताल पहुँचने पर उन्हें देखने वाला कोई नहीं था या डाक्टर की अनुपस्थिति में कम्पाउण्डर ने उनका गलत इलाज कर दिया या नर्स ने एक मरीज की दवा दूसरे को दे दी या ऑपरेशन करते समय कोई औजार मरीज के पेट में ही छूट गया और पेट सिल दिया गया।' ये सब समाचार हो

सकते हैं। इसी प्रकार यदि कोई नवीनतम खोज वाला ऑपरेशन हो, जैसे हृदय का ऑपरेशन आदि, तो भी समाचार का विषय है। समाचार में सदैव नवीनता होनी चाहिए। एक दैनिक समाचारपत्र के लिए किसी घटना का 24 घण्टे और साप्ताहिक पत्र के लिए एक सप्ताह के बाद कोई महत्त्व नहीं रह जाता। किसी भी घटना का समाचार की दृष्टि से क्या महत्त्व है, इसे जानना भी एक कला है, जो निरन्तर अभ्यास कार्य से सध जाती है। कोई घटना समाचार की दृष्टि से महत्त्वपूर्ण है या नहीं, इसके लिए घटना का छोटा या बड़ा होना आवश्यक नहीं, महत्त्व इस बात का है कि उस घटना में पाठकों की कितनी रुचि होगी?

उपर्युक्त परिभाषाओं के बीच से समाचार के जिन मूल तत्त्वों की ध्वनि निकलती है, वे हैं-(1) जानकारी देना (2) नवीनता होना (3) बहुसंख्यक लोगों के लिए रुचिकर होना (4) उत्तेजक सूचना देने वाला एवं (5) परिवर्तन की सूचना देने वाला।

कुल मिलाकर लोग ही समाचार होते हैं, क्योंकि बोलने वाले और करने वाले दोनों ही लोग है। कुछ तथ्य इसलिए समाचार हैं, क्योंकि उनसे लोगों का सम्बन्ध होता है और उनका लोगों पर प्रभाव पड़ता है। भावोद्रेक में सहायक तथा स्वार्थ से जुड़े समाचारों में मनुष्य की रुचि अधिक होती है। अपनत्व और सामीप्य के अनुरूप पाठक समाचार का अधिक या कम आकर्षण अनुभव करता है और इस आकर्षण से बँध कर ही वह समाचार पढ़ने की प्राथमिकताएँ बनाता है। सबसे अधिक रुचिकर समाचार पाठक के लिए वही होता है, जिसके साथ उसके हित-अहित जुड़े होते हैं और ऐसे समाचार को वह सबसे पहले पढ़ता है।

समाचार का निर्धारक कौन?

अब तक हमने समाचार क्या हैं, इसके बारे में विवेचन किया, किन्तु आश्चर्यजनक तथ्य यह है कि समाचार के बारे में सामान्य पाठकों, श्रोताओं एवं दर्शकों तथा विभिन्न विद्वानों की राय चाहे जो भी हो, इसका निर्णय करने में उनकी भागीदारी नहीं होती, जिनके लिए समाचार लिखे, पढ़े या प्रसारित किये जाते हैं। इसका निर्णय तो समाचार माध्यमों के नियामक और कुछ हद तक उनमें काम करने वाले लोग सम्पादक/प्रकाशक/रिपोर्टर ही करते हैं। उदाहरण के लिए यदि कोई समाचार इन समाचार माध्यमों के नियामकों के हितों के प्रतिकूल होता है, तो उसे प्रकाशित/प्रसारित नहीं किया जाता। अपने देश में आकाशवाणी और दूरदर्शन से प्रसारित होने वाले समाचार इसके प्रत्यक्ष उदाहरण हैं।

ऐसा प्राय: देखने में आता है कि इन माध्यमों द्वारा विपक्षी पार्टियों द्वारा आयोजित बन्द के समाचार सही रूप में नहीं दिये जाते। ऐसे सभी समाचार जो इन समाचार माध्यमों के नियामकों के प्रतिकूल होते हैं, समाचार माध्यमों में स्थान नहीं पाते, चाहे वे कितने कही महत्त्वपूर्ण समाचार क्यों न हो?

इस प्रकार स्पष्ट होता है कि समाचार की परिभाषा चाहे जो भी की जाये, समाचार वही है, जिसे समाचारपत्र तथा समाचार के अन्य माध्यम प्रकाशित एवं प्रसारित करते हैं और इनके प्रकाशन/प्रसारण का निर्णय इनके नियामक करते हैं, पाठक, श्रोता अथवा दर्शक नहीं। यह एक कटु सत्य है। समाचार की अनेक परिभाषाएँ दी गयी हैं। किन्तु पत्रकारिता के प्रशिक्षण में परिभाषा जानना इतना सहायक नहीं होगा, जितना इसका विस्तृत विश्लेषण।

समाचार का निर्धारण- किसी भी समाचार के मूल्य का निर्धारण उसके महत्त्व के आधार पर किया जाता है। जो समाचार जितना अधिक महत्त्वपूर्ण होगा, वह उतना ही अधिक मूल्यवान् होगा। यद्यपि यह महत्त्व देश, काल, परिस्थिति, समाचार माध्यम की नीति, समाचार प्रस्तुत करने वालों की सोच एवं स्वार्थ आदि कारकों से बनता-बिगड़ता रहता है।

कभी-कभी समाचार मुल्य का निर्धारण परम्पराओं, मान्यताओं अथवा देखा-देखी के द्वारा भी होता है। इस प्रकार समाचार मूल्य के बारे में कोई निश्चित एवं वैज्ञानिक अवधारणा नहीं दी जा सकती है। यह मूल्य सापेक्षिक होता है। एक स्थानीय महत्त्व के समाचारपत्र में समाचार मूल्य कैसे घटता-बढ़ता है, इसका उदाहरण जार्ज सी० बैस्टियन, लेलैण्ड डी० केस और फ्लायड के० बास्केट ने इस प्रकार दिया है-

1 सामान्य व्यक्ति + 1 सामान्य जीवन = 0
1 सामान्य व्यक्ति + 1 असामान्य साहसिक कार्य = समाचार
1 साधारण व्यक्ति + 1 साधारण पत्नी = 0
1 पति +3 पत्नियाँ = समाचार
1 बैंक खजांची + 1 पत्नी + 7 बच्चे = 0
1 बैंक खजांची + 10,000 डालर = समाचार
1 कैबरे नर्तकी + बैंक प्रेसीडेंट + एक लाख डालर = समाचार
1 व्यक्ति + 1 कार + 1 स्वचालित बन्दूक + क्वार्ट = समाचार
1 व्यक्ति + 1 पत्नी + 1 झगड़ा + 1 अभियोग = समाचार
1 व्यक्ति + 1 कारनामा या उपलब्धि या साहस = समाचार
1 महिला + 1 उपलब्धि = समाचार
1 सामान्य व्यक्ति + 1 सामान्य 79 वर्षीय साधारण जीवन = 0
1 सामान्य व्यक्ति + 1 सामान्य 100 वर्षीय जीवन = समाचार

एक क्षेत्रीय अमेरिका पत्र मेरियन डेली रिपब्लिक की संवाददाता निर्देशिका का यह निर्देश देखिए-

यदि कोई	(किसी ने/किसी के)
मर जाये	मालामाल हो जाये
भाग जाये	पकड़ा जाये

विवाह करे	नगर में आये
तलाक दे	मकान खरीदे
शहर छोड़ जाये	गाय अथवा पड़ोसी की पत्नी चुरा ले
गबन कर ले	आत्महत्या कर ले
टाँग टूट जाये	वायुयान से गिर जाये
पार्टी दे	कार खरीदे
खेत बेच दे	पड़ोसी युवक के साथ भाग जाये
जुड़वां पैदा हो	गठिया हो जाये

– तो यह समाचार है। हमे मैरियन, नं॰ 221 पर फोन कीजिए।

दस बड़े समाचार– अमेरिका में कुछ संस्थान प्रतिवर्ष प्रमुख सम्पादको के मतों का संग्रह करके यह निष्कर्ष प्रकाशित करते हैं कि पिछले वर्ष में दस सबसे बड़े समाचार कौन से रहे। ऐसी एक सूची का अध्ययन आपके लिए रोचक और उपयोगी होगा।

(1) एक ऐसा हत्याकाण्ड जिसमें प्रसिद्ध व्यक्ति, रहस्य, सैक्स और भ्रष्टाचार के तत्त्व मिश्रित थे।

(2) देशव्यापी हड़ताल अथवा कोई युद्ध चल रहा हो, तो वह।

(3) एक प्रसिद्ध अभिनेता या अभिनेत्री की मृत्यु।

(4) एक महत्त्वपूर्ण लम्बी उड़ान।

(5) किसी विशिष्ट राजकीय अतिथि का आगमन।

(6) भयानक बाढ़ अथवा समुद्री तूफान जैसी भयानक दुर्घटना।

(7) विश्व-स्तरीय खेल।

(8) राज्य बनाम चर्च जैसा सैद्धान्तिक विवाद।

(9) बहु-प्रचारित बाक्सिंग मैच, जैसे विश्व-चैम्पियनशिप।

(10) बल, पराक्रम या उपलब्धि की कथा।

समाचार के तत्त्व

समाचार के प्रमुख तत्त्वों का उल्लेख निम्नलिखित प्रकार किया जा सकता है-

(1) सूचनागत वैशिष्टय (2) सत्यता (3) नवीनता (4) रोचकता (5) समीपता (6) सामयिकता (7) उत्तेजनात्मकता (8) परिवर्तन सूचकता (9) संघर्ष मूलकता।

(1) सूचनागत वैशिष्टय- आधुनिक पत्रकारिता के जनक ब्रिटिश पत्रकार लार्ड नार्थ क्लिफ, अपने सहयोगी पत्रकारों को प्रायः एक उदाहरण के माध्यम से 'समाचार क्या है?' इस विषय की जानकारी देते थे। वे कहा करते थे- 'यदि कुत्ता आदमी को काट ले, तो यह कोई समाचार नहीं है, परन्तु यदि आदमी कुत्ते को काट ले, तो यह समाचार है।' कहने का तात्पर्य यह है कि प्रत्येक सूचना या घटना को समाचार की श्रेणी में

नहीं रखा जा सकता। वह घटना या सूचना ही समाचार कहलाने योग्य होगी, जिसमें कोई विशेषता या असामान्यता विद्यमान हो। अंग्रेजी में कहा भी जाता है- 'न्यूज इज एनीथिंग आउट आफ द आर्डिनरी।' सामान्य सूचना को खुश्क सूचना की संज्ञा दी गयी है और, उसे समाचार की कोटि में नहीं रखा गया है। इसके विपरीत विशिष्ट सूचनाएँ सामान्य व्यक्ति को सहज ही आकर्षित करती हैं। ये कभी व्यक्ति को सुख देती हैं, कभी दुःख, कभी उत्तेजना भरतीं है, कभी उसे शान्त और निराश करती हैं। अपनी इस असामान्यता के कारण ही विशेष सूचनाएँ समाचार का दर्जा प्राप्त करती हैं।

वास्तव में केवल वे ही तथ्य समाचार हैं, जो पाठक के जीवन के सुख-दुःख, भावना और विचारों पर प्रभाव डालते हैं। उसे रुचिकर प्रतीत होते हैं और आनन्द देते हैं। भावोद्रेक में सहायक तथा स्वार्थ पर चोट करने वाले समाचारों में लोगों की रुचि अधिक होती है।

(2) सत्यता- किसी घटना का सत्य-सत्य, परिशुद्ध एवं सन्तुलित विवरण समाचार को मूल्यवान बनाता है, जैसा कि कहा गया है कि 'Whole truth and nothing but the truth' , वस्तुतः सत्य को ठेस पहुँचाना समाचार की आत्मा को नष्ट करना है। 'सर्व सत्ये प्रतिष्ठतम्', 'सत्यं भूत हितं प्रोक्तम्' उसका मूल मन्त्र है।

(3) नवीनता- किसी भी घटना या सूचना को समाचार का स्वरूप तभी मिल पाता है, जब उसमें कोई नवीनता हो। इस बात को राजनीतिज्ञ किसी नयी बात को पहले दिन कहता है, तब वह सर्वसाधारण के लिए समाचार होती है, किन्तु जब वह एक ही बात को नित्य दोहराने लगता है, तब उस बात का समाचारत्त्व नष्ट हो जाता है। राजनीतिक क्षेत्र के अतिरिक्त सामाजिक, सांस्कृतिक, आर्थिक व अन्य क्षेत्रों में समाचाररत्त्व के लिए नवीनता का निकष समान रूप से कार्य करता है। उदाहरण के लिए किसी स्थान पर यदि तेल (पेट्रोल) की उपलब्धता की सूचना मिले, तो यह प्रथम सूचना समाचार होगी, किन्तु यदि तेल कूप से उत्पादन प्रारम्भ हो जाये और वह नित्यप्रति का कार्य बन जाये, तो समाचार की दृष्टि से एतत् सम्बन्धी किसी सूचना का कोई महत्त्व नहीं होगा। हाँ! यह तेल क्षेत्र उस समय पुनः समाचारत्त्व प्राप्त कर सकता है, जब इसके किसी कूप में अचानक उत्पादन ठप्प हो जाये या कोई अग्निकाण्ड जैसी दुर्घटना हो जाये।

(4) रोचकता और विचित्रता- रोचकता और विचित्रता का सीधा सम्बन्ध रुचि और कौतूहल से है। वही सूचनाएँ या घटनाएँ समाचार के रूप में प्रस्तुत तथा चर्चित होती हैं, जिनमें अधिकाधिक लोगों की अभिरुचि का प्रतिनिधित्व होता है। यह प्रायः देखने को मिलता है कि कभी-कभी पूरे समाचारपत्र में एक ऐसा भी समाचार नहीं होत, जिसमें ऐसा समाचार हो कि वह चर्चा का विषय बन जाये। अगस्त 1989 के एक अंक में दैनिक 'आज' ने एक चित्र समाचार प्रकाशित किया, जिसमें एक गाय सुअर के बच्चों को दूध पिला रही थी। प्रत्यक्षतः यह असामान्य चित्र एक चित्र मात्र ही था, किन्तु गाय द्वारा सुअर के बच्चे को दूध पिलाने की घटना की रोचकता और विचित्रता

ने घटना को समाचार का रूप दे दिया। बुद्धिजीवियों ने इस रोचक और विचित्र घटना से अपने-अपने ढंग से व्यंग्यार्थ भी खोज लिये और इस प्रकार यह घटना बुद्धिजीवियों और सामान्य पाठकों के लिए समान रूप से समाचार बन गया।

रोचकता के सम्बन्ध में यह बात भी ध्यान देने की है कि प्रत्येक व्यक्ति की रुचि एक समान नहीं होती। व्यक्ति का उसकी रुचि के अनुसार ही राजनीतिक, आर्थिक, धार्मिक, सामाजिक, सांस्कृतिक या खेल-कूद आदि समाचार रुचिकर या अरुचिकर प्रतीत होते हैं, किन्तु यहाँ जिस रुचि या रोचकता की चर्चा अभीष्ट है, वह व्यक्ति में निहित न होकर समाचार मे निहित है। वस्तुत: वह घटना या सूचना ही समाचारत्त्व गुण से परिपूर्ण मानी जाती है, जिसमें बहुसंख्य पाठकों की अभिरुचि परितृप्ति प्राप्त होती हो।

प्रश्न उठता है कि पाठक सबसे अधिक रुचि किस बात में लेते हैं? इसका उत्तर खोजना बहुत कठिन नहीं है। मनुष्य सबसे अधिक रुचि स्वयं अपने व्यक्तित्त्व, अपने हितों और अपने स्वार्थों में लेता है। मानवजाति से सम्बद्ध प्रश्नों और समस्याओं में भी उसकी रुचि इसलिए होती है कि स्वयं मनुष्य होने के नाते वे उसको भी कहीं न कहीं प्रभावित करती हैं। इस आधार पर रोचकता के प्रमुख आलम्बनों की सूची तैयार की जा सकती है। ये आलम्बन मुख्यत: दो प्रकार के हो सकते हैं–

(1) वे जो मनुष्य की बुद्धि तथा मुख्यत: दो प्रकार के हो सकते हैं।

(2) वे जो उसकी भावनाओं का स्पर्श करते हैं।

साधारण पाठक के लिए वही समाचार सबसे अधिक आकर्षक होता है, जो मर्मस्पर्शी हो तथा उसकी भावनाओं को उत्तेजित करें। जो उसमें क्रोध, भय, करुणा, रोमांच आदि जगाये। सबसे अधिक संख्या ऐसे पाठकों की होती है। किन्तु कुछ ऊँचे स्तर के बुद्धिजीवी पाठक क्षणिक रोमांच उत्पन्न करने वाले समाचारों की बजाय ऐसे समाचारों में अधिक रुचि लेते हैं, जिनका स्थायी तथा गम्भीर महत्त्व होता हो।

रोचकता के कुछ स्रोत-समाचार की रोचकता निम्न स्रोतों से उत्पन्न हो सकती हैं–

(1) **अपना हित**- अपने तथा अपने परिवार की रुचियों तथा हितों से जुड़े समाचार सभी पाठक पसन्द करते हैं।

(2) **पैसा**- मनुष्य जीवन में धन का महत्त्व सर्वविदित है। अत: आर्थिक पहलुओं से जुड़े समाचार प्राय: रोचक होते हैं।

(3) **सैक्स**- अहं के बाद सैक्स सम्भवत: मनुष्य की सबसे प्रबल वृत्ति है। सैक्स सम्बन्धी समाचार सदैव अत्यधिक लोकप्रिय होते है।

(4) **संघर्ष**- युद्ध, हड़ताल, चुनाव, साहसिक अभियान, मैच आदि में संघर्ष का तत्त्व जुड़ा रहता है। यह भी मनुष्य की रुचि का एक सबल आधार है।

(5) **विचित्रता**- कोई भी असाधारण तथा विचित्र वस्तु पाठकों को आकर्षक लगती है। पत्रकारिता में चार्ल्स डाना ने समाचार के बारे में एक रोचक

परिभाषा इस प्रकार की है कि 'यदि कोई कुत्ता आदमी को काट ले, तो यह समाचार नहीं है, परन्तु यदि कोई आदमी कुत्ते को काट ले, तो यह समाचार है।' किन्तु अब यह परिभाषा अमान्य सी कर दी गयी है। यद्यपि इस परिभाषा में आश्चर्य और विचित्रता का जो पुट दिया गया है, वह आज भी समाचार-तत्त्व के पीछे है, किन्तु अब इसकी भावना बदली हुई परिस्थितियों के अनुरूप नहीं मानी जाती।

(6) **प्रसिद्ध व्यक्ति**- प्रसिद्ध और तथाकथित बड़े लोगों से जुड़ी हर बात समाचार बन जाती है। आपका पड़ोसी बिना दवाई के मर जाये, तो यह समाचार नहीं माना जायेगा। किन्तु देश के राष्ट्रपति अथवा प्रधानमन्त्री को छींक भी आये, तो यह प्रथम पृष्ठ का समाचार बनता है।

(7) **संशय**- जिन समाचारों में परिणाम की प्रतीक्षा करनी पड़ती हो, वे भी रोचक होते हैं। वास्तव में संशय उपर्युक्त संघर्ष का ही एक अंग है।

(8) **मानवीय स्पर्श**- मनुष्य अथवा जन्तुओं से सम्बन्धित मर्मस्पर्शी समाचार भी बहुत रोचकता रखते हैं। ये समाचार प्रेम, दया, आतंक, भय आदि भावनाएँ जगाते हैं।

(9) **सामूहिक हित**- अपने हित की भाँति हम अपने दल, अपनी संस्था, अपने धर्म, अपने देश आदि में भी गहरी रुचि लेते हैं।

(10) **नयी खोज तथा आविष्कार**- इनमें नवीनता के कारण रोचकता भी रहती हैं।

(11) **अपराध**- अपराधों में रोचकता के उपरिलिखित आधारों में से अनेक जुड़े होते हैं। जैसे धन, सेक्स, संघर्ष, मानवीय स्पर्श आदि। अतः आश्चर्य नहीं कि अपराध सम्बन्धी समाचार सभी वर्गों के पाठकों में बहुत अधिक लोकप्रियता पाते हैं। इधर हिन्दी में अपराधसम्बन्धी पत्रिकाओं की बाढ़ सी आ गयी है, जो अपराध जगत् की रोचकता का प्रत्यक्ष प्रमाण है।

भिन्न-भिन्न पाठकों की रुचि में निश्चय ही कुछ अन्तर रहता है। किन्तु कुल मिलाकर रोचकता के उपर्युक्त आलम्बनों में से कुछ न कुछ सबको पसन्द होते हैं। द अमेरिकन वीकली ने पाठकों की रुचि के बारह आधार गिनाये हैं। वे हैं-

उपलब्धि, स्वास्थ्य, मनोरंजन, संस्कृति, वीरता, प्रेम, श्रद्धा, रहस्य, विज्ञान, दुर्घटना, आत्म-विकास और सुरक्षा। इस प्रकार रोचकता समाचार का प्रमुख तत्त्व है।

(5) समीपता- किसी समाचार की रोचकता उसके घटनास्थल के सामीप्य से भी प्रभावित तथा नियन्त्रित होती है। पाठक अपने गाँव, अपने नगर तथा अपने समीपी क्षेत्र में जितनी रुचि लेता है, उतनी दूरस्थ स्थानों में नहीं। इसका एक कारण यह भी है कि समीपी समाचारों से जुड़े व्यक्तियों और स्थानों से वह प्रायः परिचित होता है। जेम्स गौर्डन बैनेट ने अपने संवाददाताओं को निर्देश दिया था- 'र्यू द लूव्र (समाचारपत्र का प्रकाशन स्थान) में एक कुत्ते की मौत चीन में आई बाढ़ से अधिक महत्त्वपूर्ण समाचार है।'

विशेषत: छोटे नगरों से निकलने वाले समाचारपत्रों की लोकप्रियता इसी पर निर्भर होती है कि वे स्थानीय समाचार कितनी मात्रा में छापते हैं। सर्वेक्षणों में पाया गया है कि बड़े नगरों में भी केवल दस प्रतिशत पाठक अन्तर्राष्ट्रीय समाचारों में रुचि लेते हैं। छोटे नगरों में यह प्रतिशत और भी कम है। समाचार में स्थानीयता का महत्त्व होने के कारण जो समाचार जितनी अधिक दूर का हो उसकी रोचकता उतनी ही कम हो जाती है।

(6) सामयिकता- समाचार ताजा और नवीनतम होना चाहिए। अंग्रेजी में समाचार को न्यूज कहते हैं, जिसका अर्थ ही है 'नवीन'। यानी जो बात पाठकों को पहले से मालूम है, या जो पुरानी पड़ चुकी है, वह समाचार नहीं रहती। इसीलिए उसे जल्दी ये जल्दी समाचारपत्र को भेजना जरूरी हो जाता है। इसके लिए आजकल डाक की बजाय तार, टेलीफोन, टेलीप्रिण्टरों, फैक्स, और ई-मेल आदि जैसे तीव्रगामी संचार साधनों का उपयोग किया जाता है। यहाँ कि अनेक बड़े समाचारपत्र प्रतिक्षण आते समाचारों को स्थान देने के लिए हर घण्टे पर नया संस्करण निकालते हैं, जिनमें कुछ कम महत्त्व के अथवा कुछ घण्टे पहले के समाचार को हटाकर नवीनतम समाचार लगा दिये जाते हैं। आज से 50-60 वर्ष पूर्व किसी दूसरे देश अथवा प्रान्त में महीना बीस दिन पहले घटित घटना भी समाचार मानी जाती थी। किन्तु प्रकट है कि रेडियो और टी.वी. के आधुनिक युग में संवाददाताओं तथा समाचारपत्रों में इस बात की होड़ रहती है कि कौन किसी घटना का समाचार पहले प्रकाशित कर पाता है।

(7) उत्तेजनात्मकता- किसी भी घटना या सूचना में व्याप्त उत्तेजना का तत्त्व भी उसके समाचारत्त्व का अभिवर्द्धक होता है। यह वह तत्त्व है, जिसके कारण समाचार प्राप्त करने वाला कभी तिलमिला उठता है, कभी बेचैन हो जाता है, कभी खुशी से नाचने लगता है, कभी मुँह लटका लेता है, तो कभी सन्न भी रह जाता है। समाचारगत उत्तेजनात्मकता को समझने की दृष्टि से साम्प्रदायिक दंगों सम्बन्धी समाचारों को देखा जा सकता है। ऐसी सूचना प्राप्त होते ही आम नागरिक, चाहे वह किसी भी जाति, वर्ग का हो, स्वयं को असुरक्षित अनुभव करने लगता है। भोपाल गैसकांड जैसी घटना से लोग नितान्त चितिन्त हो जाते हैं, स्तब्ध रह जाते हैं। चुनाव परिणामों की घोषणा से हारे प्रत्याशी ऐसे दिखायी देते हैं, जैसे उनका सब कुछ लुट गया हो। इस स्थिति में किसी मनचले की छेड़छाड़ पर कभी-कभी वे झगड़ा तक कर डालते हैं। यह सब सम्बन्धित घटना या सूचना में निहित सघन उत्तेजनात्मकता जन्य समाचारत्त्व का ही परिणाम होता है।

(8) परिवर्तनसूचकता- कोई भी घटना या सूचना किसी विशेष परिवर्तन की जानकारी के परिणामस्वरूप भी समाचार की श्रेणी प्राप्त कर लेती है। यह संसार परिवर्तनशील है। यह प्रतिक्षण परिवर्तित होता रहता है, किन्तु जब कोई परिवर्तन इतना महत्त्वपूर्ण हो जाता है कि उससे अनेकानेक लोग प्रभावित होते हैं, तब उस परिवर्तन के विवरण की जानकारी में आम व्यक्ति की रुचि हो जाती है। उदाहरण के लिए

रूस और अमेरिका जैसी महाशक्तियों का अपनी परमाणु शस्त्रास्त्र नीतियों में परिवर्तन पूरे संसार के लोगों का ध्यान आकर्षित करने वाला होता है। अमेरिका में किसी व्यक्ति का राष्ट्रपति का चुनाव हारना या जीतना विश्वभर के राजनीतिक, आर्थिक व सामाजिक समीकरणों पर प्रभाव डाल सकने की सामर्थ्य रखता है। अतएव ये परिवर्तन अपने प्रभाव क्षेत्र के विस्तार के कारण सहज ही समाचार का स्वरूप ग्रहण करते हैं। परिवर्तनगत यह विशेषता मोहल्ला, ग्राम, कस्बा, नगर आदि से लेकर अन्तर्राष्ट्रीय स्तर तक का होता है तथा पाठक की अभिरुचि और उसकी बौद्धिक क्षमता के अनुसार समाचारत्त्व प्राप्त करता है। परिवर्तन की इस सूचना का भी कोई निश्चित क्षेत्र नहीं है। वस्तुतः किसी भी क्षेत्र का कोई भी परिवर्तन जब अपने प्रभाव के कारण अधिसंख्य जनता की रुचि-अरुचि, चिन्ता या अचिन्ता का कारेण बनता है, तो उसमें समाचारत्त्व का समावेश सुनिश्चित हो जाता है।

(9) संघर्षमूलकता- किसी भी घटना या सूचना में समाचारत्त्व के लिए संघर्ष का विशेष महत्त्व है। आज हमारे समाज पर आर्थिक दबाव बहुत अधिक है। अर्थ के प्रभाव ने विश्व को भी अनेक प्रकार के संघर्षों में डाल दिया है। चाहे प्रकृति के विरुद्ध संघर्ष हो, चाहे श्रमिक और प्रबन्धकों का संघर्ष, वह चाहे किसी इकाई या समूह के विरुद्ध संघर्ष हो या किसी अत्याचार, कुरीति या रुढ़ि के विरुद्ध संघर्ष, वह चाहे दो राष्ट्रों के बीच सैन्य संघर्ष हो या शीतयुद्ध, वह चाहे विचारधारा के संघर्ष का टकराव हो या किसी अन्य प्रकार का संघर्ष, किसी भी घटना या सूचना में समाचारत्त्व शक्ति का आविर्भाव बिना किसी संघर्ष के सम्भव नहीं है। अतएव संघर्षमूलकता भी समाचार के लिए प्रमुख आवश्यक तत्त्व है।

श्री प्रेमनाथ चतुर्वेदी ने उपर्युक्त तत्त्वों के अतिरिक्त समाचार के आकर्षण के निम्नलिखित अन्य तत्त्व भी बताए हैं- (1) सामयिक (2) सामीप्य (3) स्वहित (4) धन (5) कामवासना (6) रोमांस (7) असाधारणता (8) वीरपूजा (9) यश (10) रहस्य (11) मानवीय भावनाओं का उद्रेक-प्रेम, दया, सहानुभूति, त्याग, भय, आतंक आदि। (12) साहस और वीरता (खेल और साहसिक कार्यों के समाचार) (13) आविष्कार और खोज (14) कुकृत्य (15) मानव की प्रगति (16) नाटकीयता (17) विशिष्टता (व्यापक और सघन) (18) परिमाण (व्यापक और सघन) (19) संस्कृति (20) विश्वास (21) स्वास्थ्य (22) सुरक्षा (23) बन्धुत्व (अन्तर्राष्ट्रीय, राष्ट्रीय, प्रादेशिक, नगरीय और जातीय) (24) सामाजिक और आर्थिक परिवर्तन।

श्री एम.वी. कामथ ने इनमें इन तत्त्वों को भी जोड़ा है- (1) व्यक्तिगत स्वार्थ (2) धर्म और (3) हास्य-विनोद।

इस प्रकार आप समाचार के तत्त्व को भली-भाँति समझ गये होंगे। किसी समाचार की अनिवार्य आवश्यकताएँ क्या होती हैं? इसे आगे देखेंगे।

समाचार के लिए अनिवार्यताएँ

एक अच्छे समाचार में निम्नलिखित गुण अनिवार्य रूप से होने चाहिए-

(1) सत्यता (2) प्रस्तुति की सरलता (3) शालीनता और (4) वैज्ञानिकता।

(1) सत्यता- समाचार की सत्यता उसकी सबसे प्रमुख अनिवार्यता है। अगर किसी समाचार में सत्यता नहीं हैं, तो उसका महत्त्व बिल्कुल नहीं है। झूठे समाचार प्रकाशित/प्रसारित करना अपराध की कोटि में आता है। इससे न केवल इस व्यवसाय की बदनामी होती है, बल्कि जनता में विभ्रम भी पैदा होता है और अन्तत: ऐसा समाचार प्रकाशित/प्रसारित करने वाला माध्यम पाठकों–श्रोताओं/दर्शकों की दृष्टि में गिर जाता है। इसलिए समाचार को प्रकाशित/प्रसारित करने से पहले उसकी सत्यता की पूर्ण जाँच कर लेनी चाहिए।

(2) प्रस्तुति की सरलता- समाचार की प्रस्तुति इस प्रकार की जानी चाहिए कि उसे सामान्य पाठक, श्रोता और दर्शक भी आसानी से समझ सके। इसके लिए भाषा की सरलता पर अनिवार्य रूप से ध्यान देना चाहिए। ऐसी भाषा का प्रयोग कदापि उचित नहीं, जिसे आम आदमी न समझता हो।

(3) शालीनता- समाचार की प्रस्तुति में शालीनता का विशेष ध्यान देना चाहिए। उदाहरण के लिए वर्ष 1995 में अयोध्या में एक नाट्य संस्था 'सहमत' द्वारा कुछ प्रस्तुतियाँ की गयी थीं, जिनमें एक प्रस्तुति में कहा गया था कि सीता राम की बहन थीं। यद्यपि यह बात जैनग्रन्थों के उद्धरण के साथ कही गयी थीं, किन्तु इसमें शालीनता का अभाव था, क्योंकि इसे कहने के लिए एक ऐसे स्थान (अयोध्या) का चयन किया गया, जहाँ युगों से राम-सीता पति-पत्नी के रूप में प्रतिष्ठित हैं। दूसरे समय और परिस्थितियाँ ऐसी थीं, जब जनमानस बेहद उद्वेलित था, क्योंकि कुछ ही दिन पहले अयोध्या में तथाकथित बाबरी मस्जिद का ढाँचा ढहा दिया गया था और इसकी व्यापक प्रतिक्रिया आम जनता में थी। यही कारण है कि इस समाचार पर व्यापक जन प्रतिक्रिया हुई थी। चूँकि इस आयोजन को तत्कालीन मानव संसाधन मन्त्री अर्जुनसिंह का समर्थन प्राप्त था और उस समय वे सत्ता के शीर्ष पुरुषों में थे, अत: कोई बड़ा बावेला नहीं मचा अन्यथा इस समाचार को लेकर व्यापक उपद्रव सम्भव था। इसी प्रकार भाषा की शालीनता पर भी ध्यान देना चाहिए। द्विअर्थी अथवा अपभाषा का प्रयोग नहीं करना चाहिए।

कहने का तात्पर्य यह है कि समाचार की प्रस्तुति में संस्कृति, परम्परा और भाषा आदि की शालीनता का ध्यान रखना चाहिए अन्यथा समाचार विद्रूप हो जाता है।

(4) वैज्ञानिकता- समाचार की प्रस्तुति में हमेशा वैज्ञानिक दृष्टि रखनी चाहिए। अन्धविश्वास फैलाने वाले, लोगों को बेवकूफ बनाने वाले समाचारों का प्रकाशन/प्रसारण नहीं करना चाहिए। इस प्रकार के समाचारों के प्रकाशन/प्रसारण से जनसामान्य में अन्धविश्वास फैलता है और ऐसे समाचारों का प्रकाशन/प्रसारण करने वाले कभी-कभी

उपहास के पात्र भी बनते हैं। वर्ष 1995 के सितम्बर माह में गणेश प्रतिमाओं द्वारा दुग्ध-पान का व्यापक समाचार इसका ज्वलन्त उदाहरण है। समाचार माध्यमों द्वारा यह अवैज्ञानिक खबर प्रकाशित/प्रसारित की गयी कि देश ही नहीं, बल्कि विदेशों में भी गणेशजी ने दूध पिया, जो बाद में झूठी अफवाह और अन्धविश्वास साबित हुआ।

समाचार के भेद

विद्वानों ने समाचारों के अनेक प्रकार के भेद बतलाएँ हैं। समाचारों का वर्गीकरण अनेक आधारों पर किया जा सकता है। जैसे- महत्त्व के आधार पर, प्रस्तुति के आधार पर, विषय-क्षेत्र के आधार पर आदि। इसके निम्नलिखित प्रकार से देखा जा सकता है-

1- महत्त्व के आधार पर

(क) घटना के महत्त्व के आधार पर- घटना के महत्त्व को ध्यान में रखते हुए समाचारों को दो श्रेणियों में बाँट सकते हैं- (1) तात्कालिक महत्त्व का समाचार (2) व्यापक समाचार।

तात्कालिक महत्त्व का समाचार वह है, जो अप्रत्याशित रूप से घटता है। इसे अंग्रजी में स्पाट न्यूज कहा जाता है। इस समाचार में अत्यधिक त्वरा और रोमांच होता है। भूकम्प, कोई बड़ी दुर्घटना, अतिविशिष्ट व्यक्तियों का निधन, हत्या आदि जैसे समाचार इस कोटि में आते हैं। अचानक घटित इन घटनाओं का मूल्य बहुत अधिक होता है और समाचार माध्यम इन्हें प्रमुखता से प्रकाशित प्रसारित करते हैं।

व्यापक समाचारों की श्रेणी में वे समाचार आते हैं, जिनका प्रभाव अपेक्षाकृत अधिक लोगों पर तथा अधिक दिनों तक पड़ता है। उदाहरण के लिए यदि यह पता चल जाये कि किसी क्षेत्र में तेल है, तो यह एक बड़ा समाचार होगा, क्योंकि इससे बहुत अधिक लोग अनेक तरह से प्रभावित होंगे। जहाँ उस क्षेत्र विशेष में समृद्धि आएगी, अनेक तरह के रोजगार के अवसर मिलेंगे, वहीं तेल निकालने के लिये किये जाने वाले विकास-प्रयासों में बहुतों को विस्थापित भी होना पड़ेगा और यह क्रम कुछ दिनों तक चलेगा। अतः तेल मिलने की इस घटना का समाचार व्यापक समाचार (स्प्रेड न्यूज) की श्रेणी में आयेगा।

(ख) क्षेत्र के महत्त्व के समाचार- इसे निम्नलिखित प्रकार से समझा जा सकता है-

(1) अन्तर्राष्ट्रीय समाचार (2) राष्ट्रीय समाचार (3) प्रादेशिक समाचार (4) क्षेत्रीय समाचार (5) स्थानीय समाचार।

हेरम्ब मिश्र ने इसे प्रकार बताया है- (1) भाषण, वक्तव्य और विज्ञप्ति (2) आततायियों के कुकर्म, छेड़छाड, मारपीट, पाकेटमारी, चोरी, ठगी, डकैती, छुरेबाजी, जुआ, हत्या, अपहरण, बलात्कार (3) जमीन जायदाद के लिए एक ही परिवार के सदस्यों के बीच फौजदारी और मुकदमेबाजी (4) जातिवादी कलह तथा विद्वेष

(5) रंग-भेद और वर्ण-भेद से उत्पन्न अशान्ति (6) क्षेत्रीयता वादियों एवं प्रान्तीयतावादियों के झगड़े (7) धार्मिक एवं साम्प्रदायिक उपद्रव एवं वैमनस्य (8) स्थानीय, क्षेत्रीय, प्रान्तीय, तथा अखिलदेशीय दिलचस्पी एवं महत्त्व के न्यायिक निर्णय (9) परिवहन तथा मार्ग दुर्घटनाएँ- साइकिल, स्कूटर, इक्का, हवाई जहाज तक की दुर्घटनाएँ (10) अवर्षण, अतिवर्षण, बाढ़, आँधी, हिमपात (11) भू-भ्रंश, भूकम्प (12) असामयिक या आकस्मिक मृत्यु, आत्महत्या (13) जातीय, सामाजिक, व्यावसायिक एवं राजनीतिक संस्थानों, संगठनों तथा दल की बैठकें, विशेष बैठकें, सम्मेलन, समारोह, प्रदर्शन और जुलूस (14) श्रम आन्दोलन, किसान आन्दोलन (15) सरकारी, सामाजिक, राजनीतिक, व्यक्तियों का स्वागत और विदाई (16) स्थानीय शासन निकायों और सरकारी विभागों की गतिविधि (17) कर्मचारियों अधिकारियों तथा राजनीतिक कार्यकर्त्ताओं और नेताओं की मनमानी और ज्यादतियों की शिकायतें (18) व्यक्तिगत विचार जैसे परीक्षक या सांस्कृतिक एवं बौद्धिक कार्यों में विशेष सफलता, विदेश यात्रा, विवाह आदि (19) मेलों और पर्वों के समाचार।

2- प्रस्तुति के आधार पर

(क) समाचार के लेखन के आधार पर- समाचार किस प्रकार लिखा गया है? उसमें सीधे-सीधे तथ्यात्मक रिपोर्टिंग की गयी है अथवा उसकी व्याख्या भी की गयी है, इस दृष्टि से समाचार के दो प्रकार बनते हैं-

(1) सीधा समाचार (स्ट्रेट न्यूज) (2) व्याख्यात्मक समाचार (इण्टरप्रीटेटिव न्यूज)।

सीधा समाचार वह समाचार होता है, जिससे सीधे-सपाट तरीके से तथ्यों की रिपोर्टिंग की जाती है। इसमें समाचार की व्याख्या और विश्लेषण नहीं प्रस्तुत किया जाता है। समाचारपत्रों के छपने वाले समाचारों का बड़ा भाग ऐसे ही समाचारों से भरा होता है।

व्याख्यात्मक समाचार में घटना के तथ्यों को बताने के साथ ही साथ उसकी तह तक जाकर उसके कारणों की छानबीन भी की जाती है और उसके प्रभावों आदि का भी वर्णन किया जाता है। ऐसे समाचारों को प्रस्तुति में रिपोर्ट प्रस्तुत करते समय घटना की पृष्ठभूमि आदि पर भी प्रकाश डाला जाता है, जिससे पाठक घटना को अधिक विस्तार से पढ़, सुन और देख सकता है।

(ख) समाचार के माध्यम के आधार पर- माध्यमों के आधार पर हम समाचार को निम्नलिखित प्रकार बाँट सकते हैं- (1) मुद्रित समाचार (2) मौखिक समाचार और (3) दृश्य-श्रव्य समाचार।

मुद्रित समाचारों में वे समाचार आते हैं, जो मुद्रित करके वितरित किये जाते हैं, जैसे दैनिक समाचारपत्र, पत्रिकाएँ, पम्पलेट आदि। मौखिक समाचारपत्र वे हैं, जिन्हें

मुँह से बोलकर जनसामान्य को बताया जाता है, जैसे रेडियो से प्रसारित होने वाले समाचार आदि। दृश्य-श्रव्य समाचारों में सिनेमा, टेलीविजन आदि से प्रसारित समाचारों की गणना की जा सकती हैं।

3- विषय क्षेत्र के आधार पर-

विषय को आधार बनाकर समाचारों को निम्नलिखित प्रकार से बाँटा जा सकता है- (1)राजनीतिक समाचार (2) सामाजिक समाचार (3) विज्ञान विषयक समाचार (4) अर्थ-वाणिज्य-व्यापार समाचार (5) अपराध समाचार (6) खेल-कूद समाचार (70 साहित्यिक एवं सांस्कृतिक समाचार (8) कला विषयक समाचार (9) दुर्घटना समाचार आदि।

उपर्युक्त वर्गीकरण के अलावा भी समाचारों का कुछ वर्गीकरण किया जा सकता है, जैसे- (1) विचार प्रधान समाचार (2) भाव-प्रधान समाचार (3) शोध-प्रधान समाचार (4) व्यक्तित्त्वपरक समाचार (5) विवरण-प्रधान समाचार आदि। इसके अतिरिक्त भी समाचारों के अनेक वर्गीकरण किये जा सकते हैं, किन्तु यह विषय का विस्तार मात्र होगा।

समाचारों का महत्त्व तथा लाभ

समाचार और समाचारपत्र का जीवन में बहुत अधिक महत्त्व है। समाचार प्राप्त करके हम एक ही स्थान पर रहते हुए भी न केवल सम्पूर्ण विश्व वरन् अन्तरिक्ष तक की अनेकानेक सूचनाओं से जुड़ जाते हैं। इतने विस्तृत विश्व की नवीनतम् सूचनाओं को जानने, समझने का आज एकमात्र साधन समाचार ही हैं, चाहे वह अखबार के माध्यम से प्राप्त हो या फिर रेडियो या टेलीविजन से।

द्वितीय महायुद्ध से पूर्व तक समाचार और समाचारपत्रों का इतना महत्त्व नहीं था, किन्तु उसके बाद आत्मसुरक्षा तथा देश और विश्व की खबर की बेचैनी ने समाचारपत्रों के महत्त्व को उत्कर्ष पर पहुँचा दिया। युद्ध का परिणाम यह हुआ कि निम्न और मध्यम श्रेणी के लोग भी समाचार पढ़ते या सुनते दिखायी देने लगे। भारत में स्वतन्त्रता आन्दोलन के समय विशेष रूप से समाचारों का महत्त्व बढ़ा।

विकास की गति की तीव्रता के साथ आज समाचारों का महत्त्व पूरे विश्व में बढ़ा है। विश्व के किसी भी क्षेत्र में भीषण अकाल, भूकम्प, फसल की हानि, अच्छा उत्पादन, सत्ता परिवर्तन, खेल में जीत-हार, धार्मिक नेता का वर्चस्व, वैज्ञानिक उपलब्धि या असफलता आदि प्रत्येक घटना से समूचा विश्व और उसकी प्रत्येक मानव इकाई न्यूनाधिक प्रभावित होती ही है। ऐसे समय में दूसरों के समाचार प्राप्त करना और अपने समाचार को दूसरों को देना परमावश्यक हो गया है।

यही कारण है कि आज विभिन्न राजनीतिक दल, सरकारें, औद्योगिक संगठन, उद्योग समूहों, श्रम संगठन, खेल समय, धार्मिक नेता, विज्ञान सम्बन्धी संस्थाएँ आदि ही नहीं,

अपितु छोटे-छोटे कार्यालय तक अपने समाचार, दूसरों तक पहुँचाने का उपाय करते हुए सामर्थ्यनुसार समाचारपत्र, पत्रिका या समाचार बुलेटिनों का नियत-अनियतकालीन प्रकाशन करते रहते हैं। संक्षेप में, समाचार आज जीवन की अनिवार्य आवश्यकता हो गया है। पूरे संसार के न सही, किन्तु आज अपने कार्यक्षेत्र सम्बन्धी समाचारों को जानने में प्राय: प्रत्येक व्यक्ति की रुचि अवश्य रहती है।

समाचार से लाभ

समाचार प्राप्त करने से पाठक को विभिन्न प्रकार के लाभ भी होते हैं। ये लाभ सामान्य एवं कम पढ़े-लिखे लोगों को भी मिलते हैं और असामान्य तथा अतिबुद्धिजीवियों को भी। आज प्राप्त किया गया समाचार केवल आज के लिए ही लाभकारी हो ऐसा भी नहीं है। वस्तुत: काफी समय पूर्व प्राप्त किया गया समाचार आज और आज प्राप्त किया गया समाचार भविष्य में कभी भी उपयोगी हो सकता है। आजकल प्राय: नौकरी सम्बन्धी साक्षात्कार में सामान्य ज्ञान के प्रश्न पूछे जाते हैं। समाचारों से प्राप्त जानकारी ऐसे प्रश्नों के उत्तर में विशेष सहायक होती है। यों सामान्यत: समाचार के वर्ग के अनुसार उसके पाठकों को अनेक प्रकार के राजनीतिक, आर्थिक व सामाजिक लाभ प्राप्त होते हैं। इन लाभों को इस प्रकार रेखांकित किया जा सकता है-

(1) सुरक्षा की अनुभूति, (2) मानसिक संतोष, (3) भावी कार्यक्रम में सुविधा।

(1) **सुरक्षा की अनुभूति**- समाचार प्राप्त करके व्यक्ति मनोवैज्ञानिक रूप से एक प्रकार की सुरक्षा का अनुभव करता है। कभी-कभी कोई समाचार तो पूरे समाज, पूरे देश और सम्पूर्ण विश्व को भी सुरक्षा का अनुभव कराने वाला सिद्ध होता है। महाशक्तियाँ किसी प्रश्न पर टकराव को आसन्न दिखायी देती हैं, तब उनकी प्रत्येक गतिविधि की सूचना सम्पूर्ण विश्व को प्रभावित करती है। कोई समाचार बहुत बड़े वर्ग को कैसे चैन की साँस देता है? इस सम्बन्ध में एक उदाहरण द्रष्टव्य है- सन् 1909 में यूरोप पर युद्ध के बादल मँडरा रहे थे। उस समय स्टीड साहब वियना में लन्दन टाइम्स के विशेष संवाददाता थे।

19 मार्च सन् 1909 की बात है। आस्ट्रो-हंगरी के युवराज उस दिन सर्बिया पर चढ़ाई करने वाले थे। पूरा यूरोप इस घटनासम्बन्धी समाचार को यथाशीघ्र जानना चाहता था। यह समाचार देवयोग से स्टीड साहब को प्राप्त हो गया। हुआ यह कि उस दिन स्टीडसाहब ने एक रोमन कैथोलिक पादरी को घर आमन्त्रित किया था। वह विलम्ब से आया और विलम्ब का कारण बताते हुए यह भी कह गया कि 'एक अन्य पार्टी में एक बड़े प्रभावशाली पादरी के विलम्ब से आने कारण उसे विलम्ब हो गया। उक्त पादरी का राजकुमार पर बहुत प्रभाव है। युवराज ने उस पादरी को बताया है कि वे सर्बिया पर चढ़ाई नहीं करेंगे।' स्टीड साहब ने तुरन्त लन्दन टाइम्स को यह खबर भेज दी और दूसरे दिन पूरे यूरोप ने चैन की साँस ली। चैन व सुरक्षा की यह अनुभूति

कारखाने के मजदूरों से लेकर बड़े-बड़े राजनीतिज्ञों, विद्वानों, साहित्यकारों और वैज्ञानिकों तक में देखी जा सकती थी।

(2) मानसिकक सन्तोष- समाचार प्राप्त करने वाले को समाचार प्राप्त करने के उपरान्त एक मानसिक सन्तोष का भी अनुभव होता है। अपनी-अपनी रुचि के अनुसार व्यक्ति जिस प्रकार का समाचार जानने को इच्छुक होता है, जब तक उसे उसका अपेक्षित समाचार नहीं प्राप्त हो जाता, वह बहुत ही बेचैन दिखायी देता है। यह बेचैनी कुछ विशेष समाचारों की प्राप्ति के अवसर पर इतनी अधिक बढ़ जाती है कि स्पष्ट दिखायी देने लगती है। चुनाव परिणामों की घोषणाओं के समय, अन्तर्राष्ट्रीय महत्त्व के क्रिकेट मैच आदि खेलों के समय, किसी बड़े नेता की स्वास्थ्य सम्बन्धी सूचनाओं के प्रसारण के समय राह चलते लोग भी समाचारों के लिए बेचैन दिखायी देते हैं, मानों उनके मनमस्तिष्क की बौद्धिक आवश्यकता की पूर्ति हो गयी है।

वस्तुत: विचार-विमर्श के दौरान समाचारों से प्राप्त जानकारी व्यक्ति की प्रतिष्ठा और उसकी बौद्धिकता की छाप छोड़ने में सहायक होती है। यही कारण है कि नवीनतम समाचार प्राप्त करके प्रत्येक व्यक्ति अपनी बौद्धिक क्षुधा को शान्त तथा उससे उत्पन्न एक विशिष्ट प्रकार के सन्तोष का अनुभव करता है।

(3) भावी कार्यक्रम में सुविधा- समाचार हमें भावी कार्यक्रमों के निर्धारण में भी विशेष सुविधा प्रदान करते हैं। इन्हें प्राप्त करके हम अपने राजनीतिक, आर्थिक, सामाजिक, सांस्कृतिक व धार्मिक आदि सभी प्रकार के भावी कार्यक्रमों की रूपरेखा निर्धारित करते हैं। प्रत्येक क्षेत्र का व्यक्ति प्रतिक्षण अपने लाभ और हानि पर दृष्टि रखता है और यह प्रयास करता है कि वह अधिकाधिक लाभ में रहे।

समाचार हमें अधिकाधिक लाभ या हानि की स्थिति में न्यूनतम हानि की रणनीति देने में सहायक होते हैं। आर्थिक क्षेत्र के समाचारों की प्राप्ति करने वाले हानि-लाभ का प्रत्यक्ष अनुभव करते हैं। इसके विपरीत अन्य क्षेत्रों के समाचार प्राप्तकर्ताओं को उक्त हानि-लाभ का अनुभव अपेक्षाकृत मन्द गति से होता है। प्रत्येक व्यक्ति समाचार को अपनी दृष्टि से देखता है और अपनी क्षमतानुसार उससे लाभ-हानि प्राप्त करता हुआ अपने भावी कार्यक्रमों का निर्धारण करता है। आजकल इलैक्ट्रॉनिक माध्यमों के व्यापक प्रचलन ने इस क्षेत्र में बहुत अधिक क्रान्ति कर दी है।

✡ ✡ ✡

4 समाचार-सम्पादन

सम्पादक का अर्थ

1867 ई. में 'प्रेस एण्ड रजिस्ट्रेशन एक्ट' में 'एडीटर' या 'सम्पादक' की व्याख्या इस प्रकार की गयी है- Editor Means the person who controls the selection of matter that is published in newspaper. अर्थात् समाचार-पत्र में जो कुछ भी छपता है, उसका निश्चय करने वाला व्यक्ति 'सम्पादक' होता है। 'सम्पादक' शब्द का प्रचलन बहुत बाद में प्रचलित हुआ। प्रारम्भ में नोटबुक के लेखक को 'आथर' (Auther) तथा 'पीरियोडिकल' (Periodical) के लेखक को पब्लिशर (Publisher) कहा जाता था।

उपर्युक्त परिभाषा के अनुसार- 'समाचार-पत्र में समाचार व विचार सम्बन्धी जो भी व्यवस्था का कार्य करता है, वह कार्य 'सम्पादन' कहलाता है। 'सम्पादन' शब्द की व्युत्पत्ति संस्कृत व्याकरण के अनुसार निम्नलिखित प्रकार से होगी - 'सम' उपसर्ग + पद 'गतौ' धातु से 'ल्युट' होता है। उसमें 'यु' को 'अत्' होने पर 'सम्पादन' शब्द बनता है। जिसका अर्थ है- किसी भी कार्य को सम्यक् अर्थात् भली प्रकार से करना, उस कार्य का 'सम्पादन' कहा जाता है।

इस प्रकार - 'दूसरों द्वारा लिखे हुए को संशोधित करके और उसका स्वरूप सुधार कर उसे छपने लायक बनाना ही 'सम्पादन' है। अशुद्ध अक्षरों, शब्दों और वाक्यों को शुद्ध करके भाषा को प्रवाहपूर्ण बनाना ही 'सम्पादन' है।

समाचारों का सम्पादन ही किसी समाचार-पत्र या पत्रिका का प्राण होता है। यह बहुत-से स्थानों से बहुत-सी सामग्री अलग-अलग व्यक्तियों द्वारा अपनी निजी विचारधारा के अनुरूप लिखी हुई आती हैं, किन्तु वह उसी रूप में प्रकाशित नहीं हो सकती, क्योंकि प्रत्येक समाचार-पत्र की अपनी भाषा-नीति व शैली होती है। अतः उन लेखों, समाचारों को समाचार-पत्र के रूप अनुकूल बनाना ही 'सम्पादन' कहलाता है।

सम्पादन के प्रमुख व्यक्ति

सम्पादक- 'सम्पादक' वह सचेत संस्था है, जो समाचार-पत्र के विविध क्षेत्रों के संचालन, नियमन प्रोत्साहन एवं निर्माण के लिए सचेष्ट रहता है। संस्था के

अंग-रिपोर्टर, संवाददाता, भेंटकर्ता, समालोचक, उप-सम्पादक, प्रसार-व्यवस्थापक एवं विज्ञापन-प्रबन्धक के बीच समन्वय वादी शक्ति 'सम्पादक' ही है, जो समाचार-पत्र रूपी शरीर के अंग-प्रत्यंग में गतिशीलता का संवाहक होता है। समाचार-पत्र की नीति के निर्धारण और परिपालन द्वारा सम्पादक जनचेतना, जन-आकांक्षा और जनहित का संरक्षक होता है।

कानून की दृष्टि में 'सम्पादक' वही है, जिसका नाम समाचार-पत्र में प्रकाशित होता है। सत्यनिष्ठा, प्रेस की स्वतन्त्रता, सम्यक् व्यवहार, नेतृत्व और उत्तरदायित्व। इन छ: नीति-निर्देशक सिद्धातों के पालन द्वारा आदर्श सम्पादक प्रलोभन, भय और दबाव से मुक्त व्यक्ति होता है।

मुख्य उप-सम्पादक- मुख्य उप-सम्पादक अपनी पाली का प्रधान होता है। उसके कार्यों का वर्गीकरण इस प्रकार है-

रचनात्मक कार्य- (क) समाचार-शोधन एवं उसके प्रस्तुतिकरण के स्वरूप का निर्माण (ख) समाचारों का संगठन (ग) शीर्षकों की रचना।

व्यवस्था-सम्बन्धी कार्य- (क) निश्चित स्थान की पूर्ति के लिए समाचार की काया का निर्णय (ख) कम्प्यूटर विभाग तथा मुद्रक की कार्यक्षमता पर ध्यान।

निरीक्षण-सम्बन्धी कार्य- (क) तथ्य एवं भाषा सम्बन्धी भ्रान्ति न रह जाये इसका ध्यान रखना (ख) कानूनी समस्या उपस्थित न हो (ग) समाचार की स्पष्टता तथा सार्थकता पर लगातार दृष्टि रखना।

मुख्य उप-सम्पादक को निम्नलिखित बातों पर सदैव ही ध्यान केन्द्रित करना चाहिए-

(क) विचारों का दबाव न हो (ख) पुनरावृत्ति न हो। (ग) आवश्यक बातें न छूटने पायें (घ) तालमेल बना रहे (ङ) छद्म विज्ञापन न जाने पायें (च) धोखाधड़ी के समाचार न जाने पायें (छ) बासी समाचारों से बचे (ज) अन्य समाचार-पत्रों के साथ स्वस्थ प्रतिद्वन्द्विता रखे।

उप-सम्पादक- समाचार-सम्पादक पत्र की नीति का निर्धारण करता है, तो उप-सम्पादक निर्धारित नीति से पत्र का सम्पादन-प्रकाशन करने वाला व्यक्ति है। सम्पादक का कार्य व्यवस्था देना है, तो उप-सम्पादक का कार्य उसका अनुपालन करना है। 'सम्पादक' शास्त्र है, तो 'उप-सम्पादक' शास्त्रों का अनुयायी। सम्पादकीय स्तम्भों की जिम्मेदारी सम्पादक पर है, तो समाचार-पत्र के शेष भाग की जिम्मेदारी उप-सम्पादक पर होती है।

उप-सम्पादक को विश्वकर्मा, वास्तुकार और शिल्पकार भी कहा जाता है, जो समाचार-पत्र का श्रृंगार करता है। वह ऐसा माली है, जो कार्यालय में पड़े समाचारों के जंगल को मनोहर पुष्प उद्यान का रूप देता है। सीधे शब्दों में उप-सम्पादक वह व्यक्ति है, जो समाचारों के समस्त विवरणों को प्राप्त करता है, प्रकाशन योग्य समाचार का

चुनाव करता है, उसे विस्तृत या संक्षिप्त करता है, सारांश लिखता है, अनुवाद करता है, सम्पादन करता है और उनके शीर्षक देता है।

आधुनिक युग में समाचार-पत्रों का महत्त्व दिन-प्रतिदिन बढ़ता जा रहा है, इसलिए उप-सम्पादक का विशेष स्थान है। समाचारों का उचित मूल्यांकन करके, उसे परिष्कृत करके प्रस्तुत करना उप-सम्पादक का ही कार्य है। तात्पर्य यह कि पत्रकारिता जगत् की नींव का पत्थर उप-सम्पादक होता है।

उप-सम्पादक के गुण व कार्य- उप-सम्पादक के निम्नलिखित कार्य व गुण होते हैं-

(1) उप-सम्पादक को चार नेत्रों वाला होना चाहिए। प्रथम घड़ी (समय) पर; द्वितीय समाचार की सत्यता की परख पर; तृतीय नेत्र भ्रमात्मक मानहानि वाले समाचार तुरन्त पहचाने और चतुर्थ उसकी दृष्टि समाचार की सर्वांगपूर्णता तथा सामयिकता पर हो।

(2) इसी प्रकार उप-सम्पादक को चार हाथों वाला होना चाहिए- पहला हाथ समाचारों का चयन करे; दूसरा हाथ समाचारों को दबाये; तीसरा हाथ समाचारों को उभारे तथा प्रधानता दे और चौथा हाथ समाचारों को तोड़े-मरोड़े।

वास्तव में समाचारों का सम्पादन अत्यन्त दुरूह कार्य है, जो दुधारी तलवार पर चलने के समान है। संवाददाता ने अपनी समझ में अनुसार समाचार भेज दिया, किन्तु उसे समाचार-पत्र में प्रकाशित करने के मामले में सावधानी बरतनी पड़ती है अन्यथा अनेक प्रकार की समस्याएँ उठ खड़ी होती है। संवाददाता को शिकायत हो सकती है कि उसका समाचार ही नहीं छपा या उसमें बहुत ज्यादा काट-छाँट कर दी गयी। दूसरी तरफ, गलत समाचार प्रकाशित हो जाने पर उसका खण्डन या प्रतिवाद तथा कभी-कभी कानूनी नोटिस व मुकदमेबाजी, मानहानि का मामला आदि बन जाते हैं। समाचार-पत्र में कोई भी समाचार छपने के बाद उसकी सारी जिम्मेदारी संवाददाता के बदले मुद्रक, प्रकाशक और सम्पादक पर आ जाती है। इसलिए सम्पादक या सम्पादकीय विभाग के लोगों को अत्यन्त सावधानी रखनी पड़ती है।

उप-सम्पादक निर्णायक स्थिति में रहता है, इसलिए उसे न्यायाधीश जैसा पवित्र और कठिन कार्य करना होता है। एक समाचार-पत्र में सभी तरह के समाचार प्रकाशित किये जाते हैं, इसलिए उप-सम्पादक को प्रायः सभी विषयों की थोड़ी बहुत जानकारी होना आवश्यक होता है अन्यथा वह अपने कार्य को सफलतापूर्वक नहीं सम्पन्न कर सकता है। भाषाशैली के साथ उप-सम्पादक को तकनीकी ज्ञान भी होना चाहिए, तभी वह समाचार-पत्र को अच्छा रूप देने में सफल हो सकता है। सारांश रूप में कहें, तो उप-सम्पादक को मुख्यरूप से तीन बातों का विशेष ध्यान रखना पड़ता है- (1) सर्वप्रथम नये समाचार की जाँच करनी पड़ती है। (2) समाचारों में सुधार करना या उसे परिष्कृत रूप देना होता है। (3) शोधन या मुद्रण कार्य करना होता है।

समाचारों का चयन

समाचार-पत्र समाचारों के लिए ही खरीदे एवं पढ़े जाते हैं, अतः समाचारों का सम्पादन प्रमुख कार्य होता है। संवाददाता समाचार के महत्त्व के अनुसार उसे बड़े या छोटे आकार में प्रस्तुत करता है, किन्तु समाचार का सम्पादन करने वाले के पास जब वह समाचार जाता है, तो उसे स्थान, समय और महत्त्व की दृष्टि से छाँटना होता है। समाचार-पत्र में विज्ञापन का स्थान घिर जाने के बाद जो स्थान बचता है, उसी में महत्त्व के अनुसार समाचार दिये जाते हैं। यदि पेस्टिंग (पेज मेकिंग) के बाद पेज छोड़ने के ठीक बाद या समय पर कोई समाचार आ जाता है, तब भी वह समाचार समाचार-पत्र में जाने से वंचित रह सकता है। अतः वह समाचार यदि महत्त्वपूर्ण हुआ, तो उसे छपते-छपते शीर्षक के अन्तर्गत छोटा कर दिया जाता है और अगले दिन उसका विस्तार दे दिया जाता है। इस प्रकार समाचार-सम्पादन में स्थान, समय एवं महत्त्व-इन तीन दृष्टियों को सामने रखकर काम करना होता है।

अपने संवाददाताओं, टेलीप्रिंटर, फोन, फैक्स, स्थानीय विज्ञाप्तियों या डाक से आये समाचारों और सरकारी सूत्रों से प्राप्त समाचारों को कच्चे माल के रूप में प्रयोग करके उपर्युक्त तीनों तत्त्वों (स्थान, समय एवं महत्त्व) को ध्यान में रखकर **समाचार-सम्पादन** किया जाता है। प्रारम्भ में समय की सीमा इस अर्थ में रहती है कि समाचारपत्र का कोई भी संस्करण एक निश्चित समय पर छपता है। अतः सारा कार्य उस समय सीमा के अन्दर ही करना होता है। इसके बाद स्थान का ध्यान रखते हुए समाचारों को उनके महत्त्व के अनुसार चयन किया जाता है तथा विज्ञापन आदि के बाद कितना स्थान सुलभ है, उसके अनुसार समाचार को छोटा बड़ा किया जाता है। इस प्रकार समाचार सम्पादन कक्ष समाचारपत्र का वह अंग है, जहाँ समाचारपत्र को रूप और आकार दिया जाता है। इस रूप में समाचार सम्पादन किसी समाचारपत्र की रीढ़ है।

समाचार-चयनकर्त्ता

सूचना भण्डार से मुद्रणद्वार तक जाने की यात्रा में समाचारों के रोके जाने, आगे बढ़ाये जाने की नियन्त्रण प्रक्रिया को गेटकीपिंग (Gatekeeping) कहा जाता है। सलेक्शन (Selection) अर्थात् चुनाव, फिल्टर (Filter) अर्थात् छानना, और स्क्रीनिंग (Screening) अर्थात् छाँटना या खँगालना- ये सभी शब्द इस गेटकीपिंग शब्द से मिलते-जुलते शब्द हैं। समाचारपत्रों में आने वाले समाचारों के चयनकर्त्ता को गेटकीपर कहा जाता है। वास्तव में समाचार चयनकर्त्ता ही पत्रकारिता का प्रमुख उपस्थापक होता है।

समाचार-सम्पादक के प्रमुख सहयोगी मुख्य उपसम्पादक तथा उप-सम्पादक ही प्रमुख रूप से समाचार चयन का कार्य करते हैं। समाचारपत्र के संस्करण विशेष को रूप देने का दायित्त्व प्रधानतः मुख्य उपसम्पादक का होता है। वही समाचारों के ढेर में

से महत्त्व के समाचारों का चयन करके, उनके आकार की सीमा निर्धारित करके अपने सहयोगी उप-सम्पादकों को देता है, जो समाचार को काट-छाँट करके और कभी-कभी री-राइट अर्थात् उस समाचार को फिर से लिखकर मुख्य-उपसम्पादक को देते जाते हैं, जो उनके शीर्षकों आदि को देखकर कम्पोजिंग विभाग में भेजता जाता है।

मुख्य-उपसम्पादक को ही यह ज्ञात होता है कि उसके पास विज्ञापन का स्थान घिरने के बाद तथा अन्य संस्करणों के समाचारों से बचे समाचारों को लेकर इस संस्करण में कितना स्थान बचा है? तथा उसके पास इस संस्करण के मुख्य-मुख्य कौन-कौन से समाचार देने हैं। अत: मुख्य उपसम्पादक ही महत्त्व के समाचारों में से प्रमुख समाचार (फर्स्ट लीड स्टोरी) अथवा दूसरी लीड के रूप में समाचारों को छाँटता है।

समाचार चयन के आधार

समाचारों का चयन करते समय नवीनता, रुचि,आकर्षण और रचनात्मकता का ध्यान रखना चाहिए। आत्मप्रचार और आत्मविज्ञापन से बचना चाहिए। श्रीप्रेसनाथ चतुर्वेदी ने अपनी पुस्तक सम्पादक कला में समाचारों के चयन के निम्नलिखित 12 आधार बतलाये हैं–

(1) महत्त्वपूर्ण और ख्यातनामा व्यक्ति पर भला-बुरा प्रभाव डालने वाले तथा उससे सम्बन्ध रखने वाले महत्त्वपूर्ण समाचार।

(2) असाधारण समाचार (वे बातें जो सामान्यरूप से देखी सुनी नहीं जातीं।)

(3) अन्तर्राष्ट्रीय संस्था, अपनी सरकार, प्रदेश तथा नगर पर प्रभाव डालने वाले समाचार।

(4) प्रत्यक्ष अथवा परोक्ष रूप से पाठक की जेब पर प्रभाव डालने वाले समाचार।

(5) विश्वव्यापी परिणामसूचक समाचार।

(6) अन्यायपूर्ण घटनाएँ जिनसे रोष उत्पन्न हो।

(7) दुर्घटनाएँ, अपराध आदि।

(8) पाठकों की भावनाओं पर प्रभाव डालने वाले समाचार।

(9) बहुजन के हित के समाचार।

(10) विशेष धन-सम्पत्ति विषयक विधायक समाचार।

(11) ज्ञान-विज्ञान के क्षेत्र की प्रगति के समाचार।

(12) सभी प्रकार के पाठकों की रुचि का ध्यान।

समाचार चयन के मूल आधार और सिद्धान्तों का ध्यान रखने के साथ ही समाचार का सम्पादन करने वाले के समक्ष कभी कभी ऐसी बातें आती हैं, जिनके कारण आदर्श के समक्ष व्यावहारिकता का पलड़ा भारी हो जाता है। अत: समाचार-सम्पादक या मुख्य उपसम्पादक को कुछ समाचार दबाने भी पड़ते हैं। इस कार्य को समाचारों पर बेलन

फेरना कहा जाता है। श्रीप्रेमनाथ चतुर्वेदी ने अपनी पुस्तक में निम्नलिखित तत्त्वों को बेलन फेरने के लिए उत्तरदायी माना है-

(1) प्रकाशक, प्रधान सम्पादन और समाचार का सम्पादन करने वाले व्यक्ति की मान्यता, धारणा, दृष्टिकोण तथा सनक।

(2) पाठकों की मान्यता, प्रसार क्षेत्र की आवश्यकताएँ तथा धर्म और राजनीति का प्रभाव।

(3) अधिकांश पाठकों का शिक्षास्तर।

(4) पृष्ठ पर स्थान कितना और कैसा?

(5) समय का बन्धन, अन्य समाचारों की तुलना में कोई समाचार कब प्राप्त हुआ? और कैसे प्राप्त हुआ? प्रकाशनकाल में समाचार का अपेक्षित महत्त्व।

(6) अन्य समाचारपत्र अथवा अपने ही पूर्व संस्करण में प्रकाशित समाचार का महत्त्व भविष्य में घट जाता है। टेलीविजन और रेडियो पर प्रसारण के कारण समाचारों का स्वरूप और महत्त्व भी यथापूर्व नहीं रहता।

(7) आपातकाल, संकटकाल और युद्ध के समय सेंसर के दबाव का विशेषरूप से अनुभव होता है। अनेक समाचारों का रूप ही बदल जाता है। तब समाचार के महत्त्व की कसौटी अपनी सुरक्षा करनी होती है।

(8) विज्ञापनदाता का हित भी कभी-कभी समाचार चयन पर प्रभाव डालता है।

(9) प्रकाशक और प्रधान सम्पादक कि हित-अहित का ध्यान।

(10) देश की सामान्य मर्यादा और परम्परा।

समाचारों का वर्गीकरण

समाचार कक्ष में आये हुए समाचारों का चुनाव करने का कार्य सर्वाधिक उत्तरदायित्त्व का होता है। भौगोलिक दृष्टिकोण से समाचारों को देशी-विदेशी वर्ग में रखा जा सकता है। इसी प्रकार देशी समाचारों को राष्ट्रीय, आंचलिक एवं नगर या स्थानीय वर्ग में रखा जाता है। विषय की दृष्टि से समाचारों को राजनीतिक, आर्थिक, विज्ञान, खेल, व्यापार, फिल्म, सांस्कृतिक आदि रूपों में विभक्त किया जाता है। आंचलिक समाचार प्राय: डाक से आते हैं और उसे एक उप-सम्पादक देखता है। विज्ञान, खेल, व्यापार, फिल्म, सांस्कृतिक या स्थानीय समाचारों का कार्य अलग डेस्कों पर होता है और उन डेस्कों पर सम्बन्धित समाचार भेजकर मुख्य-उपसम्पादक अपनी मेज (डेस्क) हल्की कर लेता है। शेष समाचारों में से स्थान की आवश्यकता तथा समाचार के महत्त्व के अनुसार चयन किया जाता है।

विदेशी समाचार प्राय: संवादसमितियों द्वारा टेलीप्रिण्टर के माध्यम से आते हैं। विदेशी समाचारों का चुनाव करते समय उन समाचारों को प्रमुखता दी जाती है, जिनमें भारतीयों के हितों या अहित का कोई अंश हो। इसी प्रकार भारत के राष्ट्रीय हितों को

प्रभावित करने वाले विदेशी समाचारों को प्राथमिकता दी जानी चाहिए। जिन समाचारों का सम्भावित प्रभाव भारत की कूटनीतिक, आर्थिक या सैनिक स्थिति पर पड़ता हो, उन समाचारों को प्रकाशित करना चाहिए।

जिस प्रकार पड़ोसी के घर की आग अपने घर को भी हानि पहुँचा सकती है, उसी प्रकार पड़ोसी देशों की उथल-पुथल हमें प्रभावित कर सकती है। अत: पड़ोसी देशों के ऐसे समाचारों को भी महत्त्व दिया जाना चाहिए, लेकिन विदेशी समाचारों के रूप में उतना ही महत्त्व मिलना चाहिए, जितना राष्ट्रीय समाचारों के परिप्रेक्ष्य में उचित समझा जाये।

देशी समाचारों का चुनाव करते समय भी बहुत सावधानी रखने की आवश्यकता होती है। प्राय: सभी दैनिक समाचारपत्र राष्ट्रीय समाचारपत्र कहलाने की होड़ में केवल राजधानी दिल्ली या प्रादेशिक राजधानियों के राजनीतिक समाचारों से भरे रहते हैं। जो समाचारपत्र दिल्ली से प्रकाशित नहीं होते, उन पर भी दिल्ली ही छायी रहती है। जबकि आंचलिक समाचारपत्रों को अपने अंचलविशेष की समस्याओं पर भी पूरा ध्यान चाहिए और उनके समाचारों को देना चाहिए। इसी प्रकार श्रमिकवर्ग, छोटे किसान, भूमिहीन खेतिहर मजदूरों, साधारण दस्तकारों या मामूली व्यापारियों के हिताहित के समाचारों पर भी ध्यान देना चाहिए।

सत्य चाहे कितना भी कठोर हो, सम्पादक को तथ्य इस रूप में प्रस्तुत करना चाहिए कि वह कटु और अप्रिय न लगे। किन्तु वर्तमान समय में समाचार को यथार्थत: प्रस्तुत करना एक कठिन और चुनौतीपूर्ण कार्य बन गया है। एक निर्भीक, सच्चा व ईमानदार सम्पादक यह कर भी ले, तो उसका जीवन खतरे में पड़ जाता है। वास्तव में सम्पादनकला व्यक्ति के व्यक्तित्त्व एवं उसकी भाषाशैली का कलात्मक अभिव्यक्तिकरण है। समाचार के महत्त्व का निर्धारण सम्पादक के लिए कठिन होता है। किसी भी समय कोई भी समाचार आ सकता है। अत: सम्पादकीय विभाग के कार्य में जुटे लोगों को अपनी कमर कसनी पड़ती है। समाचार का महत्त्व भिन्न-भिन्न समाचारपत्रों में अलग-अलग होता है। एक स्थान से दूसरे स्थान पर समाचार के महत्त्व में अन्तर होता है। कभी-कभी कोई समाचार जो बहुत महत्त्वपूर्ण प्रतीत होता है, अचानक किसी अन्तर्राष्ट्रीय महत्त्व का समाचार आ जाने से एकदम बौना दिखायी देने लगता है। आधुनिक जीवन की आपाधापी और भागदौड़ में व्याप्त पाठक की आवश्यकता तभी महत्त्वपूर्ण हो सकती है, जब उचित समाचार को उचित समाचार को उचित स्थान पर और उचित आकार में दिया गया हो। सम्पादन बहुत ही दिलचस्प विधा है। एक अच्छे सम्पादक को विभिन्न विषयों का थोड़ा-बहुत ज्ञान अवश्य रखना चाहिए। कहा भी गया है- 'सम्पादक सर्वज्ञ तो नहीं होता, किन्तु उसे बहुज्ञ होना चाहिए।' ताकि सम्पादन के क्षेत्र में आवश्यकता पर सम्पादक को यदि कभी खेल, आर्थिक जगत आदि विधाओं पर लेखनी चलानी पड़े, तो वह ठीक से चला ले।

सम्पादन में सावधानियाँ

समाचारों का सम्पादन करते समय उप-सम्पादक को समाचार इस प्रकार प्रस्तुत करना चाहिए, जिस रूप में उसका पाठक उसे भलीभाँति समझ ले। हिन्दी समाचारपत्रों के बहुसंख्यक पाठक साधारण पढ़े-लिखे होते हैं। इसलिए उप-सम्पादक को समाचार सम्पादन करते समय उसकी भाषा इतनी सहज रखनी चाहिए कि उसका पाठक समाचार को ठीक-ठीक पढ़ समझ सके। उप-सम्पादक को निम्नांकित बातों को ध्यान रखना चाहिए-

(1) समाचार के वाक्य लम्बे-लम्बे नहीं, अपितु छोटे-छोटे होने चाहिए। जहाँ तक सम्भव हो, एक वाक्य में बीस शब्दों से अधिक न हो और पैराग्राफ भी छोटे-छोटे रखने चाहिए। यह भी ध्यान रखना चाहिए कि एक पैरे में एक भी तथ्य हो, एक से अधिक नहीं। यदि मुहावरों का प्रयोग किया जा रहा हो, तो प्रचलित मुहावरों का प्रयोग हो।

(2) भाषा व शब्दों में भी एकरूपता होनी चाहिए। उदाहरणार्थ-लिए, लिये, किये-किए, गये-गए, चाहिए-चाहिये में से किसी एक ही रूप का सदैव प्रयोग हो। इसी प्रकार अमेरिका या अमेरीका में से किसी एक ही का सदैव प्रयोग हो, पंचमेल खिचड़ी नहीं बननी चाहिए।

(3) भाषा के कसाव का भी समाचार में ध्यान रखना चाहिए। समाचार देते समय कम से कम शब्दों में अपनी बात कहने का प्रयास होना चाहिए। इसके लिए जहाँ तक हो सके, प्रथम पुरुष और कर्तृवाच्य में लिखने का प्रयास करना चाहिए। द्वारा लगाकर कर्मवाच्य बनाने से अनावश्यक शब्दों का प्रयोग होता है।

(4) समाचार-सम्पादन करते समय उपयुक्त मानक चिह्नों का ही प्रयोग करना चाहिए। यदि समाचार में काट-छाँट अधिक हो गयी हो, तो शुद्धता एवं स्पष्टता के लिए समाचार को दुबारा लिखना (री राइट करना) चाहिए। समाचारपत्र में विराम चिह्न प्रयोग करने तथा कारक चिह्नों को मिलाकर या अलग लिखने की या पंचमाक्षरों के प्रयोग की जो शैली निश्चित कर ली गयी हो, समाचार सम्पादन करते समय उसी शैली का प्रयोग करना चाहिए। स्थान, देश, प्रदेश या क्षेत्र के नामों की वर्त्तनी में शुद्धता का पूरा ध्यान रखना चाहिए। प्रेस कापी में यदि आज, कल या परसों शब्द आयें हों, तो तिथि या दिन अवश्य लिखना चाहिए। इससे पाठकों को भ्रम नहीं होगा।

(5) समाचार के तथ्यों की सत्यता की परख उप-सम्पादक को अवश्य ही करनी चाहिए। जहाँ किसी समाचार की सत्यता या तथ्य के बारे में कोई सन्देह हो, तो उसे यथासम्भव अन्य स्रोत से पुष्ट कर लेना चाहिए। संवाददाता के समाचार का सम्पादन करते समय मुख्य बात को सबसे पहले देकर, अन्त में ऐसे विवरण देने चाहिए कि स्थान की कमी हो, तो समाचार के अन्तिम अंश को निकाला जा सके। प्रायः संवाददाता स्वयं ही इस बात का ध्यान

रखते हैं, अतः संवाददाता का इण्ट्रो बदलने के पूर्व उस पर सावधानीपूर्वक विचार करना चाहिए। कभी-कभी संवाददाता शीघ्रता में समाचार लिख भेजते हैं। ऐसी अवस्था में उप-सम्पादक को उसके साथ पूरा न्याय करना चाहिए। उसे वहाँ संवाददाता का सहायक बनकर समाचार में काट-छाँट करनी चाहिए, आलोचक या निरीक्षक बनकर नहीं।

(6) सम्पादन के समय उप-सम्पादक को कम्प्यूटर या कम्पोजिंग (लेटरप्रेस वाले) के टाइपफेस का भी ध्यान रखना चाहिए। किसी समाचार के अंश को महत्त्व के कारण बोल्ड (काले) टाइप में कम्पोज कराया जा सकता है। इसी प्रकार शीर्षक देते समय एक कालम या दो कालम में कितने प्वांइट के कितने वर्ण आ सकेंगे, इसकी जानकारी होनी आवश्यक है। हालाँकि कम्प्यूटर में टाइपों को छोटा-बड़ा करने की तकनीक उपलब्ध होने से आजकल विशेष दिक्कत नहीं आती, किन्तु शीर्षक का टाइप अधिक छोटा या बड़ा न हो, यह ध्यान रखना जरूरी है। गिने-चुने शब्दों में समाचार का भाव शीर्षक में आने से उप-सम्पादक की कुशलता मानी जाती है।

(7) समाचार सम्पादन करते समय उप-सम्पादक को ज्ञात होना चाहिए कि उसका संस्करण किस क्षेत्र में जायेगा। उस क्षेत्र के अधिक समाचार देने से समाचारपत्र की लोकप्रियता उस क्षेत्र में बढ़ती है। बाद में उसी समाचार को अन्य संस्करणों में छोटा किया जा सकता है।

(8) समाचार देते समय उप-सम्पादक को पूर्ण दायित्त्वों के साथ काम करना चाहिए। उसे अनुचित या अपमानजनक शब्दों का प्रयोग नहीं करना चाहिए। ऐसा समाचार देने से बचना चाहिए जो किसी सम्प्रदाय विशेष की धार्मिक या सामाजिक मान्यताओं को ठेस पहुँचाने वाला हो। यदि कहीं के दंगों का भी समाचार देना है, तो उसे इस प्रकार लिखना चाहिए, जिससे उसकी प्रतिक्रिया होकर दंगा और न बढ़ने पाये।

(9) समाचारपत्र की सज्जा की दृष्टि से समाचार सम्पादन करने वाले को समाचार के महत्त्व के अनुसार किसी रोचक समाचार की बाक्स या रिवर्स या स्क्रीन में देना चाहिए। इससे समाचार में आकर्षण बढ़ने में सहायता मिलती है।

(10) टेलीप्रिण्टर पर, फोन पर या फैक्स पर कई खण्डों में आने वाला समाचार यदि महत्त्वपूर्ण हो और समाचारपत्र की छपाई का समय हो चला हो, तो उसे कुशलता के साथ संक्षेप में दिया जाता है। कई भागों में आने वाला समाचार यदि लम्बा हो, तो उसे स्थान के अनुसार काट-छाँट कर बनाना होता है और चुटीली शैली में पाठकों के सम्मुख प्रस्तुत करना होता है। ऐसे समाचार अनुभवी उप-सम्पादक ही ठीक से सम्पादित कर पाते हैं। यहीं उनकी समाचार-मति और लेखन, सम्पादन एवं अनुवाद की क्षमता की परख होती है।

(11) उपर्युक्त समस्त कार्य करते समय उप-सम्पादक की दृष्टि सदैव घड़ी की ओर रहनी चाहिए। सारे कार्य ठीक समय पर ही होने चाहिए अन्यथा या तो समाचारपत्र छपने में विलम्ब होगा या फिर कोई महत्त्वपूर्ण या उपयोगी समाचार जाने से रह जायेगा। प्रत्येक आगामी संस्करण के लिए नया इण्ट्रो या पूरा समाचार भी लिखना पड़ सकता है, किन्तु इससे समाचार सुसम्पादित हो जाता है।

इस प्रकार समाचार का सम्पादन करने वाले व्यक्ति पर उसकी (समाचार की) भाषा, भाव और कलेवर का सम्पादन करके, उसे सुगठित तथा आकर्षक शीर्षक देकर पाठक के सामने प्रस्तुत करने का दायित्त्व रहता है। समाचार - सम्पादन में सर्वप्रथम इस मूल सिद्धान्त की ओर ध्यान देना लाभदायक है कि प्रथम वाक्य में समाचार के दर्शन हों और वाक्य भी यथासम्भव छोटा व सरल हो।

स्थानीय समाचारों का सम्पादन

जिस नगर से समाचारपत्र प्रकाशित होता है, उस नगर के समाचारों को स्थानीय समाचार कहते हैं। प्रत्येक व्यक्ति अपने आस-पास और नगर के समाचार जानना चाहता है। सांध्य समाचारपत्रों की बिक्री तथा सफलता का आधार यही है। किन्तु स्थानीय समाचार को प्रकाशित करते समय समाचार की प्रामाणिकता का ध्यान रखना चाहिए। स्थानीय समाचार देते समय नगर का हित, जनता की भावना तथा विभिन्न वर्गों की तुष्टि का ध्यान रखना चाहिए। इसके लिए स्थानीय गुटबन्दी से निर्लिप्त रहकर समाचार-चयन करना चाहिए।

समाचार बासी न हो, प्रामाणिक हो तथा अतिश्योक्तिपूर्ण न हो, इसका भी ध्यान रखना आवश्यक है। नगर के नेताओं के स्तर तथा लोकप्रियता का ध्यान रखकर और विविध संस्थाओं के सेवा प्रयासों की जानकारी रखकर व्यक्तिगत कटाक्ष से रहित सही समाचार देना चाहिए। अधिक से अधिक स्थानीय समाचार देना ठीक रहता है। स्थानीय समाचार अधिकतर नगर-संस्करण में ही रहते हैं, जिन्हें अन्य संस्करणों से निकाल दिया जाता है।

यदि स्थानीय समाचार बहुत महत्त्व का हो, तो उसे प्रथम पृष्ठ पर भी दिया जा सकता है। उदाहरणार्थ- कोई बड़ी आपराधिक घटना, दुर्घटना, किसी बड़े नेता या समाजसेवी या महत्त्वपूर्ण व्यक्ति का निधन, कोई विचित्र घटना आदि। यह भी किया जा सकता है कि उक्त समाचार का प्रथम भाग, प्रथम पृष्ठ पर देकर शेष समाचार स्थानीय पृष्ठ या अन्य पृष्ठ पर दे दिया जाये। ऐसे समाचार अन्य संस्करणों में भी यथोचित सम्पादन के बाद दिये जा सकते हैं। जहाँ तक हो सके, स्थानीय सभा सूचना एकत्र करके एक स्तम्भ के नीचे संक्षेप में दी जानी चाहिए, जिसमें तत्सम्बन्धी संस्था का नाम, कार्यक्रम, स्थान व समय आदि देकर काम चल जाता है।

डाक-समाचारों का सम्पादन

छोटे नगरों, कस्बों आदि के समाचार डाक से आते हैं। हालाँकि वर्तमान संचार-सुविधाओं के चलते प्रमुख शहरों में ब्यूरो कार्यालय भी अनेक समाचारपत्रों ने खोल रखे हैं। यहाँ पर आसपास के नगरों व कस्बों के समाचार स्थानीय संवाददाता स्वयं आकर जमा कर जाते हैं अथवा जो डाकगाड़ी समाचारपत्रों के बण्डल सड़कों के किनारे स्थित केन्द्रों पर एजेण्टों तक पहुँचाती हैं, वहीं वह गाड़ी संवाददाताओं के समाचारों का संकलन करती हुई वापसी में ब्यूरो कार्यालय या समाचारपत्र कार्यालय तक पहुँचा देती है।

ब्यूरो कार्यालय से ही डाक समाचारों का सम्पादन, कम्पोजिंग व मोडम के माध्यम से उसी दिन समाचार समाचारपत्र के मुख्यालय में स्थित सम्पादकीय विभाग तक पहुँच जाते हैं और अगले दिन ही उनका प्रकाशन हो जाता है। पहले डाक द्वारा आने वाले समाचारों को प्रकाशित होने में 3-4 दिन लग जाते थे और वे बासी हो जाते थे। प्रायः डाक समाचारों के भेजने वाले संवाददाता न तो प्रशिक्षित होते हैं और न ही वेतनभोगी कर्मचारी। लोकसेवा भावना व शौकिया होने के कारण ही वे समाचार भेजते हैं। ऐसे संवाददाता एक से अधिक समाचारपत्रों से भी जुडे हो सकते हैं। संवाददाता होने के कारण उन्हें स्थानीय समाज में सम्मान अवश्य मिल जाता है। इनके द्वारा प्रेषित समाचार प्रायः लम्बे और अनगढ़ होते है। इसलिए इन समाचारों का सम्पादन अधिक सावधानी से करना आवश्यक होता है। इनकी भाषा, शैली तथा महत्त्व के अनुसार आकार और सबको एक रूप देना आवश्यक होता है। प्रायः पूरे समाचार को दोबारा भी लिखना पड़ता है।

डाक समाचार के माध्यम से समाचारपत्र पाठकों के भीतर गहरे तक पैठ करता है। इससे समाचारपत्र की लोकप्रियता बढ़ती है। प्रायः इन समाचारों के विलम्ब से प्रकाशित होने पर ध्यान नहीं दिया जाता था, किन्तु वर्तमान में संचार सुविधाओं में बढ़ोत्तरी, ब्यूरो कार्यालय खुलने आदि के कारण डाक समाचार भी त्वरित गति से आते हैं और अगले दिन ही छप जाते हैं। डाक समाचारों को प्रायः समाचारपत्र के भीतरी पृष्ठों पर ही स्थान दिया जाता है।

डाक समाचारों के सम्पादन करने वाले को यह सावधानी अवश्य रखनी चाहिए कि वे अनर्गल या अनुत्तरदायित्त्वपूर्ण न हों, क्योंकि प्रायः डाक संवाददाता इन समाचारों को अपना प्रभाव बढ़ाने, किसी निजी स्वार्थ या किसी प्रभाव के दबाव के चलते भी प्रेषित करते हैं। अतः डाक समाचारों का सम्पादन तो बहुत ही सावधानी से करने की आवश्यकता होती है। प्रायः इन्हें दोबारा लिखने से हिचकना नहीं चाहिए अन्यथा तनिक सी असावधानी से समाचारपत्र की प्रतिष्ठा पर आँच आ सकती है।

डाक सम्पादक को यह ध्यान रखना आवश्यक है कि समाचार में किसी के अपमान की गन्ध न हो। इसके लिए सम्पादक को घटना का स्थानीय तथा व्यापक महत्त्व समझकर सीमित स्थान में, भाषा की एकरूपता लाकर समाचार सम्पादन करना चाहिए। इन समाचारों में वर्णित घटनाओं के समय का जहाँ तक हो सके, ठीक से ज्ञान कर लेना चाहिए। कभी-कभी संवाददाता कल परसों आदि लिख छोड़ता है, कभी समाचार भेजने की तिथि भी नहीं लिखता। ऐसी अवस्था में डाकखाने की मुहर से समय का अनुमान कर लेना या यदि संवाददाता के यहाँ फोन की सुविधा हो, तो उससे फोन पर स्पष्ट कर लेना उचित होता है।

यदि समय न जाना जा सके या समाचार बहुत बासी लगे तथा समाचार महत्त्वपूर्ण है तो उसमें से तारीख निकाल ही दी जानी चाहिए, किन्तु यह पद्धति बहुत प्रशंसनीय नहीं है। सभी डाक समाचारों का एक पृष्ठ उसी प्रकार सजाकर देना अच्छा रहता है, जिस प्रकार अन्य पृष्ठों को सजाया जाता है। इस पृष्ठ पर भी प्रायः घटनात्मक या महत्त्वपूर्ण समाचार को ही लीड समाचार के रूप में देना चाहिए, भले ही वह समाचार कुछ छोटा ही क्यों न हो।

इण्ट्रो व शीर्षक लेखन

इण्ट्रो लेखन- प्रायः समाचार लिखते समय संवाददाता पहला पैरा इण्ट्रो के रूप में बनाता है। किन्तु किसी भी पृष्ठ का समाचार सम्पादन करते समय इण्ट्रो का विशेष ध्यान रखना चाहिए। इण्ट्रो प्रायः मुख्य समाचारों का ही होता है। प्रत्येक पाठक समाचार का महत्त्वपूर्ण कथ्य तुरन्त जानने को उत्सुक रहता है। उसकी उत्सुकता को शान्त करने का कार्य इण्ट्रो करता है। इसलिए इण्ट्रो छोटे वाक्यों में सीधा-सपाट लिखा होना चाहिए, ताकि पाठक बात को तुरन्त समझ सके। तथ्यात्मक इण्ट्रो इस दृष्टि से अच्छा रहता है, जिसमें बिना लाग-लपेट के घटनाक्रम तथा विचार प्रधान समाचार का निष्कर्ष देने का प्रयास किया जाता है।

इण्ट्रो की भाषा सन्तुलित एवं वाक्य छोटा रखने के साथ ही यह भी ठीक रहता है कि इण्ट्रो अधिक लम्बा न हो। समाचार के महत्त्व के अनुसार इण्ट्रो के टाइप का प्वाइण्ट के आकार का भी प्रयोग किया जाता है। अधिक महत्त्व के समाचार का इण्ट्रो मोटे टाइप में रहता है और दो, तीन या चार कालमों का दिया जाता है। तीन कालम से अधिक चौड़ाई के इण्ट्रों का प्रयोग असाधारण महत्त्व के समाचार में ही दिया जाता है। वर्तमान मे विभिन्न समाचारपत्रों में इण्ट्रो के प्वाइण्ट की लम्बाई-मोटाई अपने-अपने ढंग से दी जा रही है।

शीर्षक लेखन- 'शीर्षक' समाचार-सार, घटना का परिणाम तथा स्थिति-संकेत का सूचक होता है। शीर्षक बनाना एक कला है, जिसके द्वारा पाठकों के मन और मस्तिष्क पर प्रभाव उत्पन्न किया जाता है। सजग, सचेत, गुणग्राही उप-सम्पादक समाचारों के

शीर्षक ऐसे बनाते हैं, जो आकर्षक हों, सुबोध हों, पैने एवं चटपटे हों तथा विश्वसनीय हों। शीर्षक के निम्नलिखित उद्देश्य हैं-

(1) शीघ्रता से प्रथम दृष्ट्या समाचार के मूल भाव को बतलाना।

(2) रुचि के अनुसार समाचार खोजने में पाठकों की सहायता करना।

(3) समाचार को आकर्षक बनाना।

(4) पृष्ठसज्जा को प्रभावशाली बनाना।

(5) समाचारपत्र के व्यक्तित्त्व को सम्मानजनक बनाना।

(6) पाठकों को समाचारपत्र खरीदने के लिए आकर्षित करना।

इस प्रकार समाचार के शीर्षक बहुत मुखर होते हैं। वे पाठकों को पुकारते हैं। बार-बार वे दोहराते हैं कि 'मैं महत्त्वपूर्ण हूँ', 'मैं आकर्षक हूँ।' शीर्षक लेखन एक कला है। यह स्वयं में सामान्य उप-सम्पादक के लिए एक मानसिक व्यायाम है। आज के व्यस्त जीवन में जब पाठकों को समयाभाव है, तब शीर्षकों पर सरसरी दृष्टि डाली जाती है, तब समाचार पढ़ा जाता है। इसलिए शीर्षकों का बहुत महत्त्व है। सार्थक, पैने, संक्षिप्त और चटपटे हेडिंग (समाचार शीर्षक) समाचारपत्र को आकर्षक बनाते हैं।

समाचार के महत्त्व के अनुसार शीर्षकों का आकार, स्वरूप और प्रकार तथा टाइप बदलते रहते हैं। कम महत्त्व का समाचार छोटे टाइप में तथा समाचार के महत्त्व बढ़ने के साथ टाइप मोटा होता चला जाता है। अधिक महत्त्व के समाचारों के शीर्षकों को एक से अधिक डैकों में दिया जाता है। आकार की दृष्टि से शीर्षक एक कालम, दो कालम, तीन कालम या इससे अधिक बड़ा भी हो सकता है। एक से अधिक पंक्तियों के शीर्षक को डैक कहते हैं। वर्तमान में अधिक डैकों के शीर्षक देने की परम्परा समाप्त हो चली है, क्योंकि इससे पृष्ठ का स्थान तथा उपसम्पादक एवं पाठक सबके समय का अपव्यय होता है। समाचारों के शीर्षक लिखने वाले को निम्नलिखित बिन्दुओं पर ध्यान देना चाहिए-

(1) शीर्षक में समाचार का मूलभाव निहित हो।

(2) शीर्षक में विशेषण या सम्पादक का अभिमत प्रकट न हो।

(3) शीर्षक भूतकाल में न लिखा जाये।

(4) द्व्यर्थक (Two Faced) शीर्षक नहीं देने चाहिए।

(5) शीर्षक में प्रसिद्ध व्यक्ति के केवल नाम या उपनाम का ही प्रयोग हो, पूरा नाम और सरनेम नहीं।

(6) शीर्षक के आश्रित उपवाक्यों को किसी संयोजक द्वारा न जोड़कर उसके अर्द्धविराम चिह्न का प्रयोग हो। उदाहरणार्थ-

दो ट्रेनों की टक्कर,

एक चालक की मृत्यु

(7) अकर्मक क्रिया का यथासम्भव कम प्रयोग हो।

अच्छा शीर्षक कैसे लिखें?- शीर्षक के माध्यम से समाचार का सार पाठक तक पहुँचे, अंत: उप सम्पादक को समाचार भली-भाँति पढ़कर उस न्यूजप्वाइण्ट को समझना चाहिए। प्राय: समाचार के इण्ट्रो में उल्लिखित सार पर ही शीर्षक आधारित होता है। अच्छे शीर्षक की विशेषता है कि उसमें बहुत-से तथ्यों को समाहित करने की चेष्टा की जाये। जहाँ तक सम्भव हो, शीर्षक की प्रत्येक पंक्ति एक पूर्ण विचार को ध्वनित करे। प्रथम पंक्ति में क्या हुआ वर्णित हो, और घटना का क्यों, कैसे भाव बाद की पंक्तियों में आये। प्रत्येक डैक के शीर्षक में पूर्ण विस्तार हो और एक से अधिक डैकों के शीर्षक में कोई शब्द दुहराया न जाये।

शीर्षक बनाते समय पूर्ण वाक्य नहीं लिखना चाहिए। यथासम्भव क्रियापद से बचना चाहिए। साथ ही द्वारा शब्द का भी प्रयोग नहीं करना चाहिए। शीर्षक में संख्याओं का प्रयोग बचाकर यथासम्भव अक्षरों में लिखना चाहिए। जैसे 100 के स्थान पर सौ। यदि स्थान की कमी हो, तो पाँच के स्थान पर 5 लिखने की विवशता अलग बात है।

अच्छा शीर्षक वही समझा जाता है, जो बोलचाल की मुहावरेदार भाषा में लिखा गया हो। शीर्षकों में अनावश्यक शब्दजाल से बचना चाहिए। शीर्षक देते समय सबसे बड़ी सीमा स्थान की होती है। टाइप (अक्षर) की मोटाई और स्थान की सुलभता के आधार पर ही तय करना होता है कि शीर्षक विशेष कितने शब्दों में लिखा जाये? संयुक्ताक्षर सामान्य से अधिक स्थान घेरते हैं, अत: हिन्दी में कम मात्राओं वाले शब्द प्रयोग करने चाहिए। यदि मात्राओं से बचना सम्भव न हो, तो कम वर्णों (अक्षरों) वाले शब्द प्रयोग करना चाहिए। इसके लिए उप-सम्पादक को समानार्थी शब्दों का ज्ञानभण्डार पर्याप्त होना जरूरी है। उदाहरणार्थ- आक्रमण के स्थान पर हमला, आवश्यक के स्थान पर जरूरी, बातचीत के स्थान पर वार्ता, ग्रामीण अंचलों के स्थान पर गाँव और सहायता के स्थान पर मदद का प्रयोग किया जा सकता है। इसी प्रकार कुछ शब्दों के संक्षिप्त रूपों का प्रयोग किया जा सकता है, जैसे- प्रधानमन्त्री शब्द के लिए पी.एम., मुख्यमन्त्री शब्द के लिए सी.एम., अटल बिहारी वाजपेयी के लिए अटल या वाजपेयी, समाजवादी पार्टी के लिए सपा, राष्ट्रीय जनतान्त्रिक गठबन्धन के लिए राजद आदि।

शीर्षकों का स्वरूप- सज्जा की दृष्टि से शीर्षकों को अनेक रूपों में दिया जाता है। कभी कालम के बीचोंबीच, कभी बायीं ओर सटाकर और कभी दायीं ओर सटाकर, कभी सीढ़ीदार बनाकर और कभी बायीं ओर पहली पंक्ति के बाद खाली स्थान छोड़कर, जिसे अंग्रेजी में हैंगिंग इण्डक्शन कहते हैं। शीर्षक चाहे एक कालम का हो या एक से अधिक कालमों का हो, उसे उक्त किसी भी रूप में दिया जा सकता है। कालम के बीचोबीच शीर्षक देना सबसे पुराना और सबसे प्रचलित रूप है। यह सादा भी है, किन्तु इसका सर्वत्र प्रयोग पृष्ठ को प्रभावहीन बनाने वाला ही होता है। उदाहरणार्थ-

अलीगढ़ में छुरेबाजी की   गैर मिजो लोगों का

एक और घटना   प्रत्यावर्त्तन शुरू

इस प्रकार के शीर्षकों में ऊपर की पंक्ति और नीचे की पंक्ति कालम या कालमों के बीचोंबीच रखी जाती है। वर्तमान में समाचारपत्रों में मुख्यत: निम्नलिखित शीर्षक रचनाओं का प्रयोग किया जाता है-

(1) **क्रॉस लाइन** (The Crossline)- इसे की-लाइन भी कहते हैं। एक कालम या मध्य भाग में रखे गये केवल पंक्ति के लघु शीर्षक को क्रॉसलाइन शीर्षक कहा जाता है। यथा- 'शिक्षक प्रदर्शन करेंगे'

(2) **ड्रापलाइन** (The Dropline)- इसमें दो या कभी-कभी तीन पंक्तियाँ होती हैं। बायीं ओर से दायीं ओर को बढ़ाकर, एक के बाद एक शब्द लिखे जाते हैं, जो सीढ़ीनुमा प्रतीत होते हैं। इसे ड्रापलाइन या स्टेपहेड शीर्षक भी कहते हैं। उदाहरणार्थ-

अनियमित विद्युत आपूर्ति

उपभोक्ता परेशान

अधिकारी निश्चिंत

(3) **विलोम सोपानी** (The Antidrop)- इस शीर्षक की पंक्तियाँ बायीं ओर से आरम्भ होकर क्रमश: नीचे की ओर छोटी होती जाती हैं। यथा-

प्रदेश के मुख्यमन्त्री का

पद से हटाया जाना

प्राय: सुनिश्चित

(4) **फ्लशकेफ्ट** (The Flush left)- इसमें प्रथम पंक्ति तो बायीं ओर से आरम्भ होती है, किन्तु दूसरी, तीसरी पंक्ति का क्रम अनिश्चित रहता है। उदाहरणार्थ-

मुख्यमन्त्री की

शिक्षकों के

विरुद्ध सख्त चेतावनी

(5) **विलोमस्तूपी** (The Inurted Pyramid)- इस शीर्षक में स्तूप का निचला भाग ऊपर और ऊपरी भाग नीचे आ जाता है। पहली पंक्ति पूरे कालम की चौड़ाई में तथा दूसरी व तीसरी में दोनों ओर अधिक स्थान छोड़ा जाता है। वर्तमान में दो पंक्तियों का शीर्षक अधिक प्रयोग होता है। उदाहरणार्थ-

नकली शराब फैक्ट्री में   अलीगढ़ में छुरेबाजी की

पुलिस का छापा   एक और घटना

पाँच गिरफ्तार

(6) **हैंगिंग इण्ड़ेंशन (The Hanging Indention)**- इसमें प्रथम पंक्ति तो पूरे कालम की होती है तथा दूसरी, तीसरी पंक्तियों की बायीं ओर समान स्थान छोड़कर शीर्षक लिखा जाता है।

उदाहरणार्थ-शरद ऋतु में अकेले

एवरेस्ट विजय

का कीर्तिमान

(7) **कटि शीर्षक**- डमरू अथवा युवती की कमर के समान शीर्षक ऊपर और नीचे चौड़ा तथा मध्य (दूसरी) पंक्ति पतला होता है। इसे कटि शीर्षक कहते हैं। इसमें पहली और तीसरी पंक्ति पूरी होती है तथा दूसरी पंक्ति दोनों तरफ से समान रूप में छोटी लिखी जाती है। उदाहरणार्थ- कर्मचारियों को दिये गये

आश्वासनों से

प्रशासन दुविधा में

(8) **स्क्वायर इण्ड़ेंशन (The Square Indention)**- पूरे कालम में फैले तीन या चार पंक्तियों वाला शीर्षक इण्ड़ेशन कहलाता है। ब्रिटेन और अमेरिका में इसका प्रयोग अधिक होता है- एक ही अदालत में

27 फर्जी जमानत

दाखिल करने वाला

अपराधी पकड़ा गया

(9) कपाली शीर्षक- मुख्य शीर्षक के ऊपर छोटे टाइप में दिये जाने वाले शीर्षक को कपाली शीर्षक कहा जाता है। इसके नीचे एक रेखा डाल दी जाती है। यथा-

स्काईलैब का मलवा

भारत को क्षतिपूर्ति

का आश्वासन

(10) **उद्धरण चिह्न और डैश शीर्षक**- हिन्दी समाचारपत्रों के शीर्षक में सामान्यत: उद्धरण चिह्नों का प्रयोग अधिक नहीं होता है। इनका प्रयोग अंग्रेजी दैनिकों में अधिक होता है। हिन्दी समाचारपत्रों में प्राय: वक्ता का कथन एक डैक में देकर नीचे दायीं ओर वक्ता का नाम दे दिया जाता है और उसके पहले डैश लगा दिया जाता है। इससे पाठक यह समझ लेता है कि यह कथन अमुक व्यक्ति का है। उदाहरणार्थ-

साम्प्रदायिकता की बढ़ती

घटनाएँ खतरनाक

-सोनिया गांधी

जब वक्ता का नाम भी प्रमुख शीर्षक के साथ देना हो और उसका कथन भी, तब उद्धरण चिह्नों का सार्थक प्रयोग किया जाता है। ऐसी अवस्था में वक्ता के नाम से पूर्व विसर्ग (:) का चिह्न लगा देते हैं। उदाहरणार्थ- 'भू॰पू॰ घटकों के प्रति

भेदभाव नहीं' : शेखर

(11) **प्रश्नचिह्न का प्रयोग**- अनेक बार स्थिति संदिग्ध रहने की अवस्था में शीर्षक देकर उसके आगे प्रश्नचिह्न लगा दिया जाता है। कभी-कभी सनसनीखेज समाचार का सनसनीपूर्ण शीर्षक दे दिया जाता है और उसकी असत्यता की आँच किसी प्रकार भी समाचारपत्र पर न आये, इसलिए प्रश्नचिह्न लगा देते है, यथा-

इन्दिरा गांधी के विरुद्ध

एक और मुकदमा?

(12) **पताका (Banner)** शीर्षक- समाचारपत्र के नामपट्टी के नीचे पूरी चौड़ाई में आठों कालम में सबसे मोटे टाइप (प्राय: 170pt) में दिया जाने वाला शीर्षक पताका (बैनर) या स्ट्रीमर शीर्षक कहलाता है, जैसे-

संघ के पुरोधा रज्जू भैया का महाप्रयाण

(13) **गगनरेखा (स्काईलाइन)** शीर्षक- विशेष परिस्थितियों में इस प्रकार के शीर्षक का प्रयोग होता है। ऐसा शीर्षक समाचारपत्र के नामपट्ट (बैनर) के ऊपर सर्वाधिक मोटे टाइप (170 या 180pt) में लिखा जाता है।

इस प्रकार यह निश्चित है कि सूझ-बूझ के साथ दिये गये शीर्षकों वाला समाचानपत्र समुचित पृष्ठसज्जा के साथ पाठकों के समझ आता है, तो पाठक उसकी ओर आकृष्ट हुए बिना नहीं रह सकता। मुद्रण व्यवस्था अच्छी होने पर तो ऐसा समाचारपत्र इस प्रकार उभर कर आता है, मानों यह कहता हो-'हमारी ओर देखो' इसके लिए उप-सम्पादकों को समुचित प्रशिक्षण देना और उनमें उपयुक्त जागरूकता रहनी आवश्यक है। समाचारपत्र का प्रत्येक संस्करण उप-सम्पादकों के लिए एक चुनौती देता रहता है कि 'आओ! मुझे नया रूप दो, नया आकर्षण दो।'

प्रूफ-संशोधन और उसके चिह्न

कम्पोजिंग के बाद यह देखना कि जो कुछ भी मैटर कम्पोज किया गया है, उसमें क्या अशुद्धि रह गयी है? उसे देखकर ठीक करना ही प्रूफ संशोधन कहा जाता है। प्रूफ-संशोधन का कार्य इसलिए आवश्यक है कि यदि प्रूफ ठीक से नहीं पढ़ा गया और शुद्धियाँ ठीक से नहीं लगीं, तो अशुद्धियाँ रह जाएँगी। समाचारपत्र का कार्य वैसे भी जल्दी और लगातार करना होता है, इसलिए सम्पादकीय विभाग बारीकी से प्रूफ-संशोधन का कार्य नहीं कर पाता। समाचारपत्र के मुद्रण में अशुद्धियाँ जाना, उसकी

प्रतिष्ठा को गिराने वाला होता है। कभी-कभी तो इससे अनर्थ ही हो जाता है, क्योंकि एक शब्द रह जाने पर समाचार का अर्थ ही बदल जाता है। ऐसी स्थिति में सम्पादक को इसके लिए खेद प्रकाशित करने के लिए बाध्य होना पड़ता है।

पहले जब लेटरप्रेस से कम्पोजिंग होती थीं, तब कम्पोज की गयी सामग्री टाइप किये गये मैटर पर स्याही लगाकर प्रूफ मशीन की सहायता से सादे कागज पर प्रूफ उठाया जाता था और मूल पाण्डुलिपि से मिलाकर यह देखा जाता था कि कम्पोज कहाँ तक शुद्ध है। किन्तु वर्तमान में कम्प्यूटर से ही मैटर कम्पोज होकर, उसी से कागज पर प्रिण्ट निकाल कर प्रूफ-संशोधन का कार्य किया जाता है। प्रूफ-संशोधन करने वाले को प्रूफ-रीडर या प्रूफ-संशोधक कहा जाता है।

यदि कम्पोज करने में किसी प्रकार की त्रुटि रह गयी है, तो प्रूफ-संशोधक निर्धारित प्रूफचिह्नों के द्वारा गलतियों का संकेत कागज के दोनों ओर करता जाता है। वह मोटे तौर पर प्रूफ को दायीं और बायीं ओर दो भागों में (मन में ही) बाँट लेता है तथा बायीं ओर के आधे भाग की अशुद्धियाँ, प्रूफ के बायीं ओर के हाशिए पर तथा दायी ओर के आधे भाग की शुद्धियाँ दायीं ओर के हाशिए पर क्रम से लगाता जाता है। यदि एक ही पंक्ति में अधिक अशुद्धियाँ हों, तो उनके स्थान पर जो वांछित संशोधन है, वह हाशिए पर दोनों ओर क्रमशः बायीं ओर से दायी ओर लगाए जाते है। प्रत्येक संकेत के बाद एक आड़ी पाई भी लगाते जाता है।

प्रूफ-संशोधन के लिए प्रूफ में कहाँ गलती है, यह संकेत तो मैटर में देना होता है और उसके स्थान पर क्या शुद्ध रखा जायेगा, यह हाशिए में लिखना होता है। प्रूफ का करेक्शन करने वाला कम्पोजिटर प्रूफ की शुद्धि को ठीक से समझ सके, इसके लिए प्रूफ के उपयुक्त चिह्नों का साफ-साफ संकेत होना आवश्यक है।

प्रूफ पढ़ने के बाद- प्रूफ पढ़ने के बाद प्रूफरीडर यह भी संकेत देता है कि प्रूफ के अनुसार गलतियाँ ठीक करने के बाद क्या करना है? इसके लिए वह प्रूफ के बायीं या दायीं कोने में निर्देश लिख देता है। जब वह संशोधन करो लिखकर नीचे हस्ताक्षर करे, तो इसका अर्थ यह होता है कि अशुद्धियाँ दूर करके दूसरा प्रूफ दो। जब वह संशोधन एवं मेकअप लिखे, तो इसका अर्थ होगा कि अशुद्धि दूर करके पेज बना दिया जाये और पेज-प्रूफ दिया जाये।

यदि प्रूफरीडर ने कहीं आशंका व्यक्त करते हुए प्रश्नवाचक चिह्न लगाकर भेजा है, तो लेखक या सम्पादक का दायित्त्व होता है कि उसे अवश्य देखे और यदि गलती रह गयी है या कुछ छूट गया है, तो उसे ठीक कर दे। यदि सब ठीक है, तो प्रूफ रीडर द्वारा लगाये गये चिह्नों को काट दें।

वैसे तो प्रूफरीडिंग का काम प्रेस का होता है, किन्तु सम्पादकीय विभाग के सदस्यों को भी इसका ज्ञान होना आवश्यक है, क्योंकि (1) प्रायः छोटे (लघु) समाचारपत्रों में

आज भी उप-सम्पादक या मुख्य उप-सम्पादक ही प्रूफ पढ़ते हैं। (2) कुछ सम्पादक अपने सम्पादकीय या महत्त्वपूर्ण लेखों का प्रूफ स्वयं देखना पसन्द करते हैं और (3) अगले संस्करण के लिए नये समाचारों की दृष्टि से यदि कुछ घटाने-बढ़ाने की आवश्यकता हो, तो सम्पादक को उन्हीं चिह्नों की सहायता से काट-छाँट करनी चाहिए।

कुछ सावधानियाँ- (1) प्राय: प्रूफरीडिंग करते समय कापीहोल्डर साथ नहीं रखा जाता और प्रूफरीडर स्वयं ही मूल कापी हाथ में लेकर पढ़ता जाता है। जहाँ कहीं समाचार या पाठ में भाव गड़बड़ाता है, वह कापी देख लेता है। इस प्रकार वह कहीं छूट गया मैटर पकड़ लेता है कि कम्पोजिंग के समय कुछ शब्द या एक दो पंक्तियाँ कम्पोज करने से छूट गयी हैं। ऐसे स्थान पर वह चिह्न हाशिए में कापी देखिए, लिख देता है और मूल पाण्डुलिपि में छूटे हुए भाग के चारों ओर लाइन लगा देता है। (2) प्रूफ पढ़ते समय अंकों, संख्याओं आदि को मूल कापी से अवश्य ही मिलाना चाहिए अन्यथा गलती रह जाने की आशंका रहती है। (3) प्रूफ पढ़ते समय सम्पादक को सम्पादकीय शोधन नहीं करना चाहिए। इससे समय बहुत नष्ट होता है। यदि कहीं एक दो शब्द जोड़ दिये जायेंगे, तो पूरे पैराग्राफ को संयोजित करना पडता है। अत: पहले ही सम्पादकीय शोधन कर लेना चाहिए। (4) प्रूफ-संशोधन करते समय शुद्धियों का संकेत मैटर की लाइन के ठीक सामने करना चाहिए, ऊपर नीचे नहीं अन्यथा करेक्शन लगाने वाले को या तो दिक्कत होगी या वह गलत करेक्शन लगा जायेगा। यदि उस पंक्ति में अधिक लम्बे करेक्शन हों, तो उन्हें मैटर में संकेत देते हुए एक लम्बी लाइन खींचकर ऊपर या नीचे लिख देना चाहिए ताकि कम्प्यूटर ऑपरेटर या कम्पोजिटर सीधा उसे देख कर ठीक कर सके।

जहाँ तक बने लम्बी-लम्बी लाइनें खींचकर अशुद्धियों का संकेत करने से बचाना चाहिए, क्योंकि अधिक अशुद्धियों की अवस्था में कोई लाइन नीचे, कोई ऊपर, कोई दायें, कोई बायें, कोई किसी को काटती लाइन खींचनी पड़ेगी। इससे प्रूफ को देखकर अशुद्धियाँ ठीक करने में अधिक समय तो लगता ही है, समझने में भी परेशानी होती है। (5) यदि कहीं संख्या में अंक आगे पीछे हैं, जैसे 53 का 35 है, तो उसे सामान्य चिह्न से अंकित करने की बजाय पूरा ही काटकर नयी संख्या हाशिए में लिख देनी चाहिए।

प्रूफ रीडर के गुण तथा कर्त्तव्य

(1) प्रूफ रीडर का कार्य अत्यन्त महत्त्वपूर्ण होने के कारण प्रूफरीडर ऐसा व्यक्ति होना चाहिए, जिसे सम्बन्धित भाषा की अच्छी जानकारी हो और गलत सही का विवेक हो।

(2) प्रूफ रीडर को पाण्डुलिपि में स्वयं कोई परिवर्तन नहीं करना चाहिए। यदि उसे कहीं लगे कि अमुक स्थान पर अमुक शब्द या वाक्य या सन्दर्भ ठीक नहीं है, तो इसकी ओर लेखक या सम्पादक का ध्यान आकृष्ट करना चाहिए।

इसके लिए प्रूफ रीडर सम्बन्धित स्थल पर चिह्न लगाकर तीन प्रश्न (???) का चिह्न लगा देता है।

(3) अच्छे प्रूफ रीडर के लिए आवश्यक है कि वह प्रूफ को ध्यान से सही पढ़े, प्रूफ को तेजी से पढ़े और प्रूफ को सफाई से पढ़े अर्थात् चारों ओर लाइनें खींचकर प्रूफ को रंग न दे। इससे प्रूफ को देखकर अशुद्धियाँ दूर करने में कम्पोजिटर या ऑपरेटर को बहुत ही असुविधा होती है तथा अकारण समय नष्ट होता है।

(4) अच्छे प्रूफ रीडर को आवश्यक नहीं कि वह विद्वान हो, किन्तु सम्बन्धित भाषा एवं विषय का ज्ञान होना चाहिए। साथ ही सामान्य ज्ञान भी अच्छा होना चाहिए अन्यथा प्रूफ की गलतियों की ओर संकेत नहीं कर पाएगा।

प्रूफ संशोधन के चिह्न या संकेत

प्रूफ संशोधन के चिह्नों को भारतीय मानक संस्था ने मानकीकृत कर दिया है। इस मानक के अनुसार भारत सरकार के वैज्ञानिक एवं तकनीकी शब्दावली आयोग ने हिन्दी में इनका रूपान्तर कर दिया है। इन मानक चिह्नों के अनुसार ही प्रूफ रीडर प्रूफरीडिंग के समय निशान लगाते हैं। नीचे प्रूफ संशोधन के कुछ चिह्न तथा एक उदाहरण प्रस्तुत हैं, जिससे प्रूफ चिह्नों के ज्ञान के साथ ही प्रूफ संशोधन कैसे दिया जाता है, इसका ज्ञान हो जायेगा-

प्रूफ के चिह्न

⊂⊃ अक्षरों अथवा शब्दों को जोड़ें।

स्पेस (दूरी), अक्षरों, शब्दों को अलग करें।

& अक्षर, शब्द या पैरा निकालें।

Q बीच से अक्षर या शब्द निकालकर दोनों को मिलाएँ।

h जो शब्द या अक्षर छूटा है, उसे जोड़ें।

w.f. गलत टाइप, इसे बदलें।

⌣ शब्दों के मध्य स्थान कम करें।

[नया पैरा/अक्षर या पंक्ति अगली पंक्ति से आरम्भ करें।

= पंक्ति सीधी करें।

[/] बड़ा कोष्ठ लगाएँ।

(/) छोटा कोष्ठ लगाएँ।

|| पंक्तियों का मेल ठीक करें।

⊔⊓ अक्षर या शब्द की स्थिति बदलें।

  – / हाइफन या छोटा डैश दें।

  ? / प्रश्न चिह्न लगाएँ।

  ! / विस्मयादिबोधक लगाएँ।

  । / खड़ी पाई दें।

  , / कामा लगाएँ।

  ⊙ विसर्ग लगाएँ।

  Z' एक उद्धरण चिह्न लगाएँ।

"Z Z" दो उद्धरण चिह्न लगाएँ।

  ⊙ अर्द्धविराम लगाएँ।

  – रेफ लगाएँ।

  ⌐ अनुस्वार लगाएँ।

  ⌐ लीड या स्पेस दबायें।

  C पंक्तियों के बीच की जगह कम करें।

  ??? सम्पादक से पूछकर ठीक करें।

कापी देखें कापी में देखें।

✡ ✡ ✡

|

5 समाचार-लेखन के सिद्धान्त

वर्तमान युग में समाचार-लेखन एक पूर्ण कला बन गयी है। पत्रकारिता जगत् में समाचार को कथा (News Story) भी कहते हैं। समाचार को कथा के रूप में रसपूर्ण, चुटीला और दिलचस्प बनाकर प्रस्तुत करना एक सफल कलाकार पर ही निर्भर करता है। कुछ संवाददाता कल्पनाप्रवण, लच्छेदार भाषा में लिखे गये समाचार को अच्छा मानते हैं, ताकि पाठक उनके ज्ञान से प्रभावित हो सके। किन्तु समाचारपत्र के जगत् में ऐसा नहीं होता। समाचार को तो सरल और सहज भाषा में सीधे चटपटे रूप में लिखना अधिक उपयुक्त होता है।

समाचार लिखते समय निम्नलिखित बातों को ध्यान में रखना चाहिए। 'कोई भी कथा (स्टोरी) सत्य प्रतीत होनी चाहिए, सुसंगत होनी चाहिए, अच्छे ढंग से कही जानी चाहिए, संक्षिप्त और नयी होनी चाहिए। जब कभी इन नियमों का उल्लंघन होगा, बुद्धिमान् पाठक उसे छोड़कर सो जायेगा, मूर्ख भले ही उसकी प्रशंसा करें।'

समाचार लेखन में निम्नलिखित प्रक्रियाएँ पूरी की जाती हैं-

(1) समग्र तथ्यों को संकलित करना (2) कथा की काया की योजना बनाना एवं लिखना (3) आमुख लिखना (4) परिच्छेदों का निर्धारण करना (5) वक्ता के कथन को अविकल रूप में प्रस्तुत करना (6) सूत्रों के संकेत को उद्धृत करना।

कथा-काया की प्रस्तुति में ऐसा प्रयास होता है कि प्रथम अनुच्छेद में घटना की जानकारी हो जाये। पुनः घटना के उद्देश्य, उसकी प्रक्रिया, पृष्ठभूमि तथा प्रतिक्रिया को स्पष्ट करना चाहिए। तत्पश्चात् समाचार का पारस्परिक सम्बन्ध उल्लेख्य होता है। एल.के. डिकर के अनुसार Information (सूचना), Intention (उद्देश्य), Method (प्रक्रिया, विधि), Administration (घटना की पृष्ठभूमि एवं प्रबन्ध) और Inter-communication (पारस्परिक संचार) से परिपूर्ण समाचार ही सुबोध और सुग्राह्य होता है। संक्षेप में इसे I.I.M.A.I. के रूप में जाना जाता है।

समाचार-संग्रह के साथ-साथ समाचार लेखन भी एक कला है। इसमें पूर्णता प्राप्त करने के लिए अभ्यास आवश्यक है। यद्यपि महत्त्वपूर्ण यह भी है कि वह समाचारपत्र

के किस पृष्ठ के किस स्थान पर प्रकाशित है। परन्तु यह भी उतना ही आवश्यक है कि वह लिखा कैसे जा रहा है? पाठक की उसमें रुचि तभी होगी, जब समाचार की भाषा रोचक तो हो ही, समाचार स्वयं में पूर्ण भी हो। प्रश्न उठता है कि पूर्ण समाचार क्या है? 1880 से पूर्व समाचार-लेखन की कोई वैज्ञानिक पद्धति नहीं थी। उस समय समाचारपत्रों का प्रचार प्रसार भी कम था, अतः मात्र घटनाओं को प्रकाशित कर देना ही पर्याप्त होता था। परन्तु ज्यों-ज्यों समाचारपत्रों का विस्तार होता गया, समाचारों को ठीक प्रकार से प्रस्तुत किया जाने लगा। समाचार का सबसे महत्त्वपूर्ण अंश समाचार के प्रथम वाक्य में आना चाहिए पर, सारी जानकारी उसी में ठूँसने का प्रयास नहीं होना चाहिए। एडविन एम.शूमैन ने 1894 में अपनी पुस्तक 'प्रैक्टिकल जर्नलिज्म' में पूर्ण समाचारों के बारे में लिखा है। इसके बाद रुडयार्ड किपलिंग ने सर्वप्रथम समाचार लेखन के पाँच डब्ल्यू तथा एक एच (1.Where, 2.When, 3.What, 4.Who, 5.Why - 6.How) का उल्लेख किया। इन्हें हिन्दी में छः ककार कहते हैं। ये छः ककार इस प्रकार हैं- (1) कहाँ हुआ, अर्थात् किस स्थान पर घटना हुई? (2) कब हुआ, अर्थात् किस समय घटना घटी? (3) क्या हुआ, अर्थात् क्या घटना घटी? (4) किसने घटना की, अर्थात् किसके साथ या किसके द्वारा घटना घटी? (5) घटना क्यों घटित हुई, अर्थात घटना का क्या कारण था? (6) कैसे घटना घटित हुई, अर्थात् घटनाक्रम का क्रमबद्ध ब्यौरा। सभी समाचारों में ये सारे तथ्य हों, यह आवश्यक नहीं, फिर भी अधिक से अधिक तथ्यों का उत्तर समाचार में होना चाहिए।

प्रसिद्ध पत्रकार अर्नेस्ट हेमिंग्वे के अनुसार- 'छोटे वाक्य, छोटे अनुच्छेद, स्वीकारात्मक भाव तथा जोशीली भाषा का प्रयोग करके कोई भी सुलेखक (अच्छा समाचार-लेखन) हो सकता है।'

समाचार के अवयव

प्रत्येक समाचार के कुछ अवयव (अंग) होते हैं। श्री एल.जे. डिकर के अनुसार-'सूचना (Information), उद्देश्य (Intention), प्रक्रिया या विधि (Method), पृष्ठभूमि प्रबन्ध (Administrarion) तथा पारस्परिक संचार (Inter Communication) से परिपूर्ण तथ्य ही समाचार होता है, जो सुबोध व सुग्राह्य होता है। संक्षेप में इसे I.I.M.A.I के रूप में जाना जाता है।

Intro या आमुख पूरे समाचार का प्रदर्शन-कक्ष है, जिससे समाचार का परिचय मिलता है तथा पाठक समाचार के प्रति आकर्षित होते हैं। प्रत्येक समाचार का स्थान अर्थात् घटना कहाँ घटी? समय- अर्थात् कब घटी? इसमें तारीख और घटना को देखते हुए दिन-रात का विवरण देना आवश्यक है। किसी सार्वजनिक सभा के व्याख्यान की रिपोर्ट देते समय केवल तारीख या दिन देना पर्याप्त है। लेकिन कहीं डकैती पड़ी है, तो 'रात या दिन में', कितने बजे, यह भी देना आवश्यक है।

घटना क्या थी? इसका स्पष्ट चित्रण होना चाहिए। दो दलों में यदि संघर्ष हुआ है, तो वे दो दल कौन थे? कैसे लड़े अर्थात् केवल हाथापाई हुई अथवा अस्त्र-शस्त्र का भी प्रयोग हुआ। यह सभी विवरण भी देना चाहिए।

संघर्ष क्यों हुआ? इसका ज्ञान भी पाठकों को कराना आवश्यक है। क्या कारण थे? आपस में तनातनी पहले से चली आ रही थी या अचानक कोई बात हो गयी, ये सभी प्रश्न संवाददाता के मन में समाचार लिखते समय उठने चाहिए और उसे उसका उत्तर मिलना चाहिए।

इस प्रकार साधारणत: घटनाओं की रिपोर्ट लिखते समय कौन, क्या, कहाँ, कब, कैसे और क्यों? इन प्रश्नों के उत्तर मिलने चाहिए। इतना ही नहीं, आगे क्या होने जा रहा है? पुलिस छानबीन कर रही है? कुछ लोग पकड़े गये हैं या नहीं? यह भी विवरण देना चाहिए। सामान्यत: यही नियम बड़ी घटनाओं के ऊपर भी लागू होता है। कोई सरकार इस्तीफा दे दे, सरकार का कोई अंश अलग हो जाये, नयी सरकार बनने को हो, इनकी रिपोर्टिंग करते समय भी उपर्युक्त सभी प्रश्नों को ध्यान में रखना चाहिए।

यदि समाचार में संवाददाता अपने विचार का भी समावेश करना चाहे, तो उसे बहुत ही सावधानी रखने की आवश्यकता है। उसे यह सोचना चाहिए कि अपना विचार प्रकट करने की आवश्यकता क्यों है? फिर जो विचार प्रकट किया जाये, वह गम्भीर अध्ययन पर आधारित होना चाहिए। संवाददाता को यह भी ध्यान रखना चाहिए कि पाठकों को इस विषय में कितनी पृष्ठभूमि ज्ञात हो सकती है।

समाचार लेखन

समाचारपत्रों में जो समाचार हम देखते हैं, उसके मुख्य रूप से तीन भाग होते हैं- (1) शीर्षक (2) इण्ट्रो (3) विवरण। शीर्षक समाचार की संक्षिप्त परिचयात्मक पंक्ति होती है, जो सामान्यत: समाचार के ऊपर लिखी जाती है। शीर्षक समाचार के महत्त्व एवं आकार के अनुसार एक दो या कभी-कभी इससे अधिक पंक्तियों में भी अधिक लिखा जाता है। समाचार का आरम्भ वास्तविक रूप से उसके इण्ट्रो से होता है। इण्ट्रो यद्यपि कई प्रकार का होता है, किन्तु सामान्यत: इण्ट्रो में समाचार की प्रमुख बातें बताने की कोशिश की जाती है। जिसे हम छ: ककार कहते हैं, उसमें से यथासम्भव अधिकांश का उत्तर इण्ट्रो में देने की कोशिश की जाती है। अन्य प्रकार के इण्ट्रो कभी कभार ही प्रयोग में लाये जाते हैं। आज के व्यस्ततम भौतिकवादी युग में सामान्य पाठक के पास इतनी फुरसत नहीं होती कि वह पूरे समाचार को पढ़कर उसके तत्त्व को ग्रहण करे। वह प्राय: समाचार के शीर्षक और इण्ट्रो को ही पढ़कर आगे बढ़ता चला जाता है। इसलिए समाचार-लेखक को समाचार की मुख्य बातें इण्ट्रो में ही कह देनी चाहिए।

इण्ट्रो के बाद समाचार का शेष विवरण क्रमश: आता है। समाचार के शेष विवरण को उसे महत्त्व के क्रम के अनुसार लिखना चाहिए ताकि यदि पाठक पूरे समाचार को

न भी पढ़े, तो भी शीर्षक, इण्ट्रो और कुछ अनुच्छेद पढ़ लेने के बाद उसकी समाचार की भूख की तृप्ति हो जाये। समाचार लेखन की इस विधि को विद्वानों ने विलोम स्तूपी (Inverted Pyramid) नाम दिया है। समाचार लेखन की इस विधि से एक लाभ यह भी है कि यदि स्थानाभाव के कारण हम समाचार के कुछ अंश को काटना चाहें, तो भी मुख्य बातें बची रहती हैं, क्योंकि जैसा कहा गया है, इस विधि में मुख्य बातें पहले ही बता देने की कोशिश की जाती है। इसे निम्नलिखित रेखाचित्र से भलीभाँति समझ सकते हैं-

नीचे हम इसे एक समाचार के उदाहरण से और अधिक स्पष्ट करते हैं-

नक्सलियों द्वारा पाँच लोगों की हत्या

वाराणसी, 20 अक्टूबर! नक्सलियों ने आज शाम पाँच ग्रामीणों की गोली मारकर हत्या कर दी। प्राप्त सूचना के अनुसार इन लोगों को आई.सी.पी. के लोगों ने सारनाथ के पास उस समय गोली मारी, जब वे अपने घर जा रहे थे। इन हत्याओं के पीछे वर्ग संघर्ष की भावना बतायी जा रही है।

(समाचार का शेष विवरण.................)

इस समाचार में

शीर्षक- पाँच लोगों की हत्या

इण्ट्रो- इस समाचार के इण्ट्रो में ही पाठकों की सभी जिज्ञासाओं को शान्त करने की कोशिश की गयी है। इसमें छः ककारों का उत्तर देने की कोशिश की गयी है, यथा-

क्या- पाँच लोगों की हत्या

कौन- कौन मरा- ग्रामीण

कौन मारा- नक्सली

कहाँ- सारनाथ के पास

कब- आज शाम यानी 20 अक्टूबर की शाम को

क्यों- वर्ग संघर्ष के कारण

कैसे- गोलियों से

इण्ट्रो लिखने के बाद आगे शेष समाचार का विवरण दिया जाता है। समाचार लेखन के इस तरीके से पाठक आवश्यक सूचनाएँ प्रारम्भ में ही प्राप्त कर लेता है। बाद में समाचार का शेष विवरण अपनी इच्छानुसार पढ़ता है। आमतौर से समाचार लेखन का यही तरीका प्रचलित है और यही लोकप्रिय भी है। वैसे समाचार की प्रस्तुति में समाचार गेटकीपरों (News Gatekeepers) का महत्त्वपूर्ण हाथ होता है। अन्तिम रूप से समाचार जिस न्यूज गेटकीपर के हाथ से गुजरता है, उसकी रुचि, सिद्धान्त आदि ही समाचार

प्रस्तुति में प्रमुखतम भूमिका निभाते हैं। मान लीजिए कि किसी रिपोर्टर ने समाचार को इस प्रकार नाटकीयता पूर्ण ढंग से लिखा कि उसका चरमबिन्दु अन्त में आता है, पर वह समाचार किसी ऐसे उप-सम्पादक के हाथ लग गया, जिसे समाचार की ऐसी प्रस्तुति पसन्द नहीं है, तो वह उसे अपने ढंग से लिख देगा, क्योंकि उस समाचार का अन्तिम निर्णयकर्त्ता वही है। इसी प्रकार मुख्य उप-सम्पादक भी किसी समाचार के दूसरे ढंग से लिखने का आदेश दे सकता है।

रेडियो के लिए समाचार लेखन की तकनीक समाचारपत्र के लिए समाचार लेखन से थोड़ी भिन्न होती है। इसका मुख्य कारण है कि रेडियो समाचार को हम बहुत विस्तृत नहीं कर सकते और इस बात का भी ध्यान रखना पड़ता है कि जिस समाचार बुलेटिन के लिए लिखा जा रहा है, वह कितने मिनट का है?

इसी प्रकार टेलीविजन के समाचारों में हमें समाचार के वाचन की सुसंगतता सम्बन्धित चित्रों के साथ बनानी पड़ती है। टेलीविजन समाचारों में कोशिश की जाती है कि चित्र ही ज्यादा सम्प्रेषण करें, शब्दों का प्रयोग चित्रों को प्रभावशाली बनाने के लिए किया जाये।

समाचार का संक्षेपण

संवाददाता और सम्पादक के सम्मुख समाचारों के संक्षेपण की समस्या सदैव खड़ी रहती है क्योंकि समाचारपत्रों में कम से कम वाक्यों में अधिक से अधिक समाचार देने की होड़ होती है। संक्षेपण एक कला है। 'सार-सार को गहि रहै, थोथा देइ उड़ाय' के अनुरूप संक्षेपणकर्त्ता अपनी सारग्राही प्रतिभा के बल पर बृहद्काय समाचारों को कुछ पंक्तियों में लिख देता है। अंग्रेजी में संक्षेपण की क्रिया को कटिंग (Cutting), ट्रिमिंग (Trimming), ब्वॉयलिंग (Boiling) तथा स्लैशिंग (ैसींपदह) कहते हैं। समाचारों के संक्षेपण हेतु निम्नलिखित तथ्यों पर ध्यान देना चाहिए-

(1) मूल विषयवस्तु को बार-बार पढ़कर इसकी मुख्य बातें संगृहीत हों।

(2) अनावश्यक शब्द हटा लिये जायें। विशेषणों का प्रयोग कम से कम हो।

(3) भाषणों के संक्षेपण में वक्ता की पुनरुक्ति न हो, इस पर विशेष ध्यान दिया जाये।

(4) छोटे-छोटे वाक्यों में समस्त तथ्य भर दिये जायें। कर्मवाच्य और नकारात्मक वाक्यों का प्रयोग न हो।

(5) विचारों की क्रमबद्धता भंग न हो।

(6) संवाददाता के अभिमत (निजी विचार) को हटा दिया जाये।

(7) संक्षेपण का अभिलेख यथासम्भव अन्य पुरुष में ही तैयार किया जाये।

(8) सरल, स्पष्ट, मँजी हुई प्रवाहपूर्ण भाषा का प्रयोग हो।

(9) वर्तनी, व्याकरण तथा वाक्य गठन सम्बन्धी शुद्धता पर ध्यान दिया जाये।

आमुख

'INTRO' अंग्रजी भाषा के 'Introduction' का लघु रूप है, जिसे अमेरिकी पत्रकारिता में लीड (Lead) कहा जाता है। हिन्दी में आमुख या मुखड़ा इसका पर्याय है। 1880 ई॰ के पहले समाचारपत्रों में कालक्रम से घटना का विवरण दे दिया जाता था। सर्वप्रथम एडविन एल॰ शूमैन ने आमुख द्वारा आकर्षक समाचार रचना पर ध्यान दिया। समाचार का पहला अनुच्छेद जिसमें संवाद का सार-सर्वस्व रहता है, उसे आमुख कहते हैं। क्या, कहाँ, कब, किसने, क्यों और कैसे की तुलना सीधे सपाट और छोटे वाक्यों में पाने कि लिए आमुख दिया जाता है। यह पूरे समाचार का प्रदर्शन कक्ष (Show Window) है, जिससे कथ्य का परिचय तो प्राप्त होता ही है, पाठकों को आकर्षित भी किया जाता है। आमुख तो समाचार दुर्ग का प्रवेश द्वार है। आमुख लेखन इसके लिए निम्नलिखित प्रक्रियाएँ अपनायी जाती हैं-

(1) संवाद के कब, क्या, कहाँ, कैसे, कौन और किसका की खोज।

(2) आमुख में समाहित किये जाने वाले तथ्यों का निर्णय।

(3) समाचार के मूल तत्त्व का चयन।

(4) मूल तत्त्व एवं महत्त्वपूर्ण सूचनाओं की संक्षेप में प्रस्तुति।

(5) आमुख की पूर्णता एवं सुस्पष्टता की जाँच।

सामान्यतः आमुख तथ्यात्मक और भावात्मक दो रूप में बनते हैं। संवेदनशीलता की प्रबलता से भावात्मक, नहीं तो प्रायः तथ्यात्मक आमुख ही लिखा जाता है। समाचारों की प्रकृति के अनुसार आमुख निम्नवत् रूप में प्रस्तुत होते हैं-

(1) सारांश आमुख (Summary Lead)- समाचार का मूलभाव संक्षेप में प्रस्तुत किया जाता है।

(2) विस्तृत आमुख (Comprehensive Lead)- प्रमुख घटना से सम्बद्ध सभी बातों को लिखा जाता है। कभी कभी दो-तीन अनुच्छेदों का प्रयोग हो जाता है।

(3) दुर्घटना आमुख (Accident Lead)- घटना सम्बन्धी आमुख में व्यक्तियों के नाम और अन्य विवरण को सविस्तार लिखा जाता है।

(4) पंच आमुख (Punch Lead)- संवाद के सर्वाधिक महत्त्वपूर्ण घटना क्रम को क्रमशः लिखा जाता है।

(5) आश्चर्यजनक आमुख (Astonisher Lead)- बिना विस्मयादिबोधक चिह्न का प्रयोग किये ही आश्चर्यजनक तथ्यों की प्रस्तुति होती है।

(6) कारतूत आमुख (Cartridge Lead)- बड़ी घटना को पैने स्वर एवं सीधे वाक्य में लिखा जाता है। इसका प्रथम अनुच्छेद प्रायः शीर्षक जैसा प्रतीत होता है।

(7) उद्धरण आमुख (Quote Lead)- सभी सभाओं और गोष्ठियों में व्यक्त विचारों को समाचार का रूप देने के लिए इस प्रकार के आमुख या इण्ट्रो का प्रयोग चलता है।

(8) **आलंकारिक आमुख (Figurative Lead)**- इसमें काव्यमय आलंकारिक शब्दावली का प्रयोग होता है।

(9) **सूक्ति आमुख (Epigram Lead)**- सार्वभौम सत्य को सूक्ति आमुख के रूप में रखते हैं।

एक कुशल व अनुभवी पत्रकार घटनास्थल से कार्यालय तक पहुँचने के बीच ही आमुख की रूपरेखा अपने मस्तिष्क में बना लेता है। वह आमुख में तथ्यों का समाहार करता है, क्योंकि उसकी काया बढ़ाना समाचार के सौन्दर्य को कम करता है।

साप्ताहिक/पाक्षिक/मासिक पत्रों के लिए समाचार-लेखन

समाचार-लेखन की दृष्टि से दैनिक समाचारपत्रों से भिन्न साप्ताहिक, पाक्षिक, मासिक के समाचार-लेखन में पर्याप्त स्तर भेद रखना अनिवार्य होता है। साप्ताहिक एक सप्ताह तक ताजा माना जाता है। इसी न्याय से पाक्षिक या मासिक की सामग्री पन्द्रह दिनों तथा एक महीने की अवधि को दृष्टि में रखकर प्रस्तुत करनी होती है। ज्यों-ज्यों नियतकालिकता की अवधि बढ़ती जाती है, त्यों-त्यों पत्रिका में समसामयिक समाचारों या घटनाक्रम का स्वर शिथिल होता चला जाता है। समसामयिकता या समाचार प्रधान रचनाओं के परिणाम की दृष्टि से साप्ताहिक सर्वप्रथम तथा पाक्षिक दूसरे स्तर पर आते हैं। मासिक पत्रिकाओं में समसामयिकता और स्थायी महत्त्व एवं शोधपरक सामग्री दोनों का समन्वय होता है। साहित्यिक आन्दोलनों की समसामयिकता या दीर्घकालीन राजनीतिक आन्दोलनों की सामयिकता का समावेश तो मासिक पत्रिकाओं में रहता है, किन्तु अल्पकालीन या दैनन्दिनी समस्याओं का नहीं। हाँ, उन समस्याओं को उठाने वाला स्वर या ध्वनि का स्थान मासिक पत्रों में अवश्य रहा करता है। इसके अतिरिक्त एक मास के अन्तराल के कारण मासिक पत्रिकाओं में भी स्थायी महत्त्व की सामग्री तथा शोधपरक दृष्टि रहती है।

जहाँ तक समसामयिक घटनाक्रम सम्बन्धी समाचार लेखन का प्रश्न है, यह इस बात पर निर्भर है कि पत्रिका साप्ताहिक है, पाक्षिक है या मासिक? दैनिक के लिए समाचर-लेखन में केवल एक दिन की घटना का समावेश रहता है, किन्तु साप्ताहिक पत्र के लिए उस समाचार से सम्बन्धित सात दिन के घटनाक्रम का सारांश समाहित रहता है। दैनिक के लिए समाचार-लेखन में समाचार की पृष्ठभूमि आदि तथा उसी प्रकार की अन्यत्र हुई घटना से तुलना आदि का भी समाहार होता है। साप्ताहिकों में सपाटबयानी के स्थान पर भाषा की चुस्ती, चुटीलापन, पैनापन, विषय के विश्लेषण की क्षमता, उसके आदि को समझने, तत्सम्बन्धी अतीत एवं परिप्रेक्ष्य पर दृष्टि रखना आवश्यक होता है।

पाक्षिकों के लिए संवाद-लेखन में कालावधि बढ़ने में (पन्द्रह दिन होने) से समाचार-लेखन में विशुद्ध समाचार-लेखन में विशुद्ध समाचार-तत्त्व और भी गौण हो

जाता है और, भाषा, विश्लेषण, पृष्टभूमि तथा विचार-तत्त्व की प्रधानता अपेक्षाकृत बढ़ जाती है। इसमें समाचार-तत्त्व सम्पूर्ण शरीर के अस्थितत्त्व से अधिक नहीं होता तथा उसमें रक्त, माँस, मज्जा आदि का प्राधान्य हो जाता है। इस प्रकार साप्ताहिक या पाक्षिक या मासिक पत्रिका के लिए समाचार-लेखन दैनिक के लिए समाचार-लेखन से सर्वथा भिन्न पर होता है। समाचारों की दृष्टि से साप्ताहिक पत्रों का अपना अलग ही स्थान होता है। उनकी आवश्यकताएँ भी दैनिक या पाक्षिकों एवं मासिकों से भिन्न होती है। दैनिक पत्रों का पाठक के मन से जहाँ नित्य सम्बन्ध स्थापित होता है, वहाँ उसकी जीवन-अवधि एक दिन ही होती है। उस दिन के बाद पत्र बासी मान लिया जाता है। किन्तु साप्ताहिक की यह जीवन अवधि एक सप्ताह, पाक्षिक की पन्द्रह दिन और मासिक की एक मास की होती है।

पत्रों की नियतकालिकता के उक्त विभाजन के अनुसार ही उनमें युगीनचेतना की अभिव्यक्ति का स्वरूप, मात्रा एवं सूक्ष्मता का निर्धारण होता है। इस दृष्टि से दैनिक पत्रों के बाद जन-मन के साथ सबसे अधिक बार सम्पर्क साप्ताहिक पत्रों का होता है। दैनिक पत्र निकालना साधनों की दृष्टि से बहुत बड़ा काम है, अतः साप्ताहिक पत्रों की ओर झुकाव अधिक रहता है। साप्ताहिक पत्रों की संख्या इसी से सर्वाधिक रहती है। साप्ताहिक पत्रों में सप्ताह के समाचारों को एक साथ रखकर एक विश्लेषण सम्भव होता है, जिसमें दैनिक जैसी तात्कालिकता, ताजगी या टटकापन बना रहता है और समाचार के पीछे की पृष्ठभूमि, सन्दर्भ, अन्तर्भूत विचारधारा आदि को स्पष्टतापूर्वक उजागर किया जा सकता है। इसीलिए साप्ताहिक पत्रों में समाचारों एवं विचारों दोनों की प्रधानता रहती है। भारत जैसे देश में, जहाँ अभी संचार साधनों का पर्याप्त विकास नहीं हुआ है और अधिकांश पत्र-पत्रिकाओं का देश के महानगरों में ही केन्द्रीकरण हो रहा है, उसके भीतरी भागों में विलम्ब से पहुँचने पर भी एक ताजगी बनाये रखने की स्थिति साप्ताहिकों की ही होती है।

पाक्षिकों में समाचार-पक्ष गौण और विचार-पक्ष प्रधान होता है। मासिकों में उन्हीं समाचारों का उल्लेख रहता है, जो किसी विचार की पृष्ठभूमि में हो। इस दृष्टि से उनमें अधिकांशतः आँकड़ों या शीघ्र परिवर्तित न होने वाले तथ्यों का अथवा इनसे उन्पन्न विश्लेषण, सैद्धान्तिक विवेचन और विवेचन के उद्‌देश्य की दृष्टि से किये गये लेखन का समावेश रहता है। इस प्रकार समाचार तत्त्व भी विचार स्तर पर सूक्ष्मता पाकर मासिकों में स्थान पाता है। साहित्यिक पत्रिकाओं में तो समाचार-तत्त्व और भी कम होता है, इनमें विचारों का प्राधान्य हो जाता है। साहित्यिक मासिकों के विचारोत्तेजक लेखन में समाचार अनुभूति एवं भावना के स्तर पर ही रह जाता है। युगीन चेतना का संवेगात्मक रूप जितना साप्ताहिकों में प्रखर होता है, उतना पाक्षिकों में नहीं, और जितना पाक्षिकों में, उतना मासिकों में नहीं।

समाचार की भाषा

पत्रकारिता के विद्वानों की सामान्य राय है कि समाचारों की भाषा आमजनों की भाषा होनी चाहिए। हाँ, उनमें क्षेत्रीयता का पुट अवश्य होना चाहिए। क्षेत्रीयता के पुट का अर्थ भी यही है कि समाचार सामान्य पाठकों के समझने लायक भाषा में लिखा गया हो। तात्पर्य यह है कि समाचार-लेखन में पाण्डित्य का प्रदर्शन नहीं होना चाहिए, अपितु उसमें क्षेत्रीय संस्कृति, रहन-सहन और बोलचाल भी झलकनी चाहिए, ताकि लोग उसे अपना मान सकें। क्लिष्ट (कठिन) भाषा से पाठक झुँझलाता है, क्योंकि कोई भी पाठक समाचारपत्र पढ़ते समय शब्दकोश देखना पसन्द नहीं कर सकता।

समाचार लेखन में ध्यान देने की बातें- विभिन्न प्रकार के समाचारों के लेखन में किन-किन बातों का ध्यान देना चाहिए, इस बारे में यथास्थान बहुत कुछ बताया गया है, फिर भी मोटी-मोटी बातें निम्नलिखित प्रकार हैं-

(1) भाषा सरल और आसानी से समझ में आने वाली हो।

(2) वाक्य की रचना भाषा विशेष के अनुकूल हो।

(3) यदि अनुवाद से समाचार लिखा जा रहा हो, तब तो भाषा पर विशेष ध्यान देना चाहिए।

(4) समाचार की प्रस्तुति इस प्रकार हो कि समाचार पढ़ने में पाठक की रुचि बनी रहे।

(5) समाचार लेखन में क्षेत्रीय संस्कृति, रीति-रिवाज एवं परम्परा का ध्यान रखना चाहिए।

(6) समाचार लिखते समय सम्बन्धित देश और क्षेत्र के कानूनों का भी ध्यान रखना चाहिए।

(7) समाचार लिखते समय संवाददाता को अपने सामाजिक दायित्त्व का ध्यान रखना चाहिए।

(8) विराम चिह्नों का समुचित प्रयोग करना चाहिए।

(9) कभी भी भ्रमात्मक अथवा द्विअर्थी लेखन नहीं करना चाहिए। यदि हम उपर्युक्त कुछ बातों का ध्यान देखेंगे, तो निश्चित रूप से हमारा समाचार अच्छा और सुग्राह्य बनेगा।

समाचार लिखते समय निम्नलिखित बातों पर भी विशेष ध्यान देना चाहिए-

(1) साधारण भाषा - पाठकों के स्तर के अनुरूप समाचार की भाषा पाठकों के स्तर को ध्यान में रखकर ही होनी चाहिए। समाचारपत्रों को पढ़ने वाले विद्वान से लेकर सामान्य पढ़े लिखे लोग भी होते हैं। अतः समाचार की भाषा बोझिल न होकर रोचक, प्रवाहयुक्त और सबकी समझ में आने योग्य होनी चाहिए। आजकल इस नियम का पूर्ण अनुकरण नहीं हो रहा है। समाचार देते समय सस्ती लोकप्रियता के चक्कर में न पड़कर स्वस्थ समाज के निर्माण का लक्ष्य सामने रखना चाहिए।

(2) छोटे-छोटे वाक्य और पैराग्राफ- समाचार लिखते समय वाक्यों को छोटा एवं सहज रखने के साथ साथ पैराग्राफ भी छोटे रखने चाहिए। शब्दावली परिचित होनी चाहिए। समाचारपत्र का उद्देश्य अधिक से अधिक समाचार पाठकों तक पहुँचाना होता है, अत: समाचार के कथ्य को कम से कम शब्दों में दिया जाना चाहिए। इसके लिए सबसे अच्छा उपाय यह है कि समाचार लिखकर, संवाददाता को चाहिए कि वह समाचार को फिर से पढ़े और सोचे कि क्या इससे और कम शब्दों में यह बात नहीं कही जा सकती? यदि कही जा सकती है, तो जो अनावश्यक लगे, उसे काट देना चाहिए। समाचार के लिए मँजी हुई, कसावदार भाषा लिखना आवश्यक होता है तथा अनावश्यक विशेषणों तथा कर्मवाच्यों को प्रयोग से बचकर लिखना अच्छा रहता है।

(3) भाषण और वक्तव्य- भारतीय समाचारपत्र भाषणों से भरे रहते हैं। भाषण या वक्तव्य छापने में कोई आपत्ति नहीं, लेकिन संवाददाता को रिपोर्टिंग करते समय निरर्थक, दोषारोपण और अनर्गल बातों को छाँट देना चाहिए तथा वक्तव्य की पुनरावृत्ति नहीं करना चाहिए। भाषण देने वाला बोलते समय एक बात अनेक बार कह सकता है, लेकिन लिखने में बार-बार नहीं लिखा जा सकता।

(4) पुनरुक्ति दोष से बचें- पुरुक्ति दोष का ध्यान उसी दिन नहीं, अन्य दिनों का भी देखना पड़ता है। उदाहरणार्थ- यदि गृहमन्त्री ने पंजाब या कश्मीर समस्या पर सोमवार को लोकसभा में कोई वक्तव्य दिया और मंगलवार या बुधवार को उसे राज्यसभा में ज्यों का त्यों दुहरा दिया, तो राज्यसभा की रिपोर्ट लिखते समय गृहमन्त्री का वक्तव्य दोहराने की अपेक्षा एकाध वाक्य देकर, इतना लिख देना पर्याप्त है कि गृहमन्त्री ने जो वक्तव्य पिछले दिन लोकसभा में दिया, वही आज राज्यसभा में दुहरा दिया।

(5) संसदीय रिपोर्टिंग- संसदीय रिपोर्ट लिखते समय उस दिन की सबसे महत्त्वपूर्ण बात सबसे ऊपर आनी चाहिए। यदि किसी नीति की घोषणा हुई है, तो उससे आरम्भ करना उचित रहेगा। संवाददाता को प्रतिदिन यह निर्णय करना चाहिए कि आज की सबसे महत्त्वपूर्ण बात क्या थी? यदि किसी विधेयक पर कई दिन तक बहस हुई है, तो बहस समाप्त होने के बाद उसके महत्त्व पर प्रकाश डाला जा सकता है। इसीलिए संसद के सत्र के दिनों में एक साप्ताहिक समीक्षा बहुत लाभकर हो सकती है।

स्थान भेद से भी समाचार का महत्त्व घटता बढ़ता है। दिल्ली में एक घण्टे तक बिजली के फेल हो जाने पर यह समाचार दिल्ली से प्रकाशित होने वाले राष्ट्रीय समाचारपत्रों में प्रथम पृष्ठ पर प्रमुख स्थान पा सकता है, किन्तु बस्ती, बहराइच, गया आदि किसी नगर में एक घण्टे के लिए बिजली फेल हो जाये, तो दिल्ली के अखबार

ध्यान नहीं देंगे। बिजली फेल होने पर यदि कोई दुघर्टना हो जाये, तो थोड़ा सा समाचार भीतर के पृष्ठों पर छप सकता है।

(6) व्यापार-वाणिज्य- आजकल प्रायः दैनिक समाचारपत्रों में व्यापार-वाणिज्य के समाचार भी छपते हैं। इसके लिए अलग से व्यापार सम्पादक और व्यापार संवाददाता नियुक्त होते हैं, जो देश विदेश में कीमतों की घट-बढ़ का हिसाब रखते हैं। उनकी समीक्षा करते हैं।

(7) प्रायः राजनीतिक घटनाओं का बाजार भाव पर प्रभाव नहीं पड़ता है। किन्तु यदि व्यापारीवर्ग का समर्थन करने वाले सरकार की जगह अन्य सरकार बन जाये, तो भाव गिरेंगे, क्योंकि व्यापारी स्टॉक रोककर कृत्रिम अभाव पैदा करने की अपेक्षा अपना माल निकालना चाहेंगे। इसलिए छोटे-बड़े सभी राजनीतिक परिवर्तन होने पर व्यापार संवाददाता और सम्पादक को तत्काल यह ध्यान रखना चाहिए कि उसके क्षेत्र में व्यापारिक प्रभाव क्या-क्या पड़ता है? व्यापारिक समाचार या भाव आदि लिखते समय व्यापार जगत् में जो शब्द प्रचलित हों, उन्हीं शब्दों का प्रयोग करना चाहिए।

(8) खेल-कूद- क्रिकेट, फुटबाल आदि खेल विदेशों में ही नहीं हमारे देश में भी अब काफी लोकप्रिय हो गये हैं। संसार में कहीं क्रिकेट का खेल हो रहा हो और उसकी कमेण्ट्री (आँखों देखा हाल का प्रसारण) हो रहा हो, तो स्थान-स्थान पर खेलप्रेमियों की भीड़ उसे रेडियो और टेलीविजन पर सुनती देखती खड़ी मिलेगी। स्कोर क्या है? कौन खेल रहा है? आदि की जिज्ञासा प्रत्येक के मन में होती है, किन्तु जो किसी कारणवश रेडियो नहीं सुन पाते या टी.वी. नहीं देख पाते, उनकी बहुत प्रबल इच्छा होती है कि वे अपने प्रिय खेल के बारे में जानें।

अंग्रेजी समाचारपत्रों में पहले क्रिकेट आदि खेलों का दिलचस्प वर्णन प्रकाशित होता था। अब हिन्दी समाचारपत्रों में भी इसका चलन व्यापक रूप में होने लगा है, जो अच्छी बात है। स्पष्ट है कि जिन खेलों में लोगों की इतनी गहरी रुचि है, वे उस खेल का वर्णन समाचारपत्र में छपने पर चाव से पढ़ेंगे। इसलिए जिस खेल का विवरण समाचारपत्र में प्रकाशित हो, उस खेल का ज्ञान रखने वाला संवाददाता ही सही जानकारी दे सकेगा।

(9) साहित्य- संगीत की रिपोर्टिंग- संगीत नृत्य कार्यक्रमों, कवि-सम्मेलनों, मुशायरों और साहित्यिक समारोहों को समाचारपत्र में पर्याप्त स्थान मिलना चाहिए। इन कार्यक्रमों की रिपोर्टिंग या समाचारलेखन भिन्न प्रकार से की जाती है। संगीत में लय, ताल, राग आदि का वर्णन होना चाहिए। संगत करने वाले के विषय मे दो शब्द लिखे जाने चाहिए। कलाकार का प्रदर्शन उसके पिछले प्रदर्शन की तुलना में क्या रहा था, यह भी लिखना चाहिए।

इस प्रकार की समालोचना से कलाकार को भी लाभ होता है और पाठकों को भी। यही बात कमोवेश कवि सम्मेलनों, सांस्कृतिक कार्यक्रमों आदि के ऊपर भी लागू होती है। उपर्युक्त समाचार-लेखन के विषय में विस्तार से आगे के पाठों में चर्चा की जाएगी।

फालोअप

कुछ समाचार ऐसे होते हैं, जो एक दिन से अधिक अपना महत्त्व रखते हैं। बड़ी दुर्घटनाएँ (जैसे हवाईजहाज और ट्रेन दुर्घटनाएँ), बड़ी चोरियाँ या डकैतियाँ (जैसे बैंक आदि की चोरियाँ), बड़े घोटाले आदि ऐसे समाचार होते है, जिनका महत्त्व कई दिनों तक बना रहता है। पाठक भी ऐसे समाचारों को पढ़ने के बाद आगे क्या हुआ की जिज्ञासा बनाये रखता है। कभी कभी ऐसा होता है कि किसी महत्त्वपूर्ण घटना की जानकारी किसी संवाददाता या समाचारपत्र को नहीं हो पाती और दूसरे संवाददाता या समाचारपत्र उसे छाप देते हैं। ऐसे में दूसरे दिन बासी समाचार छापने से अच्छा होता है कि उस समाचार का फालोअप देकर यथास्थान घटना का विवरण भी दे दिया जाये। इस प्रकार पाठक समाचार भी पढ़ लेता है और उसका फालोअप जानकर प्रसन्न भी हो जाता है। इससे समाचार न दे पाने की बुरी छवि से बचाव भी हो जाता है। कभी कभी किसी सांस्कृतिक कार्यक्रम या कवि सम्मेलन या सेमिनार या खेल टूर्नामेण्ट आदि जो कि रात्रि के 3–4 बजे तक चलते हैं, उसका पूर्ण समाचार अगले दिन के लिए नहीं दिया जा सकता। अत: इस कार्यक्रम की संक्षिप्त सूचना देकर, अगले दिन उसका विस्तृत फालोअप देकर समाचार को रुचिकर ढंग से प्रस्तुत किया जा सकता है।

अधिकांश मामलों में समाचार से ज्यादा लोकप्रिय उसका फालोअप होता है। इस विषय में एक उदाहरण देना उचित होगा। कुछ समय पहले वाराणसी में नारी-संरक्षण से कुछ संवासिनियों के भागने की बात प्रकाश में आयी। यह एक साधारण सा समाचार था। दूसरे दिन एक स्थानीय समाचारपत्र ने इसका फालोअप दिया और उसने नारी संरक्षणगृह में हो रही अन्य अनियमितताओं का उल्लेख किया तथा संरक्षण गृह से संवासिनियों के भागने के कारणों की जाँच पड़ताल की। शायद यह समाचार तीसरे दिन ही मर जाता किन्तु संयोग से नारी-संरक्षणगृह से भागी हुई एक लड़की पकड़ी गयी और उसने पुलिस को जो बयान दिया, वह इतना विस्फोटक था कि यह समाचार बारह महीनों तक वाराणसी के समाचारपत्रों में बना रहा। पकड़ी गयी संवासिनी ने अपने बयान में पुलिस को बताया कि 'वह संरक्षणगृह की अधीक्षिका के दुर्व्यवहार के कारण भागी थी। संरक्षणगृह की अधीक्षिका उसको तथा अन्य संवासिनियों को अपने लोगों के साथ यौन-सम्बन्ध बनाने के लिए हमेशा बाध्य करती रही। ऐसा न करने पर संवासिनियों को अमानवीय ढंग से क्रूरतापूर्वक प्रताड़ित किया जाता था।' इस समाचार के फालोअप की प्रतीक्षा आम पाठक को लगातार रहती रही। अखबारों ने इस समाचार का फालोअप भी खूब छापा, जिन समाचारपत्रों ने इस पर ज्यादा ध्यान दिया, उनकी लोकप्रियता का ग्राफ भी काफी ऊपर बढ़ गया।

कहने का तात्पर्य यह है कि अच्छे समाचार का फालोअप भी बहुत महत्त्वपूर्ण और आवश्यक होता है। बहुत से ऐसे समाचार होते हैं, जिनका फालोअप न मिलने पर पाठक झुँझलाता है और पाठकों की झुँझलाहट अन्ततः समाचारपत्र की छवि खराब करती है। इसलिए संवाददाताओं को ऐसे समाचारों का फालोअप जरूर देना चाहिए, जिनके बारे में उसे ऐसा लगे कि इस समाचार की अगली कड़ी पाठक जानना पसन्द करेगा। एक सतर्क और समझदार संवाददाता इस पर ध्यान भी रखता है।

किसी समाचार का फालोअप देने के लिए संवाददाता को चाहिए कि वह उसे अपनी डायरी में नोट कर ले। संवाददाताओं को समाचारों के लिए इतनी भाग दौड़ करनी पड़ती है कि प्रत्येक समाचार के बारे में याद रखना कठिन होता है। डायरी में उसे लिख लेने से यथासमय इसे पूरा किया जा सकता है।

ज्ञातव्य है कि फालोअप किसी समाचार की पृष्ठभूमि लेखन नहीं है। फालोअप वस्तुतः किसी समाचार की अगली कड़ी है। उदाहरण के लिए कोई विमान दुर्घटना हो गयी और उसमें कुछ लोग मर गये, कुछ बुरी तरह घायल हो गये, विमान चालक दल के सभी सदस्य मर गये, सरकार ने दुर्घटना की जाँच का आदेश दे दिया। पहले दिन इस समाचार को देने के बाद दूसरे दिन यदि संवाददाता उस हवाई अड्डे पर पहले हुई दुर्घटनाओं के बारे में बताया है, तो यह समाचार का फालोअप नहीं हुआ। फालोअप तब कहा जायेगा, जब वह दूसरे दिन घायलों के बारे में नवीनतम सूचना दे। उदाहरणार्थ कितने घायल ठीक हो गये, कितने अभी उपचार में हैं आदि। जाँच की प्रगति के बारे में बताये, दुर्घटनाग्रस्त विमान का सम्भावित कारण क्या रहा? दुर्घटना के किसी ऐसे पहलू का समाचार दे, जो मानव मन को कहीं स्पन्दित करे, तो यह सब विमान दुर्घटना के समाचार का फालोअप हुआ।

फालोअप नये और पुराने दोनों समाचारों का हो सकता है। इसके लिए केवल जागरूक रहने की आवश्यकता है। हमारे यहाँ फालोअप पर विशेष ध्यान नहीं दिया जाता। धूर्त और वादाखिलाफ मन्त्री नित नयी घोषणाएँ करते रहते हैं, किन्तु उन पर कभी अमल नहीं होता। संवाददाता घोषणाओं का तात्कालिक समाचार तो देते हैं, पर उसका फालोअप प्रायः नहीं देते। उन घोषणाओं का क्या हुआ, यह भी जनता को बताया जाना चाहिए। ऐसा करके संवाददाता न केवल अपने समाचारपत्र को लोकप्रिय बनाने में सहयोग करता है, अपितु वह अपने सामाजिक दायित्त्व को भी निभाता है, क्योंकि पत्रकारिता अन्ततः एक सामाजिक सरोकार ही है।

आरोप से बचें

पैसा लेकर समाचार लिखना, समाचार-लेखन में पक्षपात करना, समाचार में अपने विचार भरना, किसी नीति विशेष से ग्रस्त होकर समाचार लिखना, रिपोर्टिंग में किसी दबाव को मानना आदि अनेक ऐसे आरोप हैं, जो समय-समय पर रिपोर्टरों पर लगाये जाते हैं।

इस तरह के आरोप कई बार झूठे होते हैं, तो कई बार सच्चे भी होते हैं। पहले जहाँ लोग पत्रकारिता के पेशे को शुचिता एवं सेवा का पेशा मानते थे, वहीं बदलते समय के साथ आज इसे केवल नौकरी मानने लगे हैं। आजकल नौकरीपेशा लोग जिस प्रकार नौकरी बचाते हुए गलत-सही तरीकों से सुख साधन जुटाने के जुगाड़ में लगे रहते हैं, उसी प्रकार रिपोर्टर भी पैसे की तरफ भागने लगे हैं। आखिर जब रिपोर्टर लोगों से मँहगे उपहार अथवा पैसे लेगा, तो उससे सम्बन्धित समाचारों में पक्षपात कैसे नहीं करेगा?

रिपोर्टिंग से जुड़े लोगों को समाचार लेखन में काफी सावधानी बरतनी चाहिए, क्योंकि प्रबुद्ध वर्ग, जिसमें समाचार माध्यम का मालिक भी हो सकता है, समाचार की भाषा शैली और प्रस्तुति आदि से समाचार के निहितार्थ को समझ जाता है। इसलिए रिपोर्टरों को स्वयं की गरिमा बनाये रखने के प्रति सतत् सावधान रहना चाहिए। उन्हें रिपोर्टिंग करते समय समाचार को उसकी पूर्ण सत्यता एवं निष्पक्षता के साथ ही प्रस्तुत करना चाहिए। किसी नीति अथवा स्वार्थ के प्रभाव या किसी दबाव में लिखा गया समाचार वास्तव में अपने महत्त्व को खो देता है। समाचार सुन्दर ही नहीं बल्कि सच भी होना चाहिए।

ध्यान रहे- मानवीय संवेदनाओं, साहसिक कार्यों, देशप्रेम, दलितोत्थान, अन्धविश्वास एवं रुढ़ियों का विरोध, वैज्ञानिक प्रचार-प्रसार आदि से सम्बन्धित छोटे से छोटे समाचारों को भी अपनी रिपोर्टिंग में अवश्य स्थान देना चाहिए। इस प्रकार के समाचारों से लोगों में न केवल जागरूकता एवं सहृदयता बढ़ती है, वैज्ञानिक दृष्टि भी विकसित होती है, बल्कि इससे समाज में अच्छी बातों का प्रचार प्रसार भी होता है। संवाददाताओं को अपनी लेखनी का प्रयोग अच्छे कार्यों को बढ़ावा देने में करना चाहिए। एक संवाददाता समाज में अपनी महत्त्वपूर्ण भूमिका इसी रूप में निभा सकता है, क्योंकि उसके पेशे में रिपोर्टिंग के अतिरिक्त अन्य कोई हथियार नहीं होता। एक सतर्क रिपार्टर इन छोटी, किन्तु अति महत्त्वपूर्ण घटनाओं पर तीव्र दृष्टि अवश्य रखता है।

उदाहरण स्वरूप गुजरात के भूकम्प पीड़ितों के सहायतार्थ धनसंग्रह के दौरान एक भिखारिन, जो स्वयं भिक्षा से अपना जीवनयापन करती थी, ने भी अन्य लोगों के साथ अपनी सीमा में सहयोग किया। भले ही उसका सहयोग मात्र 16 रुपये था, किन्तु रिपोर्टर ने उसे समुचित महत्त्व दिया। एक अन्य उदाहरण में गुजरात में भूकम्पपीड़ितों के लिए दो महत्त्वपूर्ण संगीतकारों ने भीख माँगकर धन संग्रह किया था। पीड़ित मानवता के लिए किया गया यह काम संगीत के उच्चस्तरीय कार्यक्रम से किसी प्रकार कम नहीं था। आगे के पाठों में विभिन्न विषयों के समाचार लेखन के बारे में चर्चा की जाएगी।

कुछ पारिभाषिक शब्दावलियाँ

(1) **इण्ट्रो (Intro)**- समाचार के प्रारम्भिक वाक्य जिसमें समाचार का मुख्य तत्त्व लिखा जाता है।

(2) **एक्सक्लूसिव** **(Exclusive)**- ऐसा समाचार जो किसी अन्य को नहीं मिला हो।

(3) **एडवांस** **(Advance)**- ऐसा समाचार जो पहले से ही लिख लिया जाता है और यथा समय रिलीज किया जाता है।

(4) **एसाइनमेंट** **(Assignment)**- संवाददाताओं को कवरेज के लिए दिया जाने वाला आदेश।

(5) **एसाइनमेंट बुक** **(Assignment Book)**- संवाददाताओं को कवरेज का आदेश जिस पुस्तिका में दर्ज होता है, उसे एसानइमेंट बुक कहते हैं।

(6) **कब रिपोर्टर** **(Cub Reporter)**- नौसिखिया संवाददाता कब रिपोर्टर कहलाता है।

(7) **कवर करना** **(To Cover)**- समाचार संकलन के लिए जब कोई संवाददाता घटनास्थल पर जाता है, तो उसे कवर करना कहते है।

(8) **कॉपी** **(To Copy)**- प्रेस में छपने के लिए लिखा गया मैटर।

(9) **क्रॉप** **(To Crop)**- चित्र को काट-छाँट कर प्रकाशन योग्य बनाने को क्रॉप करना कहते हैं।

(10) **क्रेडिट लाइन** **(Credit Line)**- जिस स्रोत से समाचार प्राप्त हो, उसे स्वीकार करने वाली पंक्ति को क्रेडिट लाइन कहते हैं। जैसे समाचार के साथ वार्ता, प्रे.ट्र. आदि का उल्लेख।

(11) **कैप्शन** **(Caption)**- चित्र परिचय को कैप्शन कहते हैं।

(12) **डेड लाइन** **(Deadline)**- वह समयसीमा जब किसी पत्र-संस्थान में कोई भी समाचार छपने के लिए नहीं लिया जा सकता।

(13) **प्रेस कम्यूनिक** **(Press Communique)**- दो देशों के शासनाध्यक्षों द्वारा जारी संयुक्त प्रेस विज्ञप्ति ही प्रेस कम्यूनिक है।

(14) **प्रेसनोट** **(Press Note)**- प्रेस-विज्ञप्ति को ही प्रेस नोट कहते हैं।

(15) **प्ले-अप** **(Play Up)**- किसी समाचार को उसके मूल्य से अधिक महत्त्वपूर्ण बनाने को प्लेअप करना कहते हैं।

(16) **प्ले-डाउन** **(Play Down)**- किसी समाचार को उसके मूल्य से कम महत्त्व देने को प्ले-डाउन कहते हैं।

(17) **फालोअप** **(Follow Up)**-पिछले समाचार में नवीनतम विवरण।

(18) **फ्री-लांसर** **(Freelauncer)** - ऐसा पत्रकार जो किसी पत्र पत्रिका से विधिवत न जुड़ हो।

(19) **बाई लाइन** **(By line)**- समाचार के साथ संवाददाता के नाम का उल्लेख।

(20) **बीट** **(Beat)**- किसी संवाददाता के समचार संकलन करने का विशेष क्षेत्र।

(21) ब्रीफिंग (Briefing)- महत्त्वपूर्ण राजनितिक पार्टियों, विशिष्ट संस्थाओं (जैसे संयुक्त राष्ट्रसंघ आदि) द्वारा दिया नियत समय पर दिया जाने वालो समाचार की ब्रीफिंग कहलाता है।

(22) ब्लोअप (Blow up)- किसी चित्र के आकार को बढ़ाने को ब्लोअप कहते हैं।

(23) मास्टहेड (Mast Head)- वह पंक्ति जिसमें प्रकाशक, मुद्रक और सम्पादक का नाम लिखा होता है। इसे प्रिण्ट (Print Line) भी कहते हैं।

(24) बैनर (Banner)- किसी समाचार पत्रिका का शीर्षक बैनर कहलाता है। कुछ लोग गलती से इसे ही मास्टहेड कहते हैं।

(25) हैडिंग (Heading) - समाचार या लेख शीर्षक को हैडिंग कहते हैं।

(26) रनिंग स्टोरी (Running Story) - अंको में धारावाहिक रूप से छपने वाला समाचार।

(27) स्टोरी (Story) - समाचार सामग्री जो छपने के लिए तैयार की जाती है, अखबारी भाषा में स्टोरी कही जाती है।

(28) स्पॉट न्यूज (Spot News) - घटनास्थल से भेजा गया यथार्थ समाचार।

(29) स्लग (Slug) - संकेत शब्द या पहचान चिह्न जो समाचार पृष्ठ के ऊपर पहचान के लिए लिख दिया जाता है।

(30) स्लांट (Slant) - जब किसी समाचार को किसी विशेष मत, नीति अथवा उद्देश्य के अनुरूप लिखा जाता है, तो इसे स्लांट कहते हैं।

(31) सिण्डीकेट (Syndicate) - वह संगठन या संस्था जो समाचारपत्रों के लिए लेख, फीचर आदि तैयार करती है।

(32) सिम्पोजियम इण्टरव्यू (Symposium Interview) - बहुत से व्यक्तियों का एक ही विषय पर लिखा गया साक्षात्कार।

(33) स्कूप (Scoop) - वह समाचार जा अटकलों, सम्भावनाओं एवं परिथितियों को देखते हुए लिखा जाये। इसलिए स्कूप समाचार हमेशा सही नहीं होता।

(34) सेंसर (Cencer) - समाचारपत्रों में छपने वाली सामग्री की जाँच।

(35) हैण्ड आउट (Handout) - समाचारपत्रों के लिए किसी संस्था द्वारा लिखी गयी समाचार-सामग्री।

✡✡✡

6 समाचार संकलन और प्रेषण

किसी भी समाचारपत्र को प्रकाशित करने के लिए समाचार की आवश्यकता होती है। यह समाचार संवाददाता अपने-अपने क्षेत्र से खोजकर एकत्र करते हैं और अपने सम्बन्धित समाचार के कार्यालय तक प्रेषित करते हैं। प्रश्न उठता है कि इन समाचारों का संकलन कोई भी पत्रकार किस प्रकार करता है? कैसे उसे घटनाओं की रचना प्राप्त होती है? यह जानना आवश्यक है।

समाचारों के स्रोत - समाचार माध्यमों को जिन स्रोतों से समाचार प्राप्त होते है, उन्हे समाचार-स्रोत कहते हैं। किसी अच्छे रिपोर्टर/संवाददाता जो कितना भी परिश्रमी या अनुभवी क्यों न हो, उसके लिए कभी सम्भव नहीं है कि वह समस्त समाचारों को स्वयं देखे, ढूढ़े और अपने लिए उपलब्ध कर ले। इसलिए समझदार रिपोर्टर समाचार-स्रोतों को खोजकर समाचार पाने की युक्ति उपलब्ध करता है। कुछ समाचार तो उसे स्वयं ही प्राप्त हो जाते हैं, किन्तु अधिकांश समाचारों के लिए उसे विभिन्न समाचार-स्रोतों पर निर्भर रहना पड़ता है। वे स्रोत तभी समाचार उपलब्ध कराते हैं, जब रिपोर्ट या संवाददाता का उनसे अच्छा सम्बन्ध व सम्पर्क हो। अब प्रश्न उठता है कि संवाददाता को समाचार कहाँ-कहाँ से प्राप्त हो सकते हैं?

यूँ तो कोई घटना कहीं भी घट सकती है और वह किसी भी संवाददाता के लिए सम्भव नहीं कि वह हर स्थान पर, हर समय मौजूद रह सके। यदि वह किसी ऐसी घटना का दर्शक हो भी, तब भी उसे अपने लिखने के साथ घटना से सम्बन्धित लोगों और जिन्होनें उक्त घटना को देखा है, उन लोगों के बयान भी लेने होते हैं तथा पूछताछ करनी होती है, जिससे पाठक को समाचार की गहरी जानकारी मिल सके। अत: लोग ही समाचार का मुख्य स्रोत होते हैं। कुछ स्थान परम्परागत ऐसे होते हैं, जहाँ से संवाददाताओं को समाचार या उनके विषय में जानकारी मिल सकती है। ऐसे स्थानों में पुलिस स्टेशन, नगरपालिका, कचहरी आदि प्रमुख हैं। पुलिसस्टेशनों से संवाददाता को उस दिन नगर में हुए अपराधों की जानकारी मिल सकती है, जिसके आधार पर खोजबीन कर वह समाचार जान सकता है। यह जानकारी समाचारपत्रों के अधिकृत संवाददाताओं को ही मिल सकती है, पत्रकारिता के छात्रों को नहीं, क्यों कि पत्रकार

केवल पत्रकार के रूप में कार्य करने वाले व्यक्ति को ही माना जाता है, पत्रकारिता को छात्रों को नहीं।

इसके अतिरिक्त समाचारों का एक प्रमुख स्रोत सरकार का पत्र सूचना कार्यालय होता हैं। प्रायः संसार के प्रत्येक देश में ही नहीं, बल्कि प्रत्येक जिले में और प्रत्येक बड़े नगरों में सरकार के पत्र सूचना कार्यालय होते हैं। सरकार के कितने ही क्रियाकलापों की जानकारी पत्र सूचना कार्यालय के अधिकारियों कि मिल जाती है। भारत सरकार का पत्र सूचना कार्यालय सूचना और प्रसारण मन्त्रालय के अन्तर्गत कार्य करता है। यह कार्यालय शास्त्रीभवन, नयी दिल्ली में स्थित है। यहाँ से कितने ही समाचारपत्रां और पत्रिकाओं को सरकार सम्बन्धी सूचनाएँ और समाचार, प्रेस विज्ञप्तियों व पुस्तिकाओं आदि के रूप में भेजे जाते हैं। इसके अतिरिक्त इस पत्र सूचना कार्यालय की अपनी बहुत बड़ी फोटो लायब्रेरी है, जहाँ से प्रमुख समाचारपत्रों को नियमित चित्र आदि भेजे जाते हैं। अन्य समाचारपत्र और पत्रिकाएँ भी इस लायब्रेरी से लाभ उठा सकते हैं। यहाँ उपलब्ध चित्र उन्हें निःशुल्क प्राप्त हो सकते हैं। ये सभी समाचारपत्रों के अधिकृत प्रतिनिधियों को ही मिलते हैं।

नगरपालिका परिषद से नगर में होने वाले विकास कार्यों और महत्त्वपूर्ण समाचारों की जानकारी मिल सकती है। संवाददाता को चाहिए किय प्रत्येक समाचार के विभिन्न स्रोतों की एक सूची तैयार करे। उसे मात्र पता ही नहीं होना चाहिए, बल्कि उसके पास लिखित रूप में होना चाहिए कि नगर स्वायत्त संस्था का संचालन किसके हाथ में है, अमुक अस्पताल का इंचार्ज हौन है, अग्निकाण्डों की सूचना किससे मिल सकती है, पुलिस अधिकारी कौन है आदि। साथ ही नगर के प्रमुख वकीलों, बुद्धिजीवियों आदि के बारे में भी उसे जानकारी होनी चाहिए। इसके अतिरिक्त नगर की भौगोलिक स्थिति का ज्ञान भी संवाददाता के लिए आवश्यक है।

समाचार-स्रोतों का वर्गीकरण

पत्रकारों को समाचार पाने के लिए अनेक स्रोत है। समाचार-स्रोतों का वर्गीकरण अनेक आधारों पर किया जा सकता है, जैसे (क) उपलब्धता के आधार पर (ख) विश्वसनीयता के आधार पर और (ग) प्रकृति के आधार पर। जिनमें मुख्य स्रोत निम्नलिखित हैं-

(क) उपलब्धता के आधार पर

(1) प्रत्याशित समाचार-स्रोत- ऐसे स्रोत जहाँ से संवाददाता को समाचार मिलने की पूर्ण सम्भावना है, वे प्रत्याशित समाचार - स्रोत कहे जाते हैं। जैसे- पुलिस स्टेशन, नगरपालिका, अस्पताल, सार्वजनिक संस्थाएँ, श्मशान, विविध समितियों की बैठकें, संसद और विधानसभा, पत्रकार-सम्मेलन, सार्वजनिक वक्तव्य, संस्थाओं के अधिवेशन या सम्मेलन तथा विभिन्न सभास्थल- ये सभी प्रत्याशित या सम्भावित

समाचारों के स्रोत हैं। कुशल संवाददाता इन स्थलों पर पहुँच कर अपने मतलब का समाचार छान लेता है, क्योंकि कहीं न कहीं अपराध तो होते ही रहते हैं, जिनकी जानकारी व अपराधियों की धर-पकड़ पुलिस करती ही रहती है। अतः पुलिस कार्यालय से कोई न कोई समाचार मिलता ही है। नगरपालिका भी समाचार का प्रत्याशित स्रोत है, क्योंकि नगरपालिका की बैठक हो तो भी और बैठक न हो, तो भी वहाँ कुछ न कुछ सही गलत होता ही रहता है, जिससे समाचार बनता है। इसी प्रकार सरकारी सूचना विभाग और अस्पताल में भी समाचार मिलने की पूरी सम्भावना रहती है। सभी डायरी समाचार प्रत्याशित स्रोतों के समाचार होते हैं। जैसे प्रेस कान्फ्रेंस, निर्धारित साक्षात्कार, किसी राजनीतिक दल की बैठक आदि। न्यायालय, रेलवे स्टेशन, बस-स्टेशन, कोई प्रदर्शनी, खेल आयोजन आदि भी प्रत्याशित समाचारों के स्रोत हैं। इसी प्रकार विभिन्न संस्थाएँ, संसद और विधानसभा की बैठकें, विभिन्न प्रकार के सम्मेलन, सेमिनार, अन्त्येष्टिस्थल, सट्टेबाजी के स्थल, शेयर मार्केट आदि भी प्रत्याशित समाचार स्रोत हैं।

(2) अप्रत्याशित समाचार-स्रोत - जिन समाचारों तथा उनके स्रोतों का पहले से पता नहीं होता, वे अप्रत्याशित स्रोत वाले समाचार कहलाते हैं। इस प्रकार के समाचारों को पाने के लिए रिपोर्टर/संवाददाता का अनुभव और उसके सम्पर्क-सूत्र बहुत काम आते हैं। ऐसे समाचारों के स्रोत प्रायः मिलते हैं। अप्रत्याशित रूप से प्राप्त समाचारों को पूरी तरह से जाँच-परखकर ही समाचार-स्टोरी बनानी चाहिए। समाचार-चेतना, तर्कशक्ति, दूरदृष्टि और अनुभव द्वारा एक चतुर संवाददाता या पत्रकार असंगत एवं अप्रत्याशित घटनाओं में से भी समाचार ढूँढ़ लेते हैं।

पं. कमलापति त्रिपाठी ने अपनी पुस्तक पत्र और पत्रकार में एक उदाहरण दिया है-'कुछ वर्ष पहले की बात है कि काशी के एयरोड्रम से 'आज' कार्यालय में सम्पादक के नाम एक टेलीफोन आया। क्या आप कोई ऐसा प्रबन्ध कर सकते कि मुझे 15-16 गैलेन पेट्रोल मिल जाये?' असंगत प्रश्न से सम्पादक की उत्सुकता बढ़ गयी। सम्पादक ने पूछा-'आप कौन हैं, पेट्रोल की खोज क्यों कर रहे हैं?' उत्तर मिला-'मैं टाटानगर से हूँ और टाटा के विमान का चालक हूँ। जमशेदपुर से अपने विमान में पं. जवाहरलाल नेहरू को लेकर लखनऊ जा रहा था। आँधी के कारण रास्ता भूल गया और व्यर्थ का लम्बा चक्कर लगाना पड़ गया। इसमें मेरा पेट्रोल खत्म हो गया। फलतः यहाँ बनारस में अभी उतरा हूँ। मुझे पेट्रोल की टंकी भर लेनी है और पण्डितजी को लेकर उड़ जाना है। मै जानता नहीं कि पेट्रोल कहाँ मिलेगा, इसलिए आपको टेलीफोन किया है।' सम्पादक ने पेट्रोल का प्रबन्ध किया और टेलीफोन वार्ता से एक अप्रत्याशित समाचार भी प्राप्त कर लिया।

हत्या, आग, दुर्घटना, डकैती, चोरी, बलात्कार, आत्महत्या आदि इस श्रेणी के समाचार हैं। इनकी जानकारी के लिए गली-गली घूमना तो पड़ता ही है, पुलिस स्टेशन,

समाचार पत्र एवं पत्रकारिता

रेलवे स्टेशन, अग्निशमक केन्द्र, अस्पताल आदि से सम्पर्क भी रखना पड़ता है। अब तो प्राय: ये समाचार टेलीफोन पर प्राप्त किये जा सकते हैं। इन्ही समाचारों के संग्रह में बहुत श्रम होता है। इस प्रकार के समाचार केवल घटना की सूचना देने से ही पूर्ण नहीं हो जाते, बल्कि इनमें रोचकता पैदा करने के और पाठक की जिज्ञासा शान्त करने के लिए संवाददाता को घटना की तह तक जाना पड़ता है। समाचार की सूचना देना एक पक्ष है और उसके कारणों की जानकारी देना दूसरा पक्ष। समाचारपत्र की दृष्टि से और पाठकों के लिए भी। यह दूसरा पक्ष ही महत्त्वपूर्ण है, अप्रत्याशित स्रोतों वाले समाचारों को प्राप्त करने के लिए रिपोर्ट/संवाददाता के पास समाचार सूँघने की शक्ति (Nose for News) का होना आवश्यक है।

(3) पूर्वानुमानित समाचार के स्रोत- ये समाचार के वे स्रोत हैं, जिनसे पूर्व अनुमान लगाकर रिपोर्ट/संवाददाता सम्पर्क करता है और समाचार पाने की चेष्टा करता है। ऐसे स्रोतों के समाचार सम्भावनाओं पर आधारित होते हैं, अत: आवश्यक नहीं कि वहाँ समाचार मिल ही जाये। अनेक बार रिपोर्ट/संवाददाता को खाली हाथ ही लौटना पड़ता है। फिर भी गन्दी बस्तियाँ, शिक्षा संस्थान, कल-कारखाने और कार्यालयों के संदर्भ में पहले ही से अनुमान लगाकर संवाददाता समाचारों को खोज निकालता है। पूर्वानुमानित समाचारों की खोज करते समय कभी-कभी बड़े समाचार मिल जाते हैं, जैसे अमेरिका के वाटरगेट काण्ड का आरम्भ एक पूर्वानुमानित समाचार की खोज थी, जो बाद में विश्व में तहलका मचाने वाला समाचार बन गया। अपने देश के बिहार प्रान्त का आँखफोड़वा काण्ड भी पूर्वानुमानित समाचार था।

वैसे तो सभी समाचारों के लिए रिपोर्ट/संवाददाता को योजना बनानी पड़ती है, किन्तु पूर्वानुमानित समाचारों के लिए योजना बनाना अति आवश्यक है, क्योंकि योजना बनाये बिना समाचारों की खोज (Dugging of News) सम्भव नहीं है। उदाहरण के लिए किसी वजह से शुद्ध जल की सुलभता के लिए सरकार ने कुछ धनराशि स्वीकृत की। इस धनराशि से नगर में स्थान-स्थान पर हैण्डपम्प लगाये जाने हैं। अब रिपार्टर/संवाददाता को यह खोजना है कि इस धनराशि का सही उपयोग हो रहा है या नहीं? कहीं ऐसा तो नहीं कि खराब पड़े हैण्डपम्पों में से कुछ की मरम्मत करके, दो-चार नये पम्प लगाकर सारी धनराशि का वारा-न्यारा कर दिया गया। इसकी खोजबीन करने पर किसी घोटाले का पता चल सकता है। ऐसा भी हो सकता है कि समाचार लायक कोई घोटाला हुआ ही न हो।

(4) समाचार समितियाँ- समाचार समितियों को समाचारों का आढ़तिया भी कहा जाता है। ये सामूहिक रूप से विस्तृत क्षेत्रों के समाचारों का संकलन करने वाली समितियाँ हैं, जो द्रुत-व्यवस्था से थोक की थोक खबरें समाचारपत्रों को उचित पारिश्रमिक लेकर उपलब्ध कराती है।

समाचारपत्रों के लिए जिस प्रकार संवाददाता आवश्यक है, उसी प्रकार समाचार-समितियाँ भी आवश्यक हैं। समाचार एजेंसियाँ देश-विदेश के अनेक छोटे-बड़े कस्बों, गाँवों, नगरों आदि में अपने संवाददाताओं की नियुक्ति करती हैं। ये संवाददाता जो भी समाचार प्राप्त करते हैं, उसे अपनी एजेंसी के मुख्यालय को भेज देते हैं, जहाँ से एजेंसी अपने ग्राहक समाचारपत्रों को वे समाचार भेज देती हैं। समाचार एजेंसियों के समाचार प्रायः सपाट, सीधे और अनाकर्षक होते हैं, लेकिन समाचारपत्र की विवशता यह है कि उनको समाचार लेने को इसलिए विवश होना पड़ता है, क्योंकि उनके पास पर्याप्त सुविधाओं का अभाव होता है।

विश्व की महत्त्वपूर्ण एजेंसियों में रायटर तथा प्रेस एसोसिएशन का नाम प्रमुख है। भारत में पी.टी.आई., यू.एन.आई. हिन्दुस्तान समाचार तथा समाचार भारती ही प्रमुख समाचार एजेंसियाँ थीं। अब सबको मिलाकर 'समाचार' नामक एक एजेंसी बना दी गयी है।

(ख) विश्वसनीयता के आधार पर

विश्वसनीयता के आधार पर समाचार-स्रोतों को दो भागों में बाँटा जा सकता है-

(1) ठोस (Hard) समाचार स्रोत (2) दुर्बल (Weak) समाचार स्रोत।

ठोस समाचार स्रोत- वे समाचार स्रोत हैं जो किसी समाचार को अधिकारिक रूप से बताते हैं। उदाहरण के लिए संसद में दिया गया वक्तव्य (जो कार्यवाही में शामिल कर लिया गया हो), विभिन्न मन्त्रालयों के उच्चपस्थ अधिकारी, अधिकृत प्रवक्ता, विभिन्न प्रेस-विज्ञप्तियाँ आदि समाचार के ठोस स्रोत हैं।

ठोस स्रोतों से प्राप्त समाचारों को लिखते समय प्रायः निम्नांकित वाक्याशों का प्रयोग करते हैं- 'अधिकारिक तौर पर पता चला है (It is authoritatively learnt ......)' इसका अर्थ है कि स्रोत उतना ही अच्छा है, जितना अधिकृत स्रोत।

'जानकार सूत्रों के अनुसार........ (According to knowlegable or informed sources ......)' इसका अर्थ है कि स्रोत आधिकारिक नहीं है, लेकिन उसकी पहुँच आधिकारिक सूचना तक है। 'क' के एक नजदीकी सूत्र के अनुसार- '(According to a source or quartor close to x)' इसका अर्थ है कि सूचना 'क' से ली गयी ही मानी जाये।

विशेष रूप से कूटनीतिक मामलों में, एक अधिकृत प्रवक्ता विश्वसनीय सूचना को कोई अंश यह समझ कर खोलता है कि सूचना का यह अंश बिना किसी पूर्वाग्रह के जारी किया जा रहा है अर्थात् जो कहा गया है, वह पूरी समझ और जानकारी के आधार पर (Undestood basis) कहा गया है, इसे समाचार जगत् में 'समझ जाता है कि (It is understood or ......is understood to be.......)' जैसे वाक्यांशों से छापा जायेगा।

दुर्बल समाचार-स्रोत- वे समाचार स्रोत हैं, जो आधिकारिक नहीं होते पर जिनकी सूचना किसी न किसी रूप में मिलती है, चाहे वह अफवाह के रूप में हो, चाहे जनचर्चाओं के रूप में या किसी अन्य रूप में दुर्बल स्रोतों से प्राप्त समाचारों को प्राय: निम्नलिखित प्रकार से लिखा जाता है- '........ क्षेत्र में चर्चा है कि .... ', '........हलकों में चर्चा गरम है कि......... ', 'पता चला है कि (It is learnt)श,'विश्वास किया जाता है कि ....(It is belived)','कहा जाता है कि ....(It is staated)श,'राजनीतिक प्रेक्षकों के अनुसार/राजनीतिक प्रेक्षकों का मानना है कि...........-(According to political observers)','अफवाह है कि ....(It is rumer)' आदि।

(ग) प्रकृति के आधार पर

प्रकृति के आधार पर भी समाचार-स्रोतों का वर्गीकरण किया जा सकता है। वे हैं- (1) सरकारी (2) गैर-सरकारी।

सरकारी स्रोतों में सत्ता व्यवस्था से जुड़े स्रोत जैसे विधायिका, कार्यपालिका तथा न्यायपालिका आदि आते हैं।

गैर सरकारी स्रोतों की संख्या अपेक्षाकृत अधिक होती है और लोकतान्त्रिक व्यवस्था में इनका महत्त्व काफी कम होता है, जैसे राजनीतिक दल, सामाजिक संगठन आदि।

एक संवाददाता समाचार प्राप्त करने के लिए जिन स्रोतों का उपयोग कर सकता है, उनमें से कुछ इस प्रकार हैं-

(1) पुलिस थाने/कार्यालय/पुलिस कण्ट्रोल रूम (2) अस्पताल (3) न्यायालय और उसका परिसर (4) स्थानीय नगर निकाय (5) अग्निशमन विभाग (6) स्कूल/कॉलेज/विश्वविद्यालय (7) क्लब (8) विभिन्न ट्रेड यूनियनों के कार्यालय (9) सामाजिक संस्थाएँ (10) आर्थिक संगठन जैसे- शेयर मार्केट, व्यापारिक संगठन (11) साहित्यिक संस्थाएँ (12) धार्मिक संस्थाएँ (13) राजनीतिक दलों के कार्यालय (14) राजनीतिक दलों के नेता (15) रेलवे स्टेशन (16) बस स्टेशन (17) टैक्सी, इक्का, रिक्शा, तांगा स्टैण्ड (18) हवाई अड्डा (19) बन्दरगाह (20) केन्द्रीय, प्रान्तीय और जिला सूचना केन्द्र (21) बार एसोसिएशन (22) चार्टर्ड एकाउण्टेण्ट्स एसोसिएशन (23) जिला परिषद (24) विभिन्न सरकारी विभाग और उनके जनसम्पर्क कार्यालय (25) विकासखण्ड (26) ग्रामसभा एवं पंचायत भवन (27) रोजगार कार्यालय (28) जिले के प्रमुख अधिकारी जैसे - डीएम, एसपी आदि (29) बड़ी उत्पाद इकाइयाँ (30) वित्तीय संस्थाएँ (31) शव परीक्षण केन्द्र (32) मेडिकल एसोसिएशन (33) विदेशी दूतावास और उनके विभिन्न कार्यालय (34) धर्मशालाएँ एवं होटल (35) अनाथालय (36) महिला संगठन (37) सार्वजनिक जीवन जीने वाले व्यक्ति जैसे- नेता, समाजसेवी आदि (38) धार्मिक नेता (39) धार्मिक पीठ (40) वैज्ञानिक शोध संगठन/प्रयोगशालाएँ (41) सभा सम्मेलन (42) सार्वजनिक कार्यक्रम (43) पर्यटन

स्थल (44) अपने क्षेत्र के विशिष्ट व्यक्ति (45) शताधिक उम्र वाले व्यक्ति (46) प्रेस नोट, समाचार बुलेटिन, पत्रक (हैण्ड आउट्स) आदि। प्रेस रिलीज- प्रेस रिलीज सरल तथा सुस्पष्ट लिखित समाचार सूचना या समाचार से सम्बद्ध वह अभिलेख है, जिसे समाचारपत्रों में प्रकाशनार्थ हेतु दिया जाता है। शासकीय समाचारों से सम्बन्धित प्रेस रिलीज चार प्रकार के होते हैं-

(अ) प्रेस कम्यूनीक्स (Press Communiques) शासन के अतिमहत्त्वपूर्ण निर्णय जैसे- मन्त्रिमण्डल का हेर-फेर, विदेशी राज्याध्यक्षों के साथ समझौते तथा अन्य विशेष मामलों पर प्रेस कम्य्यूनीक्स जारी होते हैं। इस प्रकार के समाचारों में औपचारिकता अधिक होती है। प्रेस रिलीज के बाएँ ओर सबसे नीचे कोने पर सम्बन्धित विभाग का नाम, स्थान और दिनांक लिखा रहता है। विशेष सम्पादन की इसमें आवश्यकता नहीं होती। शीर्षक और उपशीर्षक भी इसमें नहीं दिया जाता है।

(ब) प्रेस नोट्स (Press Notes)- प्रेस कम्य्यूनीक्स की अपेक्षा इसमें कम औपचारिकता होती है। कराधान सम्बन्धी परिर्वन, रेलभाड़ा अथवा ब्याज दर में वृद्धि से सम्बन्धित प्रमुख शासकीय मामलों पर इसे जारी किया जाता है। इसे सम्पादक घटा-बढ़ा सकता है तथा शीर्षक के उपशीर्षक देकर छाप सकता है। प्रेस इनफारमेशन ब्यूरों की कोई जबाबदेही प्रेस कम्य्यूनीक्स और प्रेस नोट्स के प्रति नहीं होती।

(स) हैण्ड आउट्स (Hand Outs)- दिन-प्रतिदिन के विविध विषयों, मन्त्रालयों के क्रियाकलापों, प्रमुख राजपुरूषों के भाषण और संसद के प्रश्नोत्तर आदि मसलों पर हैण्ड आउट जारी किये जाते हैं। इसे शासन के अधिकृत प्रवक्ता द्वारा नहीं जारी किया जाता, बल्कि प्रेस इनफार्मेशन ब्यूरो या अन्य किसी सम्बन्धित विभाग द्वारा प्रसारित किया जाता है। इसे सम्पादित कर शीर्षक उपशीर्षक देकर छापने के लिए सम्पादक स्वतन्त्र है।

(द) अन ऑफिशियल हैण्ड-आउट (Unofficial Handout)- मौखिक वक्तव्यों के पूरक के रूप में इसे निर्गत किया जाता है। इस प्रकार इसमें किसी रिलीजिंग एजेंसी का नाम नहीं रहता। हैंड-आउट को सामयिक, सरल और सारगर्भित होना चाहिए।

(य) नॉन न्यूज रिलीजेज (Non-New Releases)- सरकार अथवा किसी संगठन के विषय में स्वस्थ जनमत के निर्माण हेतु व्यक्तित्त्व-चर्चा, फीचर, न्यूज-लेटर, संशोधन सम्बन्धी प्रपत्र जारी किये जाते हैं।

(र) साक्षात्कार (Intertview)- प्रकाशनोपयोगी तथ्यों को प्राप्त करने की कला ही साक्षात्कार है। साक्षात्कार और व्यक्तिगत सम्पर्क द्वारा समाचार की विशद् जानकारी प्राप्त की जाती है। देखा जाता है कि सरकारी वक्तव्य, सार्वजनिक

घोषणाएँ तथा विज्ञप्तियाँ तथा मंचीय भाषणों द्वारा प्रायः एकपक्षीय तत्त्वों का विवरण प्रस्तुत किया जाता है। साक्षात्कार द्वारा पत्रकार समाचारों से सम्बद्ध अधिकारी से पक्ष-विपक्ष, गुण-दोष एवं जनमत के प्रभाव की ठोस बातें ज्ञात करता है। दूसरे शब्दों में भेंटवार्ता, समालाप या साक्षात्कार द्वारा समाचार के 'क्यों' और 'कैसे' की गहरी जानकारी मिलती है। समाचार को पूर्णता प्राप्त होती है।

(ल) पत्रकार-सम्मेलन (प्रेस कान्फ्रेंस)- साक्षात्कार का व्यापक रूप पत्रकार-सम्मेलन है। किसी पत्र के संवाददाता ने किसी व्यक्ति से सम्पर्क कर आमने-सामने प्रश्न-परिप्रश्न द्वारा जो तथ्य प्राप्त किया, वह किसी एक पत्र की थाती होती है। पत्रकार-सम्मेलन में स्थान-विशेष के सभी मान्यताप्राप्त संवददताओं को बुलाया जाता है। शासन के प्रवक्ता, राजनी. तिक दलों के प्रमुख नेता, संगठनों तथा विशिष्ट व्यक्तियों के लिए पत्रकार सम्मेलन आयोजित होता है, ताकि पत्र-प्रतिनिधियों से भेंट कर अपना पक्ष प्रस्तुत किया जा सके।

वक्तव्यों से सम्बद्ध प्रश्नों को उठाकर पत्रकार विषय का सूक्ष्म अध्ययन कर लेता है, कभी-कभी वे तथ्य उजागर हो जाते हैं। जिन पर पर्दा डाला जाता है।

(व) समाचारों का अनुवर्तन (फॉलो-अप)- समाचारों का पीछा करना संवाददाताओं का मुख्य कार्य है, जिससे समाचारपत्र की प्रतिष्ठा बढ़ती है। गत दिवस के समाचारों की अगली और सूचना प्राप्ति की प्रक्रिया को समाचार अनुवर्तन कहा जाता है। प्रभावकारी ढंग से तथ्यों का अन्वेषण एवं उनका उद्घाटन करने वाला समाचारपत्र लोकप्रिय होता है और जनसेवा भी अधिक करता है।

प्रतिवर्ष वार्षिक बजट प्रस्तुत करने के एक माह पूर्व और उसके एक माह बाद तक नये करों की सम्भावना तथा बाजार में कीमतों की स्थिति से सम्बन्धित समाचारों का अनुवर्तन लोककल्याणकारी होता है। बाढ़, सूखा जैसी प्राकृतिक आपदा के समय समाचारों का फॉलोअप समाचारपत्र के पाठकों की जिज्ञासा को शान्त करता है।

समाचार-संकलन : कुछ सावधानी, कुछ तैयारी

समाचार-स्रोतों के वर्णन से यह स्पष्ट हो गया होगा कि एक रिपोर्ट/संवाददाता को समाचार अनेक स्रोतों एवं तरीकों से प्राप्त होते हैं। इन समाचारों को प्राप्त करने के लिए एक रिपोर्ट/ संवाददाता को अपने समाचार-बोध (News Sense) को विकसित करना पड़ता है। उसे विभिन्न प्रकार के समाचार-सूत्रों से सम्पर्क करके मधुर सम्बन्ध बनाने पड़ते हैं। जिससे कि समय-समय पर वह उनका उपयोग कर सके। बिना अच्छे सम्बन्धों के समाचार-सूत्र समाचार देने में रुचि नहीं दिखाते।

इतना ही नहीं बल्कि एक रिपोर्ट/संवाददाता को अपने सम्पर्क-सूत्रों का विश्वासपात्र भी बनना पड़ता है, क्योंकि कुछ ऐसे समाचार भी होते हैं, जिनको बताने में समाचार-सूत्र डरते और झिझकते भी हैं। उन्हें इस बात का डर बना रहता है कि कहीं इस समाचार से उनके ऊपर कोई मुसीबत न आ जायें अतः वे अपनी सुरक्षा के प्रति भी सुनिश्चित होना चाहते हैं। समाचार-संकलन के दौरान बहुत-सी बातें रिपोर्टर/संवाददाता को मालूम हो जाती हैं, किन्तु एक अच्छा रिपोर्ट/संवाददाता केवल उन्हीं बातों को प्रकाशित करता है, जो जनहित एवं राष्ट्रहित में हो और जिनके प्रकाशन से सम्बन्धित समाचार-सूत्र को कोई हानि न पहुँचे।

पूर्व में समाचार स्रोतों के वर्णन के समय प्रेस कान्फ्रेंस और इण्टरव्यू की बात कही गयी है। समाचार-प्राप्ति के लिए ये बहुत महत्त्वपूर्ण माने जाते हैं। कोई व्यक्ति प्रेस कान्फ्रेंस भी आयोजित करता है, जब उसे कुछ विशेष बात कहनी होती है। इसी तरह इण्टरव्यू भी उसी व्यक्ति का लिया जाता है, जिससे समाचार-प्राप्ति की पूरी आशा हो। किन्तु प्रेस कान्फ्रेंस और इण्टरव्यू करने से पहले रिपोर्टर/संवाददाता का कुछ आवश्यक तैयारियाँ करनी पड़ती हैं। ऐसे अवसरों पर बिना पूर्व तैयारी के गया हुआ रिपोर्टर/ संवाददाता अच्छे समाचार नहीं प्राप्त कर सकता। आगे हम इन अवसरों पर रिपोर्टर/ संवाददाता द्वारा की जाने वाली आवश्यक तैयारियों का उल्लेख कर रहे हैं।

किसी संवाददाता या रिपोर्टर को निम्नलिखित तैयारियाँ करनी होती हैं-

(1) **सम्पर्क-सूत्र ढूँढ़ना-** जिस स्रोतों से समाचार प्राप्त हो सकते हैं, उनमें किससे सम्पर्क किया जाये, यह सबसे पहले जानने योग्य बात है। लोकसभा, विधानसभा, सरकार का कोई मन्त्रालय, उद्योग, कम्पनी आदि में प्रायः सूचना अधिकारी या जनसम्पर्क अधिकारी ऐसे होते हैं, जिनसे सूचनाएँ प्राप्त की जा सकती हैं। ऐसे लोगों की एक सूची बना लें। जहाँ भी, जब भी कोई परिवर्तन हो, उसे तुरन्त संशोधित कर लें। ऐसे व्यक्तियों का टेलीफोन नम्बर अपनी सूची में रखना भी उपयोगी हो सकता है।

(2) **सम्पर्क बढ़ाना-** सम्पर्क-सूत्र ढूँढ़ने के बाद दूसरा कार्य है- सम्पर्क बढ़ाना। प्रायः बड़े अफसरों की बजाय उनके अधीनस्थों से सम्पर्क रखना ज्यादा ठीक रहता है, फिर भी बड़े अधिकारियों से भी मिलते रहना चाहिए। जितना घनिष्ठ सम्पर्क होगा, उतनी उपयोगी सूचना प्राप्त करने में सरलता होगी।

(3) **आत्मीयता-** सम्पर्क की घनिष्ठता के लिए आत्मीयता बहुत आवश्यक है। आपके सम्पर्क सूत्र को किसी भी बात से यह न लगे कि आप उससे कुछ छिपा रहे हैं। जब आप सब कुछ विस्तार से उसे बताएँगे, तो वह भी निश्चित रूप से आपको अनेक गुप्त जानकारियाँ दे देगा, जो आपके लिए नयी भी होंगी और पाठकों को चमत्कृत भी करेंगी। हाँ, यह ध्यान भी रखिए कि ऐसी जानकारियों के प्रकाशन में किसी भी प्रकार उसके सूत्र की जानकारी नहीं मिलनी चाहिए अन्यथा अगली बार आपको समाचार नहीं मिलेगा।

(4) राजनीतिक समाचारों के लिए बहुत सतर्क रहना चाहिए। जब तक आप किसी समाचार की पुष्टि न कर लें (इस अंग्रजी में क्रॉस चेकिंग कहेंगे) तब तक आप उसे प्रकाशन के लिए न भेंजे।

(5) उद्योग-संस्थानों के समाचार-बुलेटिन, पत्र-पत्रिकाओं को भी पढ़ते रहें। इसमें काफी जानकारी मिल जाती है।

(6) प्रेस नियम, सेंसरशिप के नियम तथा अन्य वैधानिक बातों की भी जानकारी रखनी चाहिए।

समाचारों के चयन का सिद्धान्त

विभिन्न स्रोतों से प्राप्त समाचारों में से कौन सा समाचार समाचारपत्र के लिए उपयुक्त है, इस सन्दर्भ में 'डेली हेराल्ड' के सम्पादक जूलियस साल्टर इलियास ने सुझाव प्रकट किया था कि – 'हम अपने सामचारपत्र में ऐसे समाचार दें, जिससे पाठक मुस्कराए और उत्साहित हो। प्रत्येक पृष्ठ पर ऐसे समाचारों को स्थान मिले, जिनसे पाठक का मन प्रसन्न हो।'

उपर्युक्त तथ्य के आधार पर समाचारों के चयन में निम्नलिखित बातों पर ध्यान दिया जाना चाहिए-

(1) जनाकर्षण- ऐसे समाचार जो सामयिक हों, उनसे जनता सामीप्य (निकटता) का अनुभव करे, उनका क्या महत्त्व है तथा वे किस आकार-प्रकार में है? अन चार विशेषताओं से युक्त समाचार जनता को आकर्षित करते हैं। अतः ऐसे समाचारों के चयन पर बल देना चाहिए।

(2) जनरुचि- समाज की नाड़ी को परखकर उसके अनुरूप ही समाचारों का चयन होना चाहिए। यह ध्यान रखना चाहिए कि हत्या, डकैती, पॉकेटीमारी, जालसाजी, बलात्कार सम्बन्धी समाचारों को विकृत रूप में प्रस्तुत नहीं किया जाये। क्योंकि ऐसे समाचार जनरुचि के होते हुए भी जनमानस के लिए हानिकारक होते हैं। अतः योग्य संवाददाता या पत्रकार 'सत्य की रक्षा' की विवशता में ऐसे समाचारों को शालीन ढंग से प्रस्तुत कर सकते हैं, जिससे पाठकों की मानसिक विकृति न होने पाये।

(3) कहा जाता है कि 'तथ्य पवित्र हैं, प्रचार पवित्र नहीं।' किन्तु कभी-कभी समाचारों के चयन मे धर्मसंकट की स्थिति आ जाती है। उदाहरण के लिए सूचना विभाग से प्राप्त समाचारों में किसी हड़ताल की असफलता सम्बन्धी विज्ञप्तियों के साथ ही संवाददाता को अपने तथ्यों द्वारा उसी हड़ताल की सफलता के समाचार भी प्राप्त होते हैं। ऐसी परिस्थिति में संवाददाता को राष्ट्रहित तथा पत्रकारिता के आदर्श के अनुरूप ईमानदारी से दोनों पक्षों के तथ्यों को पाठकों के समक्ष प्रस्तुत करना चाहिए।

राष्ट्रीय समाचारपत्रों के संवाददाताओं में यद्यपि काम करने और समाचार-संकलन के लिए बीट या क्षेत्र बाँट दिया जाता है, किन्तु अधिकांशतः ऐसा होता है कि उनके समाचार-क्षेत्र से अन्य सम्बन्धित या असम्बन्धित क्षेत्रों का लेना देना रहता है और उन बाहरी क्षेत्रों या विषयों की पर्याप्त जानकारी लिये बिना वे अपने विषय के साथ पूरा न्याय नहीं कर पाते।

छोटे या बड़े समाचारपत्रों में छपने वाले समाचारों में कोई बड़ा अन्तर नहीं होता। अन्तर केवल रिपोर्टर/संवाददाता के अनुभव, उसकी पृष्टभूमि, उसकी दृष्टि और जानकारी तथा समाचारपत्र द्वारा उस डंग की खबरों को दी जाने वाली प्राथमिकता का होता है। फिर भी अगर कोई समाचारपत्र अधिक संख्या में पढ़ा जाता है, तो उसकी प्रामणिकता, विश्वयनीयता और समय पर समाचार देने की कुशलता को बनाये रखने में उसके रिपोर्टर/संवाददाताओं की अहम भूमिका होती है।

स्थानीय समाचारों का महत्त्व

स्थानीय समाचार रोजमर्रा की जिन्दगी के समाचार होते हैं। नागरिक जीवन का कोई भी पहलू नहीं है, जो स्थनीय रिपोर्टरों/संवाददाताओं की कलम के लिए अछूता रहता हो। नगर निगम, थाना, अदालत, विद्यालय, अस्पताल, प्रसूतिगृह से लेकर श्मशान तक सभी विषयों से स्थानीय संवाददाताओं को दो-चार होना पड़ता है। नगर की हस्तियों से लेकर उभरते राजनेताओं, छात्र नेताओं व बालकलाकारों तक, सभी संवाददाता समाचार के दायरे में रखने को विवश हैं। शहर में बिजली की तकलीफ हो अथवा पानी की या परिवहन की कठिनाई हो, लोग अपनी आवाज उठाना चाहते हैं। स्थानीय समाचार की समाचारपत्र को यह सार्थकता प्रदान करते हैं। उत्सव हो या दुर्घटना नागरिक सुविधाओं का अभाव हो या विस्तार, इनके बारे मे लोग जानना चाहते हैं। सिर्फ जिज्ञासावश नहीं, इसलिए भी कि ये सभी बातें उनके जीवन का हिस्सा हैं, उनके जीवन को प्रभावित करती हैं।

स्थानीय समाचारों के बिना कोई भी समाचारपत्र अधूरा है। समाचारपत्र राष्ट्रीय हो, क्षेत्रीय हो या स्थानीय, वह समाचार समाचारों की उपेक्षा नहीं कर सकता है। राष्ट्रीय एवं क्षेत्रीय समाचारपत्रों के लिए वह महानगर, नगर या केन्द्र अत्यन्त महत्त्व का होता है, जहाँ से इसका प्रकाशन होता है। संचार और परिवहन के क्षेत्र में क्रान्तिकारी परिवर्तन के बावजूद समाचारपत्र अपनी प्रसार संख्या एवं व्यापारिक सफलता के लिए अपनी प्रकाशन नगरी पर आश्रित होते हैं। सच तो यह है कि प्रकाशन स्थल पर अत्यधिक निर्भरता के कारण की समाचारपत्र की विशिष्ट पहचान बनती है। वह समाचारपत्र तो जैसे उस नगर की पहचान वन की जाता है। उसके बिना नगर अधूरा है, आप अपने नगर के समाचारों को नहीं जानते हैं, तो फिर आप नगर की सामाजिक, राजनीतिक, आर्थिक, धार्मिक, सांस्कृतिक एवं अन्य तमाम घटनाओं की अँधी गलियों में भटकने को विवश हैं। प्रकाशन स्थल व समाचारपत्रों के इस अनूठे रिश्ते का ही परिणाम है

कि 'हिन्दुस्तान टाइम्स' देश की राजधानी की पहचान है, तो 'टाइम्स ऑफ इण्डिया' मुम्बई की पहचान बना हुआ है। चेन्नई की पहचान 'द हिन्दू' है, तो कोलकाता की पहचान 'द स्टेटमैन' है।

प्रश्न उठता है कि स्थानीय समाचार क्या होते हैं? निश्चय ही यह प्रश्न अत्यन्त महत्त्वपूर्ण है। घटनाओं की गति या समय के दबाव में इस बात की आशंका रहती है कि समाचार के स्वरूप या चरित्र की तरफ किसी का पर्याप्त ध्यान न जाये। प्रायः यह देखा गया है कि इसी चूक के कारण समारोह या घटना की कवरेज के लिए एक ही समाचारपत्र से दो-दो या अधिक संवाददाता पहुँच जाते हैं। इसके पीछे तालमेल का अभाव ही होता है। इससे भी बढ़कर यह तथ्य होता है कि समाचार के स्वरूप की तरफ ध्यान ही नहीं दिया जाता है। प्रत्येक समाचार का उद्भव होता है। परन्तु यह समाचार राष्ट्रीय महत्त्व का, अन्तर्राष्ट्रीय महत्त्व का या फिर स्थानीय महत्त्व का हो सकता है। अतः किसी भी संपादक, ब्यूरों चीफ या चीफ रिपोर्टर को इसकी प्रकृति का पूर्वानुमान होना ही चाहिए। क्या ऐसा पूर्वानुमान लगाना कठिन है? निश्चय ही यह कठिन नहीं है और अनुभवी पत्रकार के लिए तो बिल्कुल ही नहीं।

स्वाभाविक प्रश्न उठता है कि स्थानीय समाचार के बारे में पूर्वानुमान की कसौटी क्या हो? यह भी स्वाभाविक प्रश्न है कि स्थानीय समाचार क्या होता है? और फिर बुनियादी सवाल उठता है कि समाचार किसे कहते हैं? 'कोई भी घटना जिसमें अनूठापन हो, समाचार है। कोई भी बात जो अज्ञात थी, ज्ञात समाचार की श्रेणी में आ जाती है। इससे भी बढ़कर यह कि पाठक, श्रोता या दर्शक उसे समाचार के रूप में स्वीकार करें।' समाचार की परिभाषा या उसकी जटिलताओं में उलझे बिना कहा जा सकता है कि 'पाठक, श्रोता या दर्शक की जिज्ञासा को शान्त करने वाली जानकारी व उसकी जिन्दगी पर असर डाल सकने वाली सूचना निश्चय ही समाचार की श्रेणी में आती है।' यदि यह जानकारी या सूचना समाचारपत्र के प्रकाशन स्थल के निवासियों की जिन्दगी के दायरे में आती है, तो इसे स्थानीय समाचार कहा जा सकता है। प्रायः ऐसे समाचारों की उद्भव-स्थल समाचारपत्र का प्रकाशन स्थल ही होता है, परन्तु यह अन्यत्र भी हो सकता है। कुछ उदाहरणों से इस बात को स्पष्ट किया जा सकता है। किसी भी नगर या महानगर में घटने वाली अपराध की घटना, कोई सभा, सम्मेलन या समारोह निश्चय ही स्थानीय समाचार है, परन्तु नगर के महापौर या अन्य किसी महत्त्वपूर्ण हस्ती द्वारा विदेश जाकर किया गया कार्य या कही गयी बात भी स्वतः स्थानीय समाचार बन सकती है। किसी अन्तर्राष्ट्रीय संस्था या सम्मेलन

द्वारा किया गया कोई फैसला भी स्थानीय दृष्टि से महत्त्वपूर्ण हो सकता है। इसके बावजूद सामान्यतः यह कहा जा सकता है कि प्रकाशनस्थल या प्रसारणस्थल से उभरने वाले समाचार ही स्थानीय समाचार होते हैं। इनकी सामयिकता, सार्थकता, सामप्य और मनोरंजन का भी स्थानीय समाचार होते हैं। इनकी सामयिकता, सार्थकता, सामीप्य और मनोरंजन का भी विशेष महत्त्व है। स्थानीयता की कसौटी पर समाचार की सामयिकता, सामीप्य, समाज पर इसके असर तथा इससे जुड़े व्यक्तित्त्व का महत्त्व निर्विवाद है।

समाचार प्रेषण के माध्यम

समाचारपत्र कार्यालय को समाचार भेजने के अनेक साधन तथा प्रकार हैं। जिनमें से कुछ निम्नलिखित हैं-

(1) **डाक द्वारा** - सबसे सहज तरीका यह है कि समाचार लिखकर संवाददाता डाक में डाल दें। इस समाचार को डिस्पैच या खरीता भी कहते हैं। ऐसे समाचारों को संवाददाता घटनाओं की रिपोर्ट का अच्छी तरह सम्पादन करके, अस्पष्ट वर्णन को स्पष्ट और मनोरंजक ढंग से लिखकर भेजता है।

(2) **टेलीफोन** - यदि कोई ऐसा समाचार हो, जा अत्यन्त महत्त्वपूर्ण हो और उसका तुरन्त प्रकाशित होना आवश्यक है, तो उसे संवाददाता तार या टेलीफोन से भेजता है। टेलीफोन से समाचार संक्षेप में भेजना चाहिए क्यों कि टेलीफोन में उतना समय नहीं मिल पाता, जितना कि पूरा समाचार भेजने के लिए चाहिए। अतः पूरा समाचार जल्दी भेजने के लिए तार की सहायता ली जाती है।

निजी कार्य के लिए टेलीफोन विभाग जितना समय सर्वसाधारण को देता है, उसकी अपेक्षा समाचारपत्रों के संवाददाताओं को अधिक समय देता है, किन्तु तार में जितनी बातें लिखी जा सकती हैं, टेलीफोन पर उतनी बातें कहीं नहीं जा सकतीं। टेलीफोन से समाचार भेजते समय कभी-कभी शब्दों की स्पेलिंग भी बोलनी पड़ती है, अतः समाचारपत्र कार्यालय में समाचार ग्रहण करके लिखने वाले व्यक्ति से भूल होने की आशंका बनी रहती है।

(3) **तार** - डाक विभाग द्वारा साधारण तार की अपेक्षा समाचारपत्र का तार पहले भेजा जाता है। उसके बाद ही सर्वसाधारण के तार भेजे जाते हैं। समाचारपत्रों के तार का खर्च भी निजी तार से कम पड़ता है। इसके अति. रिक्त डाक-विभाग द्वारा अर्जेण्ट प्रेस तार भी अन्य अर्जेण्ट तार से पहले भेजा जाता है। अब यह संवाददाता पर निर्भर है कि वह किसी समाचार को टेलीफोन से भेजे या अर्जेण्ट या साधारण तार से। वैसे टेलीफोन का खर्च भी अधिक पड़ता है।

समाचारपत्र के जो अपने संवाददाता होते हैं, उन्हें बिना तार खर्च के ही बैरंग तार भेजने की छूट होती है। इस सुविधा को पाने के लिए समाचारपत्र द्वारा तार ऑफिस में कुछ धनराशि अग्रिम जमा करानी होती है, जो बाद में समायोजित कर ली जाती है। बैरंग तार भेजने का अधिकार जिन समाचारपत्रों के जिन संवाददाताओं को होता है, उन्हें डाक तार विभाग से एक कार्ड दिया जाता है, जिस पर विभाग के अधिकारी और समाचारपत्र के सम्पादक या सहायक सम्पादक के हस्ताक्षर होते हैं। बैरंग तार भेजते समय उस पर बायीं ओर ऊपर कोने में सांकेतिक रूप से यह लिखना आवश्यक है कि 'तार बैरंग है और प्रेस के लिए है।' इसके लिए संकेत है- 'मबप अर्थात् मूल्य बाकी प्रेस।' यदि अर्जेण्ट तार भेजना हो, तो 'मबजप अर्थात् मूल्य बाकी जरूरी प्रेस' लिखा जाता है। अंग्रेजी में इसे 'बीजीएक्सक्यू' ('बाजी' बैरंग के लिए, 'एक्स' एक्सप्रेस के लिए और 'क्यू' प्रेस के लिए संकेत शब्द है।) लिखते हैं।

(4) **टेलीप्रिण्टर और समुद्री तार**- कुछ बड़े समाचारपत्रों ने मुख्य-मुख्य स्थानों को टेलीप्रिण्टर से जोड़ लिया है, जिससे समाचार कार्यालय में सीधे पहुँच जाता है। स्थायी टेलीप्रिण्टर सम्बन्ध के अलावा किन्हीं विशेष अवसर पर बड़े समाचारपत्र अपने अपने टेलीप्रिण्टर वहीं पर लगवा लेते हैं। इस कार्य में व्यय तो अधिक होता है, किन्तु समय और श्रम की बचत होती है। अपना टेलीप्रिण्टर होने से अधिक सामग्री ली जा सकती है और उसमें आवश्यकतानुसार परिवर्तन भी किया जा सकता है। जिस प्रकार टेलीफोन दूरभाष है, उसी प्रकार टेलीप्रिण्टर दूर-टाइप है। टाइपराइटर से मिलती जुलती यह मशीन बिजली और तार दोनों की सहायता से सैकड़ों मील दूर टाइप करती है। आजकल अन्तर्राष्ट्रीय टेलीप्रिण्टर सर्विस का भी विस्तार हो रहा है।

समाचार भेजने का एक और साधन है, जिसे केबुल अर्थात् समुद्री तार कहते हैं। समुद्र में जगह-जगह केबुल डाल दिये जाते हैं और उन्हीं के द्वारा समुद्री तार आता जाता रहता है। इस तार को भेजने और मँगाने का खर्च बहुत अधिक है। कम खर्च पड़ने के लिए संवाददाता और न्यूज एजेंसी ने कोड (सांकेतिक) शब्द बना रखे हैं, जिसमें पूरा वाक्य लिखना आवश्यक नहीं। आजकल टेलीप्रिण्टर और टेलेक्स के प्रयोग से पूरी रिपोर्ट इस प्रकार भेजी जाती है कि समाचारपत्र कार्यालय में बैठे समाचार सम्पादक या उप-सम्पादक को उसे लिखने की आवश्यकता नहीं पड़ती।

(5) **रेडियो**- हमारे देश में समाचार-प्रेषण का कार्य वायरलेस या रेडियो के द्वारा नहीं होता है। क्योंकि यहाँ रेडियो पर सरकारी नियंन्त्रण है। सरकार केवल अपने समाचार भेजने और मँगाने का कार्य करती है। लेकिन जो समाचारपत्र समाचार एजेंसी की सेवाएँ पैसे की कमी से नहीं ले पाते, वे रेडियो से समाचार सुनकर उसका विस्तार छाप देते हैं। आजकल छोटे दैनिकों के लिए रेडियो से धीमी गति के समाचार का प्रेषण किया जाता है, जिसे सुविधापूर्वक नोट कर उप-सम्पादक अपने पत्र में उपयोग करते हैं।

वर्तमान में समाचार-प्राप्ति-प्रेषण के आधुनिक साधन अधिक महत्त्वपूर्ण है। वर्तमान सूचना-संस्कृति में इनका महत्त्वपूर्ण स्थान है। समाचार प्रेषण के प्रमुख आधुनिक निम्नलिखित हैं-

(1) **हाइब्रिड डाकसेवा** - इलैक्ट्रानिक की प्रगति ने डाकसेवा को भी बेहतर बनाया है। अब हाइब्रिड डाक सेवा (Hybrid Mail Sercvice), गेटवे इलैक्ट्रानिक डाक सेवा (Gateway Electronic Mail Service) जैसी सुविधा अपने देश में भी कुछ चुनिन्दा बड़े शहरों में उपलब्ध है।

(2) **सेल्यूलर फोन**- समय के साथ टेलीफोन ने अपने रूप में बहुत अधिक सुधार किया। एक बक्से के रूप से निखरता हुआ टेलीफोन आज पॉकेट में समा गया है। इतना ही नहीं अब तो वीडियो टेलीफोन के माध्यम से हम टेलीफोन करने वाले की आवाज के साथ-साथ उसकी तस्वीर भी देख सकते हैं। सेल्यूलर फोन भी टेलीफोन का ही एक रूप है। वह हमें चलते-फिरते भी टेलीफोन की सुविधा प्रदान करता है। इसीलिए इसे मोबाइल (Mobile) फोन भी कहते हैं। इसकी तकनीक रेडियो की तकनीक पर आधारित होती है। सेल्यूलर फोन और साधारण फोन में मुख्य अन्तर यही है कि साधारण फोन में भेजे एवं ग्रहण किये जाने वाले सन्देश जहाँ प्रायः तारों के जरिए आते-जाते हैं वहीं सेल्यूलर फोन की कमी यह है कि यह बन्द जगहों, जहाँ रेडियो तरंग नहीं पहुँच पातीं, में कारगर नहीं होते।

(3) **टेली कान्फ्रेंस सेवा** - कान्फ्रेसिंग सेवा में हम विभिन्न स्थानों पर बैठे लोगों से उसी तरह बातचीत कर सकते हैं, मानो वे सब लोग एक की स्थान पर बैठकर बातचीत कर रहे हों। यह सुविधा टेलीफोन और वीडियो दोनों प्रकार की हो सकती है। इसी प्रकार कम्प्यूटर कान्फ्रेंस भी होता है, जिसमे अलग-अलग स्थानों पर बैठे लोग कम्प्यूटर को प्रयोग में लाकर सूचनाओं का एक दूसरे से आदान-प्रदान करते हैं।

(4) **फैक्स** - समाचार प्राप्ति-प्रेषण के लिए फैक्स आज एक महत्त्वपूर्ण साधन है। इसके माध्यम से ग्राफ, फोटो चार्ट लिखित या छपित दस्तावेज आदि को टेलीफोन कनेक्शन के साथ लगी एक विशेष मशीन की सहायता से एक स्थान से दूसरे स्थान को आसानी से भेजा या प्राप्त किया जा सकता है। यह मशीन भेजा या प्राप्त किया जा सकता है। यह मशीन भेजे जाने वाले फ्लैश को प्रकाश द्वारा स्कैन करती है और फिर उसका प्रतिविम्ब फोटो सेल द्वारा विद्युत सिगनल में बदल जाता है। यही सिगनल दूसरे छोर पर लगी मशीन में जब पहुँचता है, तो मशीन उसका डिकोडिंग करके मूल प्रलेख की कापी बाहर निकाल देती है। अब नयी तकनीक से युक्त फैक्स मशीनों में प्रलेख की गोपनीयता की भी व्यवस्था है।

(5) **पेजर**- रेडियो तकनीक पर आधारित होने के कारण इसे रेडियो पेजर भी कहते हैं। पेजर के माध्यम से कोई व्यक्ति किसी भी ऐसे व्यक्ति को अति संक्षिप्त सन्देश भेज सकता है, जिसके पास पेजर हो। यह एकमार्गीय तारविहीन संचार उपकरण होता है, जिसे हाथ या जेब में आसानी से रखा जा सकता है। पेजर दो प्रकार का होता है-न्यूमेरिक और अल्फा न्यूमेरिक। न्यूमेरिक पेजर में केवल संख्यात्मक सन्देश ही मिलता है जब कि अल्फा न्यूमेरिक में वर्णात्मक एवं संख्यात्मक दोनों प्रकार के सन्देश प्राप्त किये जा सकते हैं। वैसे कुछ पेजर डाटा एवं ध्वनि सन्देश भेजने में भी सक्षम होते हैं। किन्तु ऐसे पेजर अपने देश में फिलहाल अनुमोदित नहीं हैं।

(6) **ई-मेल**- ई-मेल द्वारा हम अपनी सूचनाओं, सन्देशों और दस्तावेजों आदि का प्रेषण एक कम्प्यूटर से दूसरे कम्प्यूटर में कर सकते हैं। इसके माध्यम से सन्देश काफी सहजता से होता है। इसके लिए एक कम्प्यूटर, एक मोडम और एक टेलीफोन लाइन की आवश्यकता होती है। यह व्यवस्था अपेक्षाकृत सस्ती भी होती है। समाचार प्राप्ति-प्रेषण में ई-मेल का उपयोग दिनों-दिन बढ़ता जा रहा है।

(7) **समुद्री संचार प्रणाली (Marone Communication System)**- नब्बे के दशक में विकसित यह प्रणाली सम्प्रेषण की आधुनिक प्रणाली है। भारत की प्रथम समुद्री संचार प्रणाली 18 अक्टूबर 1994 को प्रारम्भ हुई। उसी दिन इसे तीन महाद्वीपों के 13 राष्ट्रों को एक साथ जोड़ने वाही दुनिया की सबसे बड़ी समुद्री संचार प्रणाली से जोड़ा गया। इस प्रणाली के माध्यम से हम सूदूर देशों तक समाचार, सूचनाएँ, चित्र आदि का आदान-प्रदान कर सकते हैं। इस प्रणाली से सबसे बड़ा लाभ यह है कि इससे उपग्रहों पर निर्भरता घटती है।

(8) **टेली टेक्स्ट (Tele Text)**- टेली टेक्स्ट संचार प्रणाली में टेलीविजन प्रसारण केन्द्र पर सन्देशों को एक कम्प्यूटर में संचित कर लिया जाता है। इसे डाटाबेस (Database) कहते हैं। इस सूचना को टेलीविजन नेटवर्क द्वारा प्रसारित किया जाता है। जहाँ पर सूचना के टेक्स्ट को प्राप्त करना है, वहाँ पर सूचना के टेक्स्ट को प्राप्त करना है, वहाँ पर स्थित टेलीविजन में एक डीकोडर लगाना होता है। इस डीकोडर में प्रत्येक पृष्ठ को संचित करने के लिए स्मृति होती है। एक प्रोसेसर संचित पृष्ठों को टी.वी. स्क्रीन पर मूल रूप में प्रदर्शित करता जाता है और दर्शक अपनी रुचि और आवश्यकता की सामग्री को चुन लेता है।

(9) **वीडियो टेक्स्ट (Video Text)** - वीडियो टेक्स्ट प्रणाली टेली टेक्स्ट प्रणाली से मिलती-जुलती है। अन्तर केवल इतना ही है कि इसमें कोई सूचना टेलीफोन द्वारा सम्पर्क स्थापित करके प्राप्त किया जाता है। इसके माध्यम

से कम्प्यूटर डाटावेस में संचित लिखित एंव चित्रित सूचनाओं को टेलीफोन लाइन के माध्यम से वंछित स्थान पर स्थित टी.वी. स्क्रीन पर प्रदर्शित किया जाता है। इसमें कम्प्यूटर द्वारा वांछित सूचना को उपभोक्ता तक भेजा जाता है। यह कम्प्यूटर आधारित एक-दोतरफा संचार सेवा है। इसको विकसित करने का श्रेय ब्रिटिश टेलीकम्यूनिकेशन को है।

(10) **निकनेट (Nick Net)** - नेशनल इन्फारमेशन सेण्टर नेटवर्क (National Information Centre Network) को ही हम संक्षेप में निकनेट कहते हैं। यह अपने देश में उपग्रह पर आधारित कम्प्यूटर द्वारा समाचार-संम्प्रेषण का एक ऐसा नेटवर्क है, जो पूरे देश में फैला हुआ है। यह राष्ट्रीय सूचना केन्द्र (National Information Centre) दिल्ली द्वारा संचालित है। निकनेट के अन्तर्गत इसके मुख्यालाय दिल्ली को देश के सभी राज्यों, केन्द्रशासित प्रदेशों और लगभग सभी जिला मुख्यालायों को सूचनाओं के आदान-प्रदान हेतु कम्प्यूटरों के माध्यम से एक-दूसरे से जोड़ दिया गया है। इसके माध्यम से तमाम आँकड़ों एवं सूचनाओं को आदान-प्रदान हो रहा है।

(11) **आई.एस.डी.एन. (Integrated Service Digital Network)** - यह एक मल्टीमीडिया टेलीकॉम सेवा है। इसमें उपभोक्ता ध्वनि, दृश्य, आँकड़े अथवा इनका संयोजन सीधे अपने परिसर से डिजिटल रूप में भेज सकता है और प्राप्त कर सकता है। आई.एस.डी.एन. उपभोक्ता टेलीफोन लाइन की वर्तमान दो तारों पर एक ही समय में दो स्वतन्त्र काल स्थापित कर सकता है।

(12) **लेजर कॉम (Laser Com)** - यह दूरसंचार का एक अत्याधुनिक साधन है। इसके द्वारा विश्व के सदूर देशों के बीच एक लेजर पूल बनाकर संचार का काम लिया जाता है। यह एक उपग्रह से दूसरे उपग्रह के बीच लेजर सिगनल ट्रांसीवर (Transceiver) के माध्यम से सन्देशों का आदान-प्रदान करता है। इसके लिए हमें अपने उपग्रह के ट्रांसीवर में वांछित सूचना भेजनी होती है। वहाँ से यह सूचना लेजर किरणों द्वारा आवश्यकतानुसार दूसरे-तीसरे (या जैसी स्थिति हो) उपग्रह के ट्रांसीवर तक अन्तरिक्ष में ही पहुँच जाती है और अन्तिम उपग्रह-जिस क्षेत्र में सूचना भेजनी होती है, उसे अभीष्ट स्थान तक प्रेषित कर देता है।

लेजर कॉम के विकास से अब सूचना अपेक्षाकृत तेजी से भेजी जा सकती हैं। लेजर काम से पहले सूचनाओं के सम्प्रेषण के लिए रेडियो तरंगों का प्रयोग किया जाता था। उपग्रह से सूचनाएँ रेडियों तरंगों के माध्यम से धरती पर भेजी जाती थीं और फिर इन्हें दूसरे उपग्रह तक भेजा जाता था। इसमें हर चरण पर धरती से सम्पर्क साधना पड़ता था, किन्तु अब लेजरकॉम के द्वारा अन्तरिक्ष में ही सूचनाएँ गन्तव्य तक पहुँचा दी जाती हैं।

(13) **इण्टरनेट** (Internet) – यह सूचना आदान-प्रदान करने का एक अन्तर्राष्ट्रीय नेटवर्क है। इसके माध्यम से हम विश्व के किसी भी कोने से सूचनाएँ अपने कम्प्यूटर पर प्राप्त कर सकते हैं और अपने कम्प्यूटर में संरक्षित सूचनाएँ को किसी अन्य के लिए सुलभ करा सकते हैं। समाचार प्राप्ति और प्रेषण में आजकल इसका बहुत अधिक महत्त्व है। समाचारपत्रों के इण्टरनेट-संस्करण इसके महत्त्व को बताने के लिए पर्याप्त है।

✡ ✡ ✡

7 अपराध, दुर्घटना और न्यायालय समाचार-लेखन

अपराध समाचार-लेखन

प्रत्येक समाज में सहयोग, संघर्ष तथा विघटन की प्रक्रियाएँ साथ-साथ चलती रहती हैं। सामाजिक संरचना का निर्माण करने वाले बहुत से व्यक्ति तथा समूह जहाँ अपनी लम्बी सेवाओं तथा अनुभवों के द्वारा सामाजिक जीवन को व्यवस्थित बनाने का प्रयत्न करते हैं, वहीं बहुत से व्यक्ति अपने निजी स्वार्थों अथवा दोषपूर्ण मनोवृत्तियों के कारण सामाजिक व्यवस्था को छिन्न-भिन्न करने में तनिक भी संकोच नहीं करते। साधारण भाषा में इन्हीं समाज विरोधी तथा जनकल्याण के विरुद्ध किये जाने वाले आचरणों को अपराध कहते हैं। किन्तु विधिक रूप से अपराध वह है, जिसको कानून द्वारा अपराध घोषित किया गया हो। जो कार्य कानून की दृष्टि में अपराध नहीं है, उसे अपराध नहीं किया जा सकता। समाचार-रिपोर्टिंग के लिए भी अपराध वह है, जिसे कानून द्वारा अपराध ठहराया गया हो।

प्रेस की भूमिका इस मामले में बहुत महत्त्व रखती है। आपराधिक समाचारों की प्रस्तुति में इन बातों का विशेष ध्यान रखना चाहिए। यद्यपि प्रेस सही अर्थों में सामाजिक दर्पण की भूमिका निभाता है, फिर भी इसको अपनी इस भूमिका के निर्वाह में सामाजिक जिम्मेदारियों के आदर्श को सम्मुख रखना चाहिए। समाचारों की प्रस्तुति में सदैव इस बात का ध्यान रखना चाहिए कि ऐसी घटना, ऐसे सत्य को जो विभिन्न जातियों, समुदायों एवं सम्प्रदायों में विद्वेष फैलाये, साम्प्रदायिकता को हवा दे, जनता एवं राष्ट्र के हितों के प्रतिकूल हो, उसे अधिक न उभारा जाये।

अपराध रिपोर्टिंग में सही घटना के चित्रण में भी पत्रकारिता से संयम की अपेक्षा की जाती है। हत्या, बलात्कार और उसी प्रकार की अन्य जघन्य अपराध की घटनाओं के विषय में सनसनीखेज प्रकाशन से पाठकों में पढ़ने की रुचि भले ही बढ़े, लेकिन इसका समाज एवं कच्ची उम्र के लोगों पर भयंकर दुष्प्रभाव पड़ता है। इस प्रकार के सनसनीखेज अपराधों के प्रचार-प्रसार से समाज में अपराधवृत्ति बढ़ती है एवं उससे उत्पन्न समस्याओं से समाज परेशान होता है।

कानून की दृष्टि से अपराध तीन प्रकार के होते हैं–

(1) भारतीय दण्ड संहिता (Indian Panal Code) द्वारा दण्डनीय अपराध जैसे- हत्या, लूट, अपहरण, मानहानि आदि।

(2) दण्ड प्रक्रिया संहिता (Criminal Procedure Code) द्वारा दण्डनीय अपराध जैसे- दुर्व्यवहार, शान्तिभंग करना आदि।

(3) स्थानीय और विशिष्ट कानूनों द्वारा दण्डनीय अपराध जैसे- उस स्थान/राज्य में शराब पीना अपराध है, जहाँ, पूर्ण नशाबन्दी लागू है, जबकि यही कृत्य अन्य स्थानों/राज्यों में अपराध नहीं है।

आजकल समाचारपत्र अपराध समाचारों से भरे रहते है। इसका मुख्य कारण है कि पाठक की रुचि अपराध-समाचारों में बहुत अधिक होती है। वह अपने आसपास में घटित हो रही आपराधिक घटनाओं को जानना चाहता है।

कानूनी और तकनीकी दृष्टि से तो हर छोटा-मोटा अपराध भी अपराध ही होता है, पर सभी अपराध समाचार नहीं बनते। वही अपराध समाचार बनते हैं, जिनमें कुछ खास बात हो अर्थात् जिनमें समाचार-मूल्य हो। उदाहरण के लिए छोटे-मोटे झगड़े ओर विवाद समाचार नहीं बनते, किन्तु इन्हीं झगड़ों का स्वरूप जब भयावह रूप धारण कर लेता है और कोई हादसा, जैसे मृत्यु हो जाती है, तो वह समाचार बन जाता है। इसी प्रकार आपसी विवाद जब जातीय अथवा साम्प्रदायिक संघर्षों का रूप ले लेता है, तो वह भी समाचार बन जाता है। तात्पर्य यह है कि सभी अपराधों को समाचार का रूप देना न तो उचित होता है और न ही व्यावहारिक। जब अपराध में समाचार मूल्य दिखायी दे, तभी समाचार बनाना चाहिए।

अपराध समाचार-लेखन

अन्य समाचारों की तरह ही अपराध समाचार को भी लिखा जाता है, किन्तु अपराध समाचारों के लेखन में यह सावधानी जरूर रखनी चाहिए, जिससे आपराधिक प्रवृत्ति पर रोक लगे न कि उसमें वृद्धि हो। अपराधी को कभी भी हीरो की तरह नहीं प्रस्तुत करना चाहिए। साम्प्रदायिक और जातीय संघर्षों के समाचार लेखन मे इस बात का बहुत ध्यान देना चाहिए कि समाचार पढ़कर उत्तेजना न फैले और न ही भय का वातावरण बने। उसकी प्रस्तुति कुछ इस प्रकार से की जाये कि इन कृत्यों में लगे लोगों के मन में पश्चात्ताप और ग्लानि की भावना उत्पन्न हो, जिससे वे ऐसे कृत्यों से स्वयं विरत हो जायें। एक अच्छा अपराध रिपोर्टर अपनी लेखनी से अपराध रोकने में सहायक होता है न कि उसे बढ़ावा देने में।

अपराध-रिपोर्टर को अपराध समाचारों के लेखन से पहले उसकी पुष्टि अवश्य कर लेनी चाहिए। सूत्र चाहे कितना ही विश्वसनीय क्यों न हो, लेकिन समाचार के विषय में छानबीन अवश्य करनी चाहिए, नहीं तो समाचार के साथ न्याय नहीं हो सकता। बिना छानबीन किये समाचार देने मे कानूनी दिक्कतें भी हो सकती हैं। यदि कानूनी दिक्कतें

नहीं भी हों, तो भी समाचार के एक पक्षीय होने से बचने के लिए इसकी छानबीन आवश्यक है। उदाहरण के लिए किसी आपराधिक समाचार के बारे में केवल पुलिस का कथन छापा जाये, तो कानूनी दृष्टि से कोई दिक्कत नहीं होगी, किन्तु समाचार के अनेक पक्ष छूट जाएँगे, क्योंकि पुलिस अपराध के समाचारों को अपनी दृष्टि से ही प्रसारित करती है, जो वास्तविकता के अनेक पक्षों से प्रायः दूर होता है।

अपराध- समाचारों के लेखन में भुक्तभोगी व्यक्ति से मिलकर वास्तविकता जानने की कोशिश करनी चाहिए। प्रत्यक्षदर्शियों का कथन, यहाँ तक कि अफवाहों में तैरते अपराध-सूत्रों का भी उल्लेख करना चाहिए। कभी-कभी घटना की सच्चाई का तत्काल पता नहीं चलता और प्रथम दृष्टया वह समझ में भी नहीं आता, पर उफवाहों और जनचर्चाओं में वह विद्यमान होता है। अपराध और अपराधी का भण्डा फोड़ने में ये अफवाहें और जनचर्चाएँ भी बहुत काम आती हैं, अतः इनका उल्लेख भी यथास्थान कर देना उचित रहता है। इन उड़ते सूत्रों को पकड़कर काम करने से कभी-कभी बहुत बड़े समाचार हाथ लग जाते हैं। पुलिस प्रशासन को भी इनसे मदद मिलती है। लेकिन अफवाहों एवं चर्चाओं को इस प्रकार बढ़ा-चढ़ाकर नहीं लिखना चाहिए कि लगे कि वही सच्चाई है। इसमें नकारात्मक पक्ष भी होते हैं, अतः सावधानी रखनी चाहिए।

अपराध- समाचारों में घटनास्थल का विवरण, अपराध का समय, पुलिस की भूमिका, अपराध का उद्देश्य, पूर्व नियोजित अथवा आकस्मिक आदि बातों को उल्लेख आवश्यक होता है। यदि हत्या जैसा अपराध है, तो मृतक की पहचान अथवा हुलिया, हत्या का तरीका जैसी बातों का उल्लेख जरूरी है। चोरी के समाचारों में चोरी का तरीका, चुरायी गयी वस्तुओं का विवरण, प्रभावित व्यक्तियों की स्थिति, चोरी की पृष्ठभूमि जैसी बातें देना आवश्यक है। डकैती के समाचारों में क्षेत्रीय पुलिस की भूमिका का विश्लेषण आवश्यक है। यदि डकैती के प्रतिरोध में कुछ लोगों ने हिम्मत दिखायी है, तो उसका वर्णन भी होना चाहिए, क्योंकि किसी भी गिरोहबन्द अपराध के खिलाफ पुलिस ही नहीं जनता को भी लड़ना चाहिए और इस लड़ाई को प्रोत्साहन भी मिलना चाहिए, ताकि लोगों का हौसला बुलन्द रहे। अपराध-समाचार से सम्बन्धित एक उदाहरण द्रष्टव्य है- (अमर उजाला 17 मई, 2004)

बलात्कार जैसे अपराधों में महिला का नाम तब तक नहीं दिया जाना चाहिए, जब तक उस महिला ने इस बारे में खुलकर कोई सार्वजनिक बयान न दिया हो। बलात्कार की शिकार महिला की यदि हत्या कर दी गयी हो अथवा उसने स्वयं आत्महत्या कर ली हो, तो उसका नाम देना चाहिए ताकि अपराध की भयावहता उजागर हो सके। भारतीय समाज में बलात्कार की शिकार महिलाओं की स्थिति बहुत नाजुक हो जाती है। संवाददाताओं को इसका ध्यान रखना चाहिए। वेश्यावृत्ति जैसे मामलों में नाम दिया जा सकता है। हाँ कोई महिला जबर्दस्ती वेश्यावृत्ति में धकेली गयी हो और इस घृणित पेशे से उबरना चाहती हो, तो उसका नाम नहीं देना चाहिए, क्योंकि हो सकता है, कभी उसकी जिन्दगी सँवर जाये।

साम्प्रदायिक दंगो के समाचार बहुत संवेदनशील होते हैं। इसमें संघर्षरत सम्प्रदायों का सीधे नाम देना प्रायः उचित नहीं होता। इससे उत्तेजना फैलती है और दंगा अन्यत्र भी भड़कने की आशंका रहती है। साम्प्रदायिक दंगों की रिपोर्टिंग में पुलिस का पक्ष अवश्य दिया जाना चाहिए। इस अवसर पर प्रशासन का सहयोग इसलिए भी आवश्यक होता है कि वह स्थिति से आसानी से निपट सके। प्रशासन की कमियों को शान्ति बहाल होने के बाद उजागर किया जा सकता है। ऐसे अवसरों पर शान्ति की बहाली सबसे आवश्यक होती है। हाँ, कर्फ्यूग्रस्त क्षेत्रों में प्रशासन द्वारा घोषित सुविधाओं में यदि गड़बड़ी की जा रही हो, तो इसको उजागर किया जाना चाहिए। कहने का तात्पर्य यह है कि किसी रिपोर्टिंग से साम्प्रदायिकता को हवा नहीं मिलनी चाहिए। ऐसे अवसरों पर रिपोर्टर को अपने सामाजिक दायित्व का विशेष ध्यान रखना चाहिए। अपराध- समाचारों में अपराध-स्वीकृति का समाचार देते समय सावधानी बरतनी चाहिए। अदालत से बाहर किसी स्वीकृत का कोई मतलब नहीं होता। ऐसा सम्भव है कि अपराध स्वीकृति की खबर देने वाले संवाददाता को अदालत गवाही के लिए तलब कर ले। ऐसी स्थिति में संवाददाता अनावश्यक लफड़े में फँस सकता है। अतः लिखित स्वीकृति के अभाव में इसे साफ-साफ लिखने से बचना चाहिए।

श्रीनारायण व्यंकटेश दामले ने अपराध- समाचारों के लिखने के लिए एक जाँच सूची सुझायी है, जो निम्नलिखित प्रकार है। अपराध-रिपोर्टर को समाचार-लेखन में इससे कुछ सहायता मिल सकती है।

(क) हताहत- (1) क्या कोई मरा है? कैसे? (2) कोई घायल है? कैसे? (3) अपराध कैसे हुआ, क्या गोली चली है या छुरेबाजी हुई है या मुठभेड़? विस्तार से वर्णन कीजिए। (4) लाश कैसे दफनायी गयी है? क्या घायलों की मरहम पट्टी हो चुकी है? (5) हताहतों में या आक्रमणकारियों में कोई विशिष्ट व्यक्ति सम्मिलित है?

(ख) माल का नुकसान या गायब होना- विस्तार से जानकारी प्राप्त कीजिए-
(1) चुराई हुई वस्तु क्या है, कुछ तोड़-फोड़ हुई है या पूरी तरह से ध्वंस हुआ है? इसके बारे में जानकारी प्राप्त कीजिए?

(ग) अपराध का तरीका- (1) अपराधी अन्दर कैसे आया? (2) किन हथियारों का प्रयोग हुआ है? क्या हथियार अपराधी के हाथ में थे? (3) अपराधियों ने लक्षित व्यक्तियों पर कैसे हथियार उपयोग किया?(4) क्या इस अपराध की घटना किसी पहली घटना के समान घटी?

(घ) उद्देश्य- (1) क्या अपराधी ने कुछ बयान या स्वीकारोक्ति दी है? (2) जिन पर आघात हुआ, ऐसे व्यक्तियों ने क्या रिपोर्ट लिखायी है? यदि रिपोर्ट लिखायी है, तो उसके उच्चारण (अर्थात् क्या लिखवाया है) दें। (3) पुलिस या दूसरे दर्शकों का क्या कहना है? विस्तृत जानकारी एकत्र करें (4) क्या पहले से इस घटना के सम्बन्ध में धमकी दी गयी थी?

(ड.) गिरफ्तारी- (1) गिरफ्तार व्यक्तियों के नाम, उनकी आयु और व्यवसाय (2) इनको गिरफ्तार करने वाले आरक्षी (पुलिस कांस्टेबल) का क्या कहना है या क्या अनुभव रहा? (3) मुख्य अपराध की रिपोर्ट कैसी लिखी गयी? (4) उक्त अपराधी की जाँच या गिरफ्तारी में क्या पुलिस ने कोई विशेष साहस या चतुराई दिखायी? (5) क्या गिरफ्तार व्यक्ति/व्यक्तियों को पुलिस ने थाने या जेल भेजा है? यदि गिरफ्तार व्यक्ति कोई नामी या मशहूर आदमी है, तो उसे जेल में किस दर्जे में रखा गया है? (6) अपराध के बाद अपराधी या अपराधियों ने क्या कोई निशान (सूत्र) रख छोड़ा था? (7) गवाहों ने किस सूत्र का हवाला दिया है? (8) किन सूत्रों के आधार पर पुलिस जाँच कर रही है?

(च) तलाशी- (1) क्या यह सम्भव है कि अपराधी को गिरफ्तार करने के लिए पुलिस को कोई सूत्र मिलेगा? और गिरफ्तारी सम्भव हो सकेगी? (2) क्या फरार अपराधियों से या किसी फरार व्यक्तियों से वर्णन विशेष मिल सका है?

संवाददाता को आवश्यक है कि इन सभी मुद्दों की अच्छी तरह विस्तार से जानकारी प्राप्त करे और अपराध-सम्बन्धी समाचार लिखते समय इन सब बातों का ठीक से उपयोग करे।

अपराध-समाचारों के स्रोत

(1) पुलिस (2) अस्पताल (3) पोस्टमार्टम-स्थल (4) कचहरी (5) वेश्यालय (6) अफवाहें (7) निजी सूत्र (8) विज्ञप्तियाँ।

(1) पुलिस- पुलिस विभाग अपराध समाचारों का सबसे प्रमुख स्रोत है। पुलिस विभाग का काम ही अपराधों की रोकथाम करना, उनका पता लगाना एवं सम्बन्धित लोगों को न्यायपालिका से दण्डित कराना है। यही कारण है कि अपराध संवाददाताओं का पुलिस विभाग से निकट का सम्बन्ध होता है। जिला स्तर पर पुलिस अधीक्षक, उपपुलिस अधीक्षक, ग्रामीण पुलिस अधीक्षक, सर्किल इंस्पेक्टर और थानों के स्तर पर थानाध्यक्ष, पुलिस का भ्रष्टाचार निरोधक अन्वेषण विभाग आदि आपराधिक समाचारों के स्रोत हैं। बड़े शहरों में पुलिस नियन्त्रण-कक्ष भी होते हैं, जहाँ से दिनभर की आपराधिक घटनाओं का विवरण मिल जाता है। पुलिस विभाग में अच्छी पैठ बनाकर अधिकांश अपराध समाचारों को प्राप्त किया जा सकता है।

(2) अस्पताल- आपराधिक घटनाओं से प्रभावित लोग ही नहीं, बल्कि अपराधी भी अस्पतालों की शरण लेते हैं। अतएव अपराध की रिपोर्टिंग करने वाले संवाददाताओं को चाहिए कि वे सरकारी अस्पतालों के साथ ही सभी अच्छे अस्पतालों में अपना सम्पर्क सूत्र बनायें, जिससे समाचार आसानी से मिल सकें।

(3) **पोस्टमार्टमस्थल**– आपराधिक कारणों से हुई मौत का पोस्टमार्टम कराना प्रायः अनिवार्य होता है। इस कारण पोस्टमार्टमस्थल भी अपराध की घटनाओं की जानकारी के लिए महत्त्वपूर्ण स्रोत हैं।

(4) **कचहरी**– कचहरी एक ऐसा स्थान है, जहाँ अपराध की घटनाओं पर न्याय पाने के लिए पक्ष-विपक्ष आता है। पुलिस भी सारे मामलों को न्यायपीठ के सामने लाती है। अपराध संवाददाताओं को कचहरी में भी अपने सूत्र को मजबूत रखना चाहिए।

(5) **वेश्यालय**– वेश्यावृत्ति बहुत पुरानी समस्या है। वेश्यालयों, कोठों और इनसे सम्बन्धित मुहल्लों में यौनाचार ही नहीं होता, बल्कि कुछ हद तक अन्य अवैध काम भी होते हैं। अपराध संवाददाताओं को यहाँ भी सतर्क नजर रखनी चाहिए।

(6) **अफवाहें**– न्याय मीमांसा में कहा गया है कि बिना आग के धुँआ नहीं होता अर्थात् धुँए के लिए आग का होना अनिवार्य है। इसी तरह अफवाहें भी प्रायः निर्मूल नहीं होतीं। इसलिए किसी अफवाह के उड़ने पर संवाददाता को चाहिए कि वह उसके मूल का पता लगाये। हो सकता है अफवाह के मूल में कोई बड़ी खबर छिपी हो। अपराध समाचारों के लिए अफवाहें बहुत काम की चीज होती हैं।

(7) **निजी सूत्र**– अन्य समाचारों की तरह अपराध के समाचार भी निजी सूत्रों से मिल जाते हैं। अपराध सम्बन्धी समाचारों के लिए थाने के दलाल, मुखबिरों और वकीलों आदि को इस क्षेत्र में अपना निजी सूत्र बनाना चाहिए। स्वयं अपराधी भी कभी - कभी अपने प्रतिद्वन्द्वी गुटों को कानूनी शिकंजे में फँसाने के लिए अपराध की घटनाओं का पर्दाफाश करते हैं, क्योंकि अपने प्रतिद्वन्द्वी के फँस जाने से उन्हें अपराध जगत् में हाथ-पैर फैलाने की अधिक जगह मिलने लगती है। अतः अपराध संवाददाता अपने काम के लिए कुछ सीमा तक अपराधियों से भी सम्बन्ध रख सकता है। हाँ, संवाददाता को उनकी गलत गतिविधियों से कोई सरोकार नहीं रखना चाहिए।

(8) **विज्ञप्तियाँ**– पुलिस प्रशासन, सीमा शुल्क, उत्पाद शुल्क, आयकर, बिक्रीकर आदि जैसे विभागों द्वारा जारी विज्ञप्तियों से अपराध के समाचारों की जानकारी हो जाती है, पर इनसे पूरी जानकारी नहीं मिलती। इनसे समाचार के एक पहलू की ही जानकारी मिलती है, क्योंकि विज्ञप्ति जारी करने वाला अपने हितों एवं सीमाओं का विशेष ध्यान रखता है। संवाददाता को केवल सूचना को आधार मानकर विशेष जाँच - पड़ताल करनी चाहिए, तभी अच्छा समाचार बन सकता है। ऐसा भी हो सकता है कि कोई विस्फोटक समाचार ही हाथ लग जाये।

दुर्घटना समाचार-लेखन

किसी भी दिन हम समाचारपत्र को उठाएँ, तो प्रथम पृष्ठ पर ही दो-चार दुर्घटनाओं के समाचार मिल जाएँगे। शायद ही कोई ऐसा दिन गुजरता हो, जब दो चार दुर्घटनाएँ न हो जाती हों। आज के मशीनी युग में तो दुर्घटनाएँ जैसे जीवन का अनिवार्य अंग बन चुकी हैं। दुर्घटनाएँ आकस्मिक और अप्रत्याशित होती हैं, इसलिए प्राय: ऐसा नहीं होता कि कोई संवाददाता दुर्घटना का चश्मदीद गवाह हो। कोई संवाददाता शायद ही अपने को सौभाग्यशाली मानेगा, यदि उसे किसी बड़ी दुर्घटना का चश्मदीद गवाह होने का अवसर मिले। लेकिन प्राय: ऐसा नहीं होता। संवाददाता प्राय: घटनास्थल पर तभी पहुँचता है, जब दुर्घटना हो चुकी होती है।

दुर्घटनाएँ तो कई प्रकार की होती हैं और हो सकती हैं, पर हम इन्हें दो भागों में बाँट सकते हैं- प्राकृतिक और मानवजनित। प्राकृतिक दुर्घटनाओं में हम भूकम्प, बाढ़ आदि दुर्घटनाओं को रख सकते हैं पर, आज के युग में अधिकांश दुर्घटनाएँ मानवजाति ही होती हैं, चाहे मनुष्य की किसी भूल अथवा लापरवाही के कारण या मनुष्य की अज्ञानता के कारण। ट्रेन, विमान, सड़क आदि दुर्घटनाएँ इसी कोटि की होती हैं।

दुर्घटनाओं के समाचार लिखते समय छ: ककारों अर्थात् कहाँ, क्या, कब, कैसे आदि का उत्तर जरूर देना चाहिए, क्योंकि दुर्घटना-समाचारों को लोग पूरी तरह से जानना चाहते हैं। समाचारों के विवरण के साथ यदि विशेषज्ञों और अनुभवी लोगों से मिलकर भविष्य में ऐसी दुर्घटनाओं के समाधान की दिशा में भी कुछ बताया जाये, तो यह न केवल लोककल्याणकारी होगा, बल्कि पत्रकारिता के अनेक उद्देश्यों में से एक, शिक्षित करने की दिशा में भी एक सार्थक कदम होगा।

जैसा कि कहा जा चुका है कि दुर्घटनाएँ कई प्रकार की होती हैं- स्कूटर लड़ने से लेकर ट्रेन लड़ने तक और खलिहान में आग लगने से भूकम्प तक। परिस्थितियों के अनुसार इन सभी समाचारों का अपना महत्त्व होता है। नीचे हम महत्त्वपूर्ण दुर्घटनाओं के समाचारों के संकलन की विधियों की चर्चा कर रहे हैं।

ट्रेन दुर्घटना

ट्रेन दुर्घटना वर्ष में दो-एक बार हो ही जाती हैं। ट्रेन दुर्घटनाओं में मरने वालों और घायल होने वालों से अधिक संख्या बचे रह जाने वालों की होती है। इसलिए ट्रेन दुर्घटना की वास्तविक जानकारी उन यात्रियों से की जा सकती है, जो बच जाते हैं। दुर्घटनाग्रस्त गाड़ी कहाँ जा रही थी, दुर्घटना का स्थान, समय और हताहतों की संख्या आदि की जानकारी तत्काल ही मिल जाती है। बचे हुए प्रत्यक्षदर्शी यात्रियों एवं रेलवे तथा पुलिस सूत्रों द्वारा भी काफी जानकारी मिलती है। दोनों प्रकार के सूत्रों से प्राप्त जानकारी का पृथक्-पृथक् उल्लेख करके समाचार बनाना चाहिए। ऐसी दुर्घटनाओं में अफवाहें बहुत उड़ती हैं, इसलिए अफवाहों से यथासम्भव बचना चाहिए।

समाचार पत्र एवं पत्रकारिता

दुर्घटना में हताहतों को कहाँ भर्ती कराया गया है और उनसे मिलने का क्या प्रबन्ध है, उनकी सूची कहाँ मिलेगी? इन सबकी जानकारी समाचार से होनी चाहिए। बचे हुए यात्रियों को गन्तव्य तक पहुँचाने की क्या व्यवस्था की गयी, इसका भी समाचार में उल्लेख करना चाहिए। यद्यपि दुर्घटना के कारण की अधिकारिक जानकारी तो रेलवे अथवा अन्य सरकारी अभिकरणों द्वारा ही दी जाती है, पर इसमें समय लगता है। इसलिए संवाददाता का यह कर्त्तव्य हो जाता है कि वह अपने निरीक्षण और लोगों से प्राप्त जानकारी का भी यथास्थान उपयोग करे। एक उदाहरण देखें-

आसनगाँव में हावड़ा एक्सप्रेस-मालगाड़ी में टक्कर : 2 रेलवे कर्मचारी मृत, 42 घायल

सड़क - दुर्घटना

सड़क-दुर्घटनाओं के समाचार लिखते समय इस बात की सतर्कता बरतनी चाहिए कि कोई ऐसी बात नहीं लिखे जाये, जो दुर्घटना के बारे में फैसला देने जैसी हो। उदाहरण के लिए यदि ट्रक और कार में टक्कर हुई हो, तो निर्णायक ढंग से यह नहीं लिखना चाहिए कि ट्रक ने कार को टक्कर मार दी अथवा ट्रक तेज रफ्तार से आ रही थी, क्योंकि वस्तुस्थिति क्या थी, यह आप नहीं जानते। परम्परा से ट्रक वाले की गलती लोग बताते हैं, पर यह हमेशा सच नहीं होता। यदि संवाददाता प्रत्यक्षदर्शी हो तो बात अलग है, पर किसी दुर्घटना के समय संवाददाता उपस्थित हो, ऐसा संयोग कभी-कभार ही देखने को मिलता है। इसलिए एकपक्षीय ढंग से कुछ नहीं लिखना चाहिए। एक उदाहरण देखें-

ट्रक - कार की टक्कर में एक की मौत

विमान - दुर्घटना

विमान-दुर्घटनाएँ बहुत भयावह होती हैं। विमान-दुर्घटनाओं में प्रायः सब कुछ समाप्त हो जाता है। शायद की कभी ऐसा होता हो कि विमान-दुर्घटनाओं में प्रायः सब कुछ समाप्त हो जाता है। शायद की कभी ऐसा होता हो कि विमान-दुर्घटना में कुछ लोग बच जाएँ। विमान-दुर्घटनाओं में छ:ककारों के साथ-साथ विमान किस एयरलाइंस का था और कहाँ से आ रहा था? उसका मन्तव्य क्या था और अपने प्रस्थान-स्थल से कब उड़ा? इसकी जानकारी देना आवश्यक होता है, ताकि पाठकों को इसके बारे में पूरी जानकारी हो सके। विमान के यात्रियों के साथ-साथ चालकदल मे सदस्यों के बारे में भी जानकारी देना उचित रहता है। यदि चालकदल के कुछ पायलटों ने लोगों को सुरक्षित बचाने के लिए कोई साहस दिखाया हो अथवा प्रत्युत्पन्नमति से काम लिया हो, तो इसका भी उल्लेख निश्चित रूप से किया जाना चाहिए।

यदि कुछ लोग बच गये हों, तो उनसे बात करके भी लिखा जा सकता है।

दुर्घटनास्थल पर कोई विशेष भावनात्मक दृश्य देखने को मिले, तो उसका भी उल्लेख होना चाहिए। अच्छा हो ऐसी परिस्थितियों को चित्रित करने वाला कोई फीचर लिख दिये जाये। विमानदुर्घटना में हताहतों की सही जानकारी प्राप्त करना अपेक्षकृत आसान होता है। इसके लिए विमान कम्पनी के प्रमुख अधिकारियों अथवा पुलिस वालों से सम्पर्क किया जा सकता है। दुर्घटना के कारणों के तकनीकी पक्ष को भी उजागर करना चाहिए। इसके लिए 'ब्लैक बाक्स' और 'फ्लाइट डॉटा रिकार्डर' पर विशेषज्ञों की राय पूछनी चाहिए। एक जागरूक और सतर्क संवाददाता के रूप में विशेषज्ञों की बात भी कहनी चाहिए।

जल-दुर्घटना

कभी-कभी समुद्रों में जहाजों मे डूबने का समाचार मिलता है। नदियों में तो नाव-दुर्घटनाएँ प्राय: जो जाया करती है। इसमें अन्य बातों के अलावा नाव या जहाज को वहन-क्षमता और सवारियों आदि की संख्या का उल्लेख करना चाहिए। यदि आपस में टक्कर के कारण दुर्घटना हुई हो, तो इसका भी उल्लेख करना चाहिए। समुद्र में समुद्री चट्टानों से टकराने के कारण भी जहाज दुर्घटनाएँ हो जाती हैं। इन सबकी जानकारी प्राप्त करके ट्रक-कार की टक्कर में एक की मौत समाचार को पूर्ण बनाने की कोशिश करनी चाहिए। जल दुर्घटना से सम्बन्धित एक समाचार देखें-

नर्मदा-नौका दुर्घटना : 6 व्यक्तियों की मृत्यु

अग्नि-दुर्घटना

गर्मियों के दिनों में प्राय: आग लगने की दुर्घटनाएँ हो जाती हैं या बिजली के शार्ट सर्किट अथवा दुश्मनी अथवा बीमा लाभ पाने आदि कारणों से भी ऐसी दुर्घटनाएँ हो जाती हैं इन दुर्घटनाओं का समाचार लिखते समय हताहतों की संख्या, नुकसान हुई सम्पत्ति का अनुमानित मूल्य और उसका विवरण, आग लगने का कारण आदि लिखा जाना चाहिए। जहाँ तक सम्भव हो अग्निकाण्ड के कारणों का पता लगाकर इसको उजागर करना चाहिए, किन्तु अपनी तरफ से ऐसा कोई निष्कर्ष नहीं देना चाहिए, जिससे इसकी जाँच आदि पर कुप्रभाव पड़े।

आग बुझाने में फायर ब्रिगेड (अग्निशमन दल) की मुस्तैदी या लापरवाही का भी यथास्थिति उल्लेख करना चाहिए। पडोसियों या अन्य लोगों के साहस और बहादुरी का भी उल्लेख करने से ऐसे कार्यों के प्रति लोगों के मन में उत्साह बनता है। एक उदाहरण देखें-

आग से 30 लाख की रुई जलने का अनुमान

प्राकृतिक विपदाएँ

भूकम्प, बाढ़, तूफान, वज्रपात, उपलवृष्टि, फसलों पर टिड्डियों का हमला आदि

दुर्घटनाएँ प्राकृतिक विपदाएँ हैं। इनमें जन-धन की व्यापक हानि होती है। लातूर में आया भूकम्प, उड़ीसा (वर्ष 1999) में आया तूफान आदि ऐसी प्राकृतिक विपदाएँ रही हैं, जिनसे व्यापक जन-धन की हानि हुई। भूकम्प के समाचार में भूकम्प की तीव्रता रिक्टर स्केल पर और उसके आने के समय का उल्लेख अवश्य होना चाहिए। भूकम्प से हुई क्षति का विवरण और उसका आकलन भी होना चाहिए। सरकारी और गैर सरकारी सस्थाओं द्वारा राहत एवं बचाव कार्य की भी जानकारी देनी चाहिए। प्राकृतिक विपदाओं में लूट खसोट बहुत होती है, इसका वर्णन भी यथातथ्य होना जरूरी है। यहाँ एक भूकम्प सम्बन्धी समाचार द्रष्टव्य है-

भूकम्प में अब तक 6 हजार हताहत

समुद्री अथवा अन्य प्रकार के तूफानों में हवा की गति की तीव्रता का उल्लेख होना चाहिए। तूफान के साथ यदि वर्षा भी हुई हो, तो इसका भी उल्लेख करना चाहिए। समुद्री तूफानों में लहरों की उत्तालता और फैलाव का उल्लेख भी अवश्य होना चाहिए। बाढ़ समाचारों में बाढ़ से खेती को हुई क्षति का उल्लेख आवश्यक है, क्योंकि बाढ़ से खेती को ही सर्वाधिक नुकसान होता है। यदि जन-धन आदि की हानि हुई हो, तो इसका भी उल्लेख यथास्थान होना चाहिए। पूर्व में आयी बाढ़ों का उल्लेख बाढ़ समाचारों को अधिक पठनीय बना देता है।

श्री नारायण व्यंकटेश दामले ने दुर्घटनाओं के समाचारों का संकलन लेखन करते समय निम्नलिखित सात महत्त्वपूर्ण बातों को ध्यान में रखने का सुझाव दिया है-

(क) जख्मी या मृत्यु संख्या- (1) कितने जख्मी और कितनी मृत्यु (2)बिना चोट कितने बच पाये (3) जख्मी व्यक्तियों को लगी चोटों का प्रकार या और कुछ विशेषताएँ।

(ख) माल का नुकसान- (1) पूरे नुकसान का अनुमान (2) इसका बीमा किया गया था या नहीं (3) दुर्घटना से नष्ट वस्तुओं का महत्त्व।

(ग) दुर्घटना का कारण- (1) अधिकारियों तथा सम्बन्धित कर्मचारी और प्रत्यक्षदर्शियों की बतायी बातें (2) दुर्घटना सबसे पहले किसने और कैसे देखी?

(घ) राहत कार्य- (1) राहत कार्यों में कितने लोगों ने भाग लिया (अनुमान) (2) राहत कार्य में अगर किसी प्राकृतिक कारण से दिक्कत हुई हो, जैसे- जोर की बरसात, तूफान, आँधी आदि (3) आहत लोगों को किस प्रकार मदद पहुँचायी गयी, इसका वर्णन।

(ङ)दुर्घटना का पूरा वर्णन-विवेचन- (1) अगर आग की दुर्घटना है, तो आग कैसे फैली? ज्वालाएँ कितनी ऊपर उठ रही थीं? या अगर बाढ़ आयी हो, तो पानी का जोर और फैलाव का अनुमान (2) अगर आग की दुर्घटना हो, तो जब आग जल रही थी, उस समय कोई विस्फोट हो रहा था या अन्य

कोई बात थी? उसका उल्लेख आवश्यक है (3) आग के कारण आसपास के अन्य कोई मकान जले हैं या उनको हानि पहुँची हो, तो उसका वर्णन।

(च) इन दुर्घटनाओं के समय मनुष्य स्वभाव की परिचायक बातें- (1) तमाशबीनों को कैसे हटाया गया (2) अगर किसी ने बचाव के लिए कोई विशेष बहादुरी का कार्य किया हो, तो उसका वर्णन (3) किसी व्यक्ति विशेष द्वारा देखी हुई विशेष बातें।

(छ) दुर्घटना के बाद आगे होने वाली बातें- (1) सरकारी या गैर सरकारी जाँच, इसकी सत्यता (2) दुर्घटना में अगर राहत पहुँचाने में कोई लापरवाही की गयी हो, तो उसका उल्लेख।

न्यायालय समाचार लेखन

लोकतन्त्र में न्यायालयों का बहुत ही महत्त्वपूर्ण स्थान है। न्यायालय नागरिकों के अधिकारों एवं हितों के रक्षक तो होते ही हैं, वे संविधान के भी संरक्षक होते हैं। विधायिका यदि कोई ऐसा कानून बनाती है, जो उसके अधिकार क्षेत्र से बाहर है, तो न्यायपालिका उसे अवैध घोषित करती है। कार्यपालिका के ऐसे कार्यों में भी न्यायपालिका हस्तक्षेप करती है, जो नागरिकों के अधिकारों के विरुद्ध हों। इस प्रकार न्यायपालिका संविधान और नागरिकों के अधिकारों एवं हितों की सबसे बड़ी संरक्षक है। न्यायालय अपना यह कर्त्तव्य सहज ढंग से निभा सकें, इसके लिए जरूरी है कि वे दबावरहित, निर्भय एवं स्वतन्त्र ढंग से काम करें।

न्यायालय से सम्बन्धित समाचारों को लिखते समय बहुत सावधानी रखनी चाहिए। ऐसे समाचारों को लिखते समय न्यायालय की मर्यादा का तो ध्यान रखना ही चाहिए, साथ ही इस बात का भी ध्यान रखना चाहिए कि जिस व्यक्ति (या व्यक्तियों) के बारे में समाचार लिखा जा रहा है, उसकी गरिमा भी बनी रहे। उदाहरण के लिए यदि किसी व्यक्ति को पुलिस ने पूछताछ के लिए हिरासत में लिया है, तो उसे गिरफ्तार नहीं लिखा जाना चाहिए। यदि उसे गिरफ्तार लिख दिया गया, तो यह उसकी व्यक्तिगत मानहानि होगी। कोई भी मामला जब न्यायालय में प्रस्तुत हो जाता है, तो वह न्यायालय के विचाराधीन हो जाता है। तदुपरान्त उस पर न्यायालय का अवमान कानून प्रभावी हो जाता है। अतः न्यायालय में प्रस्तुत मामलों पर कुछ लिखते समय न्यायालय अवमान कानून को ध्यान में रखना जरूरी है।

अगर संवाददाता द्वारा इस मामले में थोड़ी-सी भी चूक हो गयी, तो इससे न केवल संवाददाता मुसीबत में फँस सकता है, बल्कि सम्बन्धित पत्र का सम्पादक और प्रबन्धन भी फँस सकता है, क्योंकि समाचारपत्र में छपे समाचारों के लिए संवाददाता ही नहीं बल्कि उसका सम्पादक और प्रबन्धन दोनों ही जिम्मेदार माने जाते हैं। ऐस घटना के बाद संवाददाता को नौकरी से ही निकाल दिये जाने की प्रबल सम्भावना रहती है। इसलिए न्यायालय समाचारों के लेखन में पर्याप्त सतर्कता रखनी चाहिए।

न्यायालयों की कार्यवाही का समाचार कभी भी सुनी सुनायी बातों पर नहीं लिखना चाहिए। इसके लिए आवश्यक है कि संवाददाता न्यायालय में चल रही कार्यवाही के समय स्वयं उपस्थित रहे। बहुत जरूरी होने पर अति भरोसे के किसी अन्य संवाददाता या सम्बन्धित अधिवक्ता से प्राप्त जानकारी का उपयोग किया जा सकता है, पर विधिक दावपेंचों को ध्यान में रखते हुए। न्यायालयों के समाचारों का लेखन करते समय भाषा पर विशेष ध्यान देना चाहिए। द्विअर्थी अथवा उच्छृंखल भाषा का प्रयोग भी खतरनाक होता है। न्यायालय समाचारों को लिखते समय इस बात का विशेष रूप से ध्यान रखना चाहिए कि न्यायालय जनविश्वास के ऐसे केन्द्र हैं, जहाँ केवल न्याय के विश्वास की ज्योति जलती हैं। यह ज्योति किसी के मन से बुझने न पाये।

न्यायालय समाचार कैसे लिखें?

(1) सबसे उचित है कि न्यायालय की सम्पूर्ण कार्यवाही देखने के बाद ही समाचार लिखें।

(2) न्यायालय द्वारा बिना दोषी करार दिये गये व्यक्ति को दोषी न लिखें।

(3) जब मामला न्यायालय के समक्ष प्रस्तुत हो जाये, तो न्यायालय अवमानना के कानूनों का ध्यान रखें।

(4) ऐसा कुछ न लिखें, जिससे ऐसा लगे कि न्यायालय में विचाराधीन मामले में आप अपनी तरफ से अनुचित/अनधिकृत हस्तक्षेप कर रहे हैं अथवा न्यायाधीशों की स्वाभाविक स्वतन्त्रता एवं निष्पक्षता को प्रभावित करने की कोशिश कर रहे हैं।

(5) न्यायालय-समाचारों को कभी भी अपनी तरफ से सनसनीखेज बनाने की कोशिश नहीं करनी चाहिए।

(6) विचाराधीन मामलों में ऐसा कुछ न लिखें, जिससे न्यायालय की नीयत पर सन्देह प्रकट हो।

(7) हिन्दुस्तान टाइम्स (1996) के तत्कालीन कार्यकारी सम्पादक चन्दन मित्र के एक लेख के सन्दर्भ में सर्वोच्च न्यायालय के न्यायमूर्तियों जे.एस.वर्मा और वी.एन. किरणपाल की खण्डपीठ की यह टिप्पणी ध्यान में रखनी चाहिए कि ' न्यायालय के फैसलों पर टिप्पणी करने का सबको अधिकार है...... ... आप कलम की आलोचना कर सकते हैं, पर उस व्यक्ति की नहीं जो उसका उपयोग कर रहा है।'

(8) कानूनी कार्यवाही के द्वारा चल रहे महत्त्वपूर्ण जिरह को समाचार में अवश्य लिखा जाये। इसमें लोग काफी रुचि रखते हैं। हाँ दोनों पक्षों को समाचार में स्थान मिलना चाहिए। एकपक्षीय बातें लिखना पत्रकार की आचारसंहिता के विरुद्ध होगा।

(9) पेचीदा विषयों को पेचीदा भाषा में लिखने से अच्छा है कि सम्बन्धित अधिवक्ता से उसे समझ कर लोगों के समझने लायक भाषा में उसे प्रस्तुत किया जाये।

(10) न्यायालय में विचाराधीन मामलों में किसी व्यक्ति के बारे में लिखने से पूर्व इस बात का ध्यान रखना चाहिए कि आपके लेख किसी व्यक्ति की मानहानि न हो जाये, नहीं तो एक अलग ही बखेड़ा खड़ा हो जायेगा।

(11) किसी भी न्यायालय का फैसला तब तक अन्तिम होता है, जब तक उसके विरुद्ध ऊँचे न्यायालय में अपील दायर न हो जाये। ा न्यायालय का फैसला हो जाने के बाद उस पर टीका टिप्पणी की जा सकती है।

(12) कभी-कभी अधीनस्थ न्यायालयों के निर्णय बदल दिये जाते हैं। ऐसे में वर्तमान निर्णय के साथ पिछले निर्णय का उल्लेख करना उचित रहता है।

(13) सार्वजनिक हितों को प्रभावित करने वाले निर्णयों का समाचार लिखते समय इसके अनुमानित परिणामों एवं प्रभावों का अवश्य उल्लेख करना चाहिए। उपर्युक्त बातों को ध्यान में रखते हुए न्यायालय के समाचारों का सावधानी पूर्वक लेखन करना चाहिए।

✡✡✡

8 आर्थिक और कृषि समाचार लेखन

आर्थिक समाचार-लेखन

आर्थिक पत्रकारिता की परिभाषा- 'वाणिज्य, वित्त, व्यापार और उद्योग से सम्बन्धित गतिविधियों और प्रतिक्रियाजन्य समाचारों का लेखा-जोखा, बाजार भाव, मुद्रास्फीति, कर, माल की माँग, तेजी-मन्दी, मूल्य सूचकांक, बजट प्रभाव, शेयर स्टॉक, वुलियर बाजारों आदि की सूचना देना व समीक्षा करना आर्थिक या वाणिज्यिक पत्रकारिता कहलाता है।'

वाणिज्य समाचार को प्रभावित करने वाले तत्त्व - (1) जानकारी (2) नवीनता (3) बहुसंख्यक की अधिकतम रुचि (4) उत्तेजना सूचना और (5) परिवर्तन की सूचना।

निःसन्देह वाणिज्यिक पत्रकारिता वाणिज्यिक शब्दावली के आधार पर समाचार को समाचार - तत्त्व प्रदान करती है। इसमें समाचार के लिए आवश्यक सभी तत्त्व विद्यमान होते हैं।

आर्थिक रिपोर्टिंग विशिष्ट श्रेणी की रिपोर्टिंग है। इसमें रिपोर्टर को आर्थिक क्रिया कलापों के क्षेत्रों के साथ ही आर्थिक गतिविधियों को प्रस्तुत करने के लिए प्रयुक्त शब्दावली का भी ज्ञान होना चाहिए। आर्थिक समाचारों की प्रस्तुति का अपना एक ढंग होता है। इसकी प्रस्तुति में कुछ ऐसे शब्दों का प्रयोग किया जाता है, जो सामान्य लोगों की समझ से परे होता है, किन्तु आर्थिक जगत् से जुड़े पाठक इन्हें आसानी से समझ जाते हैं।

आर्थिक समाचारों की महत्ता तो प्रारम्भ से ही थी पर, औद्योगिक - क्रान्ति ने तो आर्थिक समाचारों को दैनिक जीवन से जोड़ दिया है। औद्योगिक-क्रान्ति के कारण ही आज हम भौतिकता से गहरे जुड़ते जा रहे हैं। नयी आर्थिक नीति भी हमें अर्थतन्त्र को समझने के लिए प्रेरित कर रही हैं। ऊपर से संचार क्रान्ति ने व्यापारिक सूचनाओं के आदान-प्रदान में इतनी गतिशीलता प्रदान कर दी है कि सही अर्थों में विश्व एक आर्थिक ग्राम बनता जा रहा है। यद्यपि भारतीय सन्दर्भ में संचारक्रान्ति का वास्तविक

लाभ धनिक वर्ग में सिमटा हुआ है- विशेष रूप से जिसके पास मल्टीमीडिया, इण्टरनेट, ई-मेल, कम्प्यूटर आदि की सुविधाएँ उपलब्ध हैं। फिर भी आर्थिक-रिपोर्टिंग की आवश्यकता सबकी है। जहाँ बड़े उद्योगपति इसके विश्लेषण और समीक्षा पर ध्याान केन्द्रित रखते हैं, वहीं छोटे व्यापारी और आम जनता विश्लेषणों और समीक्षाओं के साथ-साथ दैनिक जीवन को प्रभावित करने वाले आर्थिक समाचारों को भी देखना-पढ़ना बहुत पसन्द करती है।

आर्थिक समाचारों का क्षेत्र व स्रोत

आज का युग अर्थप्रधान युग है। आज जीवन की प्रत्येक गतिविधि अर्थ से प्रभावित है। सूचना-साधनों की प्रगति ने अन्य गतिविधियों की तरह आर्थिक गतिविधियों को भी अनेक नये आयाम दिये हैं। अब वाणिज्य-व्यापार में इण्टरनेट जैसे सुपर सूचना साधन का भी प्रयोग होने लगा ह। वैज्ञानिक सोच एवं तकनीकी प्रगति के कारण आर्थिक क्षेत्रों का भी विस्तार हुआ है। आर्थिक समाचारों के लिए निम्नलिखित क्षेत्र हैं-

(1) बाजार- बाजार आर्थिक समाचारों के लिए पुराना क्षेत्र है। बाजार समाचारों में वस्तु बाजार (Commodity Market) और सर्राफा सबसे पुराना क्षेत्र है। समाचारपत्रों में इनके समाचार बहुत पहले से ही दिये जाते रहे हैं, क्योंकि इनका सम्बन्ध आम जनता से होता है और आज भी अधिकांश पाठक इस प्रकार के समाचारों को पढ़ना चाहते हैं। बाजार-समाचारों में आज और भी अनेक क्षेत्र जुड़ गये हैं तथा इनका पाठक वर्ग भी बनता जा रहा है। इनमें कुछ प्रमुख हैं-

(क) मुद्रा बाजार- जहाँ मौद्रिक सम्पत्तियों का अल्पकालीन क्रय-विक्रय होता है।

(ख) शेयर बाजार- इसे पूँजी बाजार भी कहते हैं। यहाँ पूँजी का दीर्घकालीन लेन-देन होता है। यहाँ सार्वजनिक (public) और राइट निर्गम (Issue) का कारोबार होता है। कालमनी मार्केट, विनियम बाजार और धातु बाजार भी इसी क्षेत्र में आते हैं।

(2) उद्योग- दुनिया की अर्थव्यवस्था के विकास में उद्योगधन्धों का महत्त्व सर्वाधिक है। आज वे ही देश विकसित हैं, जहाँ उद्योगधन्धे काफी फैले हुए हैं। उद्योगधन्धे आर्थिक समाचारों के लिए एक विस्तृत क्षेत्र हैं। औद्योगिक प्रगति, उनकी समस्या, उनकी नीतियाँ आदि आर्थिक समाचारों के लिए महत्त्वपूर्ण क्षेत्र हैं। आर्थिक रिपोर्टर इनका न केवल समाचार एकत्र करता है, बल्कि उनका विश्लेषण एवं निष्कर्ष भी प्रस्तुत करता है। उद्योगों में बड़े उद्योग तो सबका ध्यान आकृष्ट कर ही लेते हैं, पर एक कुशल आर्थिक रिपोर्टर अपने संचार माध्यम के प्रसारक्षेत्र की आम जनता की रुचि को ध्यान में रखते हुए कुटीर उद्योगों एवं सहायक उद्योगों के समाचारों पर भी ध्यान देता हैं।

(3) व्यापार- व्यापार भी आर्थिक समाचारों का पुराना क्षेत्र है। व्यापार में केवल वस्तुओं का ही क्रय-विक्रय नहीं होता, बल्कि सेवाओं और धन का भी होता है। व्यापार प्रमुख रूप से दो प्रकार का होता है-घरेलू अथवा राष्ट्रीय व्यापार और विदेशी अथवा अन्तर्राष्ट्रीय व्यापार। आयात, निर्यात, व्यापार संरक्षण नीति, सामान्य प्रशुल्क एवं व्यापार समझौता (गैट), उदार आर्थिक नीतियाँ आदि इस तरह के समाचारों का विस्तृत क्षेत्र है।

(4) कृषि एवं ग्रामीण अर्थव्यवस्था- हमारा देश कृषिप्रधान देश है। हमारे अधिकांश देशवासी कृषि से ही जीविकापार्जन करते हैं। कृषि उत्पादन, उसका विपणन के साथ ही ग्रामीण अर्थव्यवस्था को प्रभावित करने वाले कारक जिनमें घरेलू उद्योग धन्धे, उनसे सम्बन्धित सरकारी नीतियाँ एवं सहायताएँ, ग्रामीण बैंक आदि ऐसे क्षेत्र हैं, जिन पर रिपोर्टिंग को ध्यान देना चाहिए।

(5) वित्त- वित्तीय क्षेत्र आर्थिक समाचारों के लिए आजकल बहुत महत्त्वपूर्ण हो गये हैं। मुद्रा एवं बैंकिंग, बीमा, गैर बैंकिंग, वित्तीय संस्थाएँ, विदेशी बैंक एवं अन्य वित्तीय संस्थान इस क्षेत्र में शामिल हैं।

(6) लोकवित्त- आर्थिक समाचारों का यह भी एक महत्त्वपूर्ण क्षेत्र है। वर्तमान में प्रयोग में लाये जा रहे अधिकांश शब्दों का उल्लेख मिलता है। वस्तु विनिमय प्रणाली से आधुनिकतम ई-मेल व्यापार तक, शब्दों के अनेक अर्थ एवं भाषा की परिवर्तनशीलता दिखायी देती है। अर्थव्यवस्था के विकास के साथ-साथ अनेक शब्दों का इसमें समावेश हुआ है। प्रत्येक समाचारपत्र में व्यापार-व्यवसाय का स्तम्भ एक निश्चित पृष्ठ, स्थान और कालम पर दिया जाता है। इसमें स्थानीय समाचार के साथ राष्ट्रीय और अन्तर्राष्ट्रीय स्तर के समाचार भी होते हैं।

एक विद्वान का कथन है- 'मनुष्य की प्रत्येक क्रिया 'अर्थ' (पैसा, भाव, भावना आदि) पर आधारित है।' अत: यहाँ अर्थ का तात्पर्य रुपया-पैसा, भाव-भावना आदि सभी से लिया जा सकता है। अर्थ की महत्ता, अर्थ की राजश्री, मादकता उसे वैभवशाली रूप प्रदान करती है। सम्भवत: इसी कारण समाचारपत्र व पत्रिकाओं में व्यापार-व्यवसाय के पृष्ठ या उससे सम्बन्धित समाचार राजा की सवारी के समान सबसे अन्त में रहते हैं। आज हमारी सम्पूर्ण अर्थव्यवस्था मुद्रारूपी रथ पर आसीन है। ऐसे समकालीन समाचारपत्र पत्रिकाओं में व्यापार, व्यवसाय, वाणिज्य एवं कारोबार को महत्त्वपूर्ण स्थान देना स्वाभाविक ही है। आज कोई भी महत्त्वपूर्ण समाचारपत्र या पत्रिका ऐसी नहीं है, जिसमें व्यापार-वाणिज्य का उल्लेख न होता हो।

वाणिज्यिक भाषा में प्रतिक्रियात्मक होना एक आवश्यक गुण है। यद्यपि वाणिज्य-पत्रकारिता का क्षेत्र भी काफी व्यापक है। इसमें न केवल व्यापार-व्यवसाय, वित्त, उद्योग, बाजारभाव से सम्बन्धित समाचारों को ही प्राथमिकता दी जाती है, अपितु समसामयिक आर्थिक प्रश्नों एवं मुद्दों पर भी विचार किया जाता है। साथ ही तर्कपूर्ण प्रतिक्रिया भी व्यक्त की जाती है। उदाहरणार्थ-बजट के बाद की प्रतिक्रिया या उदारीकरण की नीति की प्रभावशीलता आदि बताने वाली प्रस्तुति।

इसमें विवरणात्मक शैली का प्रयोग बहुलता से होता है। वाणिज्य-व्यवसाय के किसी भी समाचार के साथ ही इसकी पूर्ण जानकारी देते हैं कि कोई घटना क्यों घटी? उसका जनजीवन और व्यापार पर क्या प्रभाव पड़ सकता है? उसकी क्या पृष्ठभूमि है? इस प्रकार घटना के साथ तथ्यों के अति आवश्यक समाचार की विस्तृत जानकारी देने वाला व्याख्यात्मक समाचार विवरणात्मक शैली में होते हैं। इसमें विशेषवर्ग अथवा विशेष व्यापार से सम्बन्धित रुचि के समाचार होते हैं, जिसकी अपनी निजी तकनीक होती है। इससे विश्वास जमता है। अतः यही भाषायी सन्दर्भ व्यापार, व्यवस्था, कारोबार को दिशा देता है। यहाँ इन्दौर से प्रकाशित दैनिक नई दुनिया को आधार बनाकर पत्रकारिता का भाषायी विश्लेषण प्रस्तुत किया गया है।

शव्द-संरचना

वाणिज्यिक भाषा में प्रयुक्त शब्दों की अपनी विशेष स्थिति, भाव, प्रभाव और अर्थ-व्यापकता होती है, इसमें जनरुचि का विशेष ध्यान रखना होता है, जिसका अपना अलग महत्त्व और अर्थ होता है। उदाहरणार्थ-जनरुचि के कतिपय शब्द-कुछेक (कुछ एक) और अछत(विद्यमान)। ये शब्द व्यक्ति और व्यापार की स्थिति पर आश्रित हैं। इसी तरह कारोबार या कारोबारियों की भाषा का एक नमूना- 'कारोबारियों का कहना है कि अब बाजार में गतिविधियाँ सोमवार से ही सक्रिय हो पाएँगी।'

वाणिज्य भाषा का दायरा विस्तृत है। उसमें समान बातों की अर्थभिव्यक्ति के लिए दो शब्दों के प्रयोग भी प्रचलित हैं। यथा- बिकवाली के लिए बेचवाली, बेचवाल।

इस तरह से ये शब्द व्यापार-व्यवसाय से सम्बन्धित समाचार का तुलनात्मक विवरण देने के लिए तथ्य और आँकड़े भी प्रस्तुत करते हैं। इन शब्द-प्रयोग के माध्यम से व्यवस्थित प्रामाणिक ब्यौरा प्रस्तुत हो जाता है, यथा-

(1) 'शक्कर की तेजी को लगभग ब्रेक लग गया है' (नई दुनिया फरवरी, 2000)।

(2) 'पूँजी बाजार के लिए सुधार पैकेज के बावजूद विश्वास का अभाव' (नई दुनिया 1 नवम्बर 1998)।

(3) 'देव दिवाली होने के बावजूद भी कपड़ा बाजार में ग्राहकी घटकी' (नई दुनिया 27 जुलाई 2000)।

इस तरह भाषा-विश्लेषण के करने पर अनेक बार वाणिज्यिक पत्रकारिता में भाषागत विश्लेषणों से भी साक्षात्कार होता है, जैसे- मौसम, बेमौसम, आमनारूपी सौदे, सटोरियों आदि विशेषण को अभिव्यक्ति देने वाले शब्द प्रायः प्रयुक्त होते रहते हैं।

नये-नये शब्दों की रचना एवं प्रयोग हमेशा इसमें होते हैं। जैसे- मध्यान्त, फगवाड़ा, पड़तल, शक्कर, मानवसर्जित आदि शब्द प्रयोग। इन्हीं में से निर्मित दो वाक्य उदाहरणस्वरूप यहाँ दिये जा रहे हैं-

एकन्दर- 'एकन्दर में तुवर, चने में सुधार की स्थिति रही'

छिटपुट- 'श्राद्ध पक्ष के बाद कपड़ा बाजार में छिटपुट ग्राहकी निकली' (नई दुनिया, फरवरी 2000)

वाणिज्य-व्यापार की भाषा का दायरा विस्तृत है। इसमें जनभावना निहित होती है। अत: कतिपय शब्द ऐसे होते हैं, जो बोलचाल की भाषा में अलग अर्थ रखते हैं और व्यापारिक भाषा में भिन्न रूपों में लिखे जाते हैं। इतना ही नहीं, अर्थ की दृष्टि से भी उनमें भिन्नता होती है। शब्दों की रचना में व्यापारी चतुर होता है। व्यापारी शब्दों को गढ़कर शीघ्र ही प्रचलित कर देता है। इस प्रकार वह भाषा को समृद्धता ही देता है। जैसे- निर्यात के लिए आयात-आयातक, आयातकों, आयातित, आयाती आदि शब्द उसने ही प्रचलित कर दिये हैं।

वाणिज्यिक भाषा में अंग्रेजी शब्दों का खुलकर प्रयोग होने के कारण समानभाषी, पर्यायवाची और अर्थ की अभिव्यक्ति करने वाले शब्दों का अभाव माना जाता है। हिन्दी भाषा में गजब की ग्रहणशक्ति है। उसने सभी विदेशी भाषाओं के शब्दों को अपने में समाविष्ट किया है। विज्ञापनों की भाषा में तो विदेशी शब्दों की भरमार है। यद्यपि वे जनप्रचलित शब्द ही होते हैं। यथा- 'ये दिल माँगे मोर' अथवा 'यही है राइट च्वाइस बेबी।'

हिन्दी और अंग्रेजी शब्दों से मिलकर नये शब्दनिर्माण की क्षमता भी वाणिज्यिक भाषा की अपनी निजी विशेषता है। यथा- 'क्वालिटीनुसार - सेमी होल सेल' शब्दों का प्रयोग।

हिन्दी भाषा में वचन प्रयोग सरल है। जैसे निवेशक या विश्लेषक का निवेशकों और विश्लेषकों का होना स्वाभाविक है, लेकिन अंग्रेजी ऑपरेटर का ऑपरेटरों होना अंग्रेजी शब्द का ही हिन्दीकरण है। कभी-कभी तो अंग्रेजी शब्दों के अशुद्ध प्रयोग भी इस वाणिज्यिक भाषा में दृष्टिगोचर होते हैं। अंग्रेजी का शब्द सीजन, लोकल (स्थानीय) शब्द है। इसी तरह हिन्दी का शब्द 'दिशावली' व्यापारी 'दिसावरी' बन जाते हैं।

वाणिज्यिक भाषा में पर्यायवाची शब्दों का प्रयोग भी भावनानुसार एक और सरल है। यथा- 'मन्दा' का 'मन्दी' या 'मन्दी' का 'मन्दा' (पर्यायवाची) प्रयोग में आता है। एक और शब्दप्रयोग- 'सन्तरे की कीमतों में अस्थायी रूप से 'थोड़ा' मन्दी आ सकती है।'

संक्षिप्तियों का अपना अलग महत्त्व है। आज की भाषा में संक्षिप्त का ग्राफ बड़ा है। राजनीतिक और सामाजिक जीवन में इसका प्रयोग धड़ल्ले से हो रहा है। इससे वाणिज्य-व्यापार अछूता कैसे रह सकता है। इसमें हिन्दी और अंग्रेजी भाषा के शब्दों की संक्षिप्तियाँ मिलती हैं। जैसे- हिन्दी संक्षिप्ति- 'पाम' (पामेलिन)। इसी तरह अंग्रेजी की संक्षिप्ति - एफ.आई.आई.टी.सी. (फार्मा, टेली, इंजी, नेफड़े, नाबार्ड आदि)।

वाणिज्यिक भाषा दैनिक जीवन की व्यावहारिक भाषा है। जो समाचारपत्रों में नित्य प्रयोग में आती है। अत: उसमें कभी-कभी अनावश्यक शब्दों का प्रयोग होना स्वाभाविक है। जैसे- 'शिद्दत' शब्द का अर्थ है- कठिनाई, कष्ट, तीव्रता, कठोर और

अधिकता है। इसकी वाक्य रचना है- 'कुछ मजबूत आर्थिक सुधारों की शिद्दत से अपेक्षा की जा रही है।'

इसमें भाषायी प्रयोग भी अपनी सार्थकता के लिए होता है। जैसे- 'बाजार व्यापारी' के लिए 'बाजारियों या बाजारी'। इस प्रकार के कतिपय नमूना वाक्य हैं-

(1) 'भारी बेचान से भी बाजारियों में घबराहट है'

(2) 'आकलन के बाद बाजारियों ने सतर्कता का रवैया अपना लिया है' आदि।

कभी-कभी भाषायी प्रयोग इतना सरल हो जाता है कि वह अशिष्टता की सीमा में प्रवेश कर जाता है। जैसे- बाजारी, बाजार का मामूली अशिष्ट प्रयोग बाजारू (वेश्या) है। वाक्यरचना की दृष्टि से वाणिज्यिक भाषा का रूपरंग, प्रयोग और स्थिति अलग नजरिया लिए होती है। जैसे-नई दुनिया में प्रकाशित वाणिज्यिक भाषा का एक वाक्य- 'सामान्यतः बाजार में खास उत्साह नहीं, किन्तु हाल की ठण्डी हवा की चमक से गरम कपड़ों में थोड़ी-थोड़ी गरमाहट अवश्य देखी जा रहीं है।' (जनवरी 2000)

वाणिज्य विषय नीरस होता है। अतः नीरस और शुष्क विषय की भाषा को सरसता देना उसकी कमनीयता और प्रयोग पर निर्भर प्रवृत्ति है। यथा- 'शक्कर पर आयात शुल्क बढ़ाने का प्रस्ताव नामंजूर कर दिया गया है।' एक उदाहरण और - 'चाँदी-सोना भाव कटपीस चाल में' (2 जनवरी 1998)।

वाणिज्यिक भाषा में छोटे वाक्यों के विस्तृत भाव वाले प्रयोग सहजता लाते हैं। छोटे वाक्यों के कतिपय उदाहरण-

(1) 'इन्दौर, दिल्ली में चना पुनः सहसी से बढ़ गया'

(2) 'उड़द में लिवाली कम रही'

(3) 'तुवर की आवक नहीं के समान'

वाणिज्य की लीला अपरम्पार है। उसका ओर-छोर नहीं है। अतः दीर्घ वाक्य प्रयोग उसकी स्वाभाविकता लिये होते हैं। जैसे- 'वैसे तो मँहगाई व सस्ती की कोई ठोस परिभाषा नहीं सुनी, लेकिन एक मोटी सी बात यह है कि जो वस्तु आम न सही नौकरीपेशा मध्यमवर्ग की क्रयशक्ति से बाहर हो जाये, तो समझिए मँहगाई आ गयी।' (1935 का महान् बन्दी)

भाषा जीवन का मुहावरा है। वाणिज्य-व्यापार का व्यक्ति से जीवन्त सम्बन्ध होने के कारण मुहावरों के प्रयोग निरन्तर होते रहते हैं। यथा- 'सरकार की नीति का तिलहन उत्पादकों व तेल मिलों की सेहत पर कोई असर नहीं पड़ेगा।'

मुहावरेदार भाषा का प्रयोग होना वाणिज्यिक भाषा में एक आवश्यक गुण बन गया है। यथा- 'किन्तु वास्तविकता से मुँह नहीं मोड़ा जा सकता है। इसमें निर्यातक सौदे देने से मुकर सकते हैं।'

तुलनात्मक मुहावरेदार शैली का प्रयोग सर्वत्र और सहजरूप में प्रचलित है। उदाहरण- 'पैसादार वर्ग अधिक नाणे की व्यवस्था कर सकता है, किन्तु सामान्य जनता को व्यवहार चलाने के लिए हमेशा नाणे की तंगी का सामना करना पड़ता है। कपड़ा बाजार में खोटे सिक्कों की तरह माल वापस आने लगा।'(20 सितम्बर 1998)

इसी कारण इसमें मानकीकरण की प्रक्रिया का सर्वत्र व्यवहृत होती है। यथा- (1) चने की मनोवृत्ति बदल गयी। (2) सोयाबीन की बम्पर फसल हुई है। (3) सरकार अगर शक्कर पर तटकर परिवर्तनशील कर दे, तो सर्वजन हिताय सर्वजन सुखाय हो सकता है।

कहा जा चुका है आर्थिक समाचारों की रिपोर्टिंग विशिष्ट श्रेणी की रिपोर्टिंग है, क्योंकि इसके लिए न केवल अर्थ एवं वाणिज्य विषयों की जानकारी चाहिए, बल्कि उसकी प्रस्तुति के लिए विशिष्ट शब्दावली भी ज्ञात होनी चाहिए। आम बोलचाल की भाषा में आर्थिक समाचारों को यदि लिखा जायेगा, तो उस रिपोर्टिंग को 'अधकचरी' या नौसिखिया ही माना जायेगा और समाचारपत्र की प्रतिष्ठा पर आँच भी आएगी। उदाहरण के लिए बिकवाल और लेवाल के स्थान पर यदि विक्रेता और क्रेता लिखा जाये, तो आर्थिक रिपोर्टिंग की दृष्टि से यह अज्ञानता का द्योतक होगा। आर्थिक रिपोर्टर को इन बातों का अध्ययन एवं ज्ञान बहुत आवश्यक है। प्रत्येक आर्थिक क्षेत्र का अपना मुहावरा और अभिव्यक्ति की शैली होती है और रिपोर्टर को उसे जानना आवश्यक है।

आर्थिक समाचारों को रोचक, पठनीय और अधिकाधिक उपयोगी बनाने के लिए सम्बन्धित पक्षों को समझने योग्य भाषा शैली का ही प्रयोग किया जाना आवश्यक है। आर्थिक -समाचारों के पाठक भी अपनी खास रुचि रखते हैं। यदि उनकी रुचि का ध्यान न रखा गया, तो इन समाचारों का महत्त्व खत्म हो जायेगा और समाचारपत्र की लोकप्रियता प्रभावित होगी।

आर्थिक-समाचारों की रिपोर्टिंग करते समय इस बात का ध्यान रखना चाहिए कि जिस समाचारपत्र के लिए रिपोर्टिंग की जा रही है, उसका प्रसार एवं प्रभाव क्षेत्र क्या है? उस क्षेत्र के व्यापारी या पाठक किस प्रकार के समाचार पढ़ना चाहते हैं? इन विषयों पर ध्यान देने से केवल उपयोगी समाचार मिलेंगे, बल्कि उन्हें प्रस्तुत करने की भाषा-शैली भी ठीक की जा सकती है। आर्थिक रिपोर्टर को इस बात का भी ध्यान रखना चाहिए कि स्थानीय बाजार का किन-किन दिसावरी बाजारों से ज्यादा व्यापारिक सम्बन्ध है और इनके व्यापारी किस प्रकार के समाचारों में ज्यादा रुचि रखते हैं? अलग-अलग क्षेत्रों की जनता और उनसे जुड़े व्यापारियों के लिए अलग-अलग किस्म के आर्थिक -समाचार महत्त्वपूर्ण होते हैं। इस विषय में आर्थिक -रिपोर्टर को काफी सतर्क रहना चाहिए और उसी के अनुरूप भाषा शैली का प्रयोग करना चाहिए।

आर्थिक समीक्षाएँ

आर्थिक-समाचारों का समीक्षालेखन महत्त्वपूर्ण है। समीक्षाएँ दैनिक, साप्ताहिक, मासिक

आदि कई तरह की होती है। पहले साप्ताहिक बन्दी के दिन ही समीक्षाएँ लिखी जाती थीं, पर अब बदलते परिवेश में दैनिक समीक्षा भी लिखी जाने लगी है। विभिन्न प्रकार के आर्थिक-समाचारों जैसे वस्तु, सर्राफा, पूँजी और मुद्रा आदि की दैनिक गतिविधियों पर समीक्षाएँ लिखी जाती हैं। आर्थिक -रिपोर्टिंग से जुड़े पत्रकारों को चाहिए कि वे समीक्षा लेखन में अपनी गति बनाएँ। इसके लिए उन्हें विभिन्न प्रकार की समीक्षाओं का सतत् अध्ययन करते रहना चाहिए।

दैनिक समीक्षा लेखन में खुला भाव, बन्द भाव, ऊँचा और नीचा भावों का उल्लेख करना चाहिए। साप्ताहिक समीक्षा में विगत सप्ताह की तुलना एवं आलोच्य सप्ताह के भावों के उतार-चढ़ाव का उल्लेख करते हुए समीक्षा प्रस्तुत की जाती है। इसी प्रकार मासिक, त्रैमासिक, छमाही एवं वार्षिक समीक्षाएँ भी लिखी जाती है। आगे आर्थिक समीक्षा के उदाहरण दिये जा रहे हैं, जिनसे आर्थिक समीक्षा लेखन पर कुछ प्रकाश पड़ता है। नीचे आर्थिक समीक्षा के दो उदाहरण प्रस्तुत हैं (दोनों उदाहरण अमरउजाला क्रमश: 17 व 20 मई 2004 से लिये गये हैं)-

आर्थिक -समाचारों का महत्त्व

आज पूरी दुनिया में भौतिकवादी दृष्टि का विकास हो रहा है और बहुत तीव्र गति से आर्थिक एवं व्यापारिक गतिविधियाँ बढ़ रही हैं। उदारीकरण के बाद अपने देश में भी आर्थिक गतिविधियों में तेजी आयी हैं। विभिन्न उपभोक्ता वस्तुओं से पटते बाजार सज रहे हैं। ऐसे में आर्थिक-समाचारों का महत्त्व भी बढ़ता जा रहा है। आज विश्वस्तर पर आर्थिक विकास हो रहा है। विभिन्न प्रकार के आर्थिक समझौते विभिन्न देशों के बीच हो रहे हैं। इस प्रकार आज पूरा विश्व एक बाजार का रूप लेता जा रहा है।

आज के दौर में आर्थिक -समाचारों का महत्त्व केवल विकसित देशों तक ही सीमित नहीं है। विकासशील एवं अविकसित देशों के लिए भी आर्थिक -समाचारों का महत्त्व बढ़ा है। आर्थिक -सूचनाएँ और जागरूकता व्यक्ति, समाज एवं राष्ट्र को समृद्ध बना रही हैं। विश्व के बदलते परिदृश्य में प्रतिस्पर्द्धा भी बढ़ रही है। ऐसे भी आर्थिक गतिविधियों का अद्यतन ज्ञान रखना अनिवार्य होता जा रहा है। बिना इसके हम प्रतिस्पर्द्धा में कहीं टिक ही नहीं सकते।

आर्थिक -समाचारों से आम जनता का सरोकार आज कुछ ज्यादा ही बढ़ गया है। बाजार, जिंस, सर्राफा, मुद्रा एवं शेयर बाजार आदि के भावों में आम लोगों की रुचि होने लगी है। पढ़ा-लिखा सामान्य व्यक्ति इनके भावों को जानने के प्रति जागरूक होता जा रहा है। इस प्रकार हम देखते हैं कि आर्थिक -समाचारों का महत्त्व दिन-प्रतिदिन बढ़ता ही जा रहा है और इसका भविष्य काफी उज्ज्वल है।

कृषि समाचार लेखन

हम सभी जानते हैं कि भारत कृषिप्रधान देश है। भारत की बहुसंख्यक आबादी कृषि

से जुड़ी हुई है। कृषि से जीवन का रिश्ता अटूट है, क्योंकि कृषि और अन्न का रिश्ता अटूट है। और अन्न बिना जीवन कहाँ? कृषि द्वारा हमें न केवल अन्न उपलब्ध होता है, बल्कि बहुत सारे उद्योगों के लिए कच्चा माल भी उपलब्ध होता है। खाद्यान्नों की आत्मनिर्भरता हमारे स्वाभिमान का प्रतीक है। किन्तु अफसोस की बात यह है कि हमारे समाचार-माध्यमों में कृषि-समाचारों की घोर उपेक्षा होती है।

किसान और खेत से उपजने वाला समाचार ही वस्तुत: कृषि समाचार है। यह समाचार खेत, खलिहान का हो सकता है, सिंचाई, बुआई, दवाई, उर्वरक एवं कृषि सम्बन्धी नवीनतम वैज्ञानिक उपलब्धियों एवं चुनौतियों से सम्बन्धित हो सकता है। कृषि उपज और उसके विपणन का हो सकता है अथवा कृषि उपज पर आधारित उद्योग धन्धों का हो सकता है। इतना ही नहीं मृदा, कृषि, रसायन, कृषि प्रसार, पादप-क्रिया, फसल रिपोर्ट सम्बन्धी समाचार भी कृषि समाचार के ही अन्तर्गत आते हैं।

कृषि समाचार का उद्देश्य एवं क्षेत्र

किसी भी समाचार-लेखन का उद्देश्य आम जनता को सूचित, शिक्षित और आह्लादित करना ही होता है। इस प्रकार कृषि से सम्बन्ध रखने वाले लोगों को सूचित, शिक्षित और आह्लादित करना कृषि-समाचार का उद्देश्य हुआ। कृषि विकास की नवीनतम उपलब्धियों से कृषकों को निरन्तर सूचित करना कृषि संवाददाता का कर्त्तव्य है। कृषि समाचार-लेखन का उद्देश्य तभी सार्थक माना जायेगा, जब कृषि और उस पर आधारित उद्योग धन्धों से सम्बन्धित जानकारी यथासमय उन लोगों को मिलती रहे, जो इनसे सम्बन्धित हैं।

कृषि एवं तत्सम्बन्धी समाचार देश की आर्थिक नीतियों को काफी हद तक प्रभावित करते है। सामाजिक विकास एवं परिवर्तन में भी इन समाचारों की कमोबेश भूमिका रहती है। वैसे अपने देश का किसान जल्दी परम्पराएँ नहीं छोड़ता, फिर भी यदि उसे शिक्षित किया जाये, तो वह अपने लाभ को देखते हुए उसके अनुसार परिवर्तन कर लेता है। इस ढंग की शिक्षा हम उसे कृषि समाचारों से दे सकते हैं।

कृषि समाचारों का प्रमुख उद्देश्य कृषकों को उत्कृष्ट किस्म की खाद, कीटनाशक दवाएँ, नवीनतम एवं वैज्ञानिक कृषि तकनीक और अधिक उपज देने वाले बीजों की जानकारी देना है। चूँकि अपने देश में कृषि बहुत हद तक प्रकृति पर निर्भर करती है, इसलिए मौसम सम्बन्धी जानकारी एवं भविष्यवाणी भी कृषि-समाचार का प्रमुख उद्देश्य है।

कृषि समाचारों के स्रोत

कृषि एवं कृषक से सम्बन्ध रखने वाली हर वस्तु कृषि समाचार के स्रोत हैं। कृषि-समाचार के लिए अपेक्षित सामग्री खेत-खलिहान से लेकर कृषिविज्ञान केन्द्र तक प्राप्त की जा सकती है। देश के विभिन्न कृषि विश्वविद्यालयों, जिला कृषि विभागों, कृषि विज्ञान केन्द्रों

के साथ ही पशु, बागवानी, चारा आदि से सम्बन्धित शोध एवं विकास केन्द्रों से भी कृषि-समाचार प्राप्त किये जा सकते हैं। इस प्रकार के केन्द्र देशभर में फैले हुए हैं। इनके अलावा भारतीय कृषि-अनुसन्धान परिषद और उसके अधीन कार्यरत विभिन्न केन्द्र भी कृषि-समाचार के स्रोत है।

केन्द्र और विभिन्न राज्य सरकारों द्वारा कृषि के सम्बन्ध में चलायी जा रही योजनाओं की जानकारी ग्राम विकास अधिकारी, खण्ड विकास अधिकारी, जिलों में स्थित विकास अधिकारी आदि से मिल सकती है। भूमि विकास बैंक, कृषि संवर्द्धन बैंक एवं ग्रामीण बैंकों से भी कृषि समाचारों के मिलने की सम्भावना रहती है। नीचे कृषि समाचार का एक उदाहरण द्रष्टव्य है-

हर्बल स्टेट बनने की राह में अंतरराष्ट्रीय कानून का साया

कृषि संवाददाता की अपेक्षित योग्यता

यद्यपि यह आवश्यक नहीं कि कृषि-संवाददाता कृषिविज्ञान का स्नातक हो, फिर भी उसे कृषि और कृषक से सम्बन्धित उन प्रत्येक पहलुओं की जानकारी होनी चाहिए, जो समाचार जानने समझने एवं लिखने के लिए आवश्यक है। जो व्यक्ति खेती और खेतिहर की आवश्यकता और समस्याओं के बारे में नहीं जानता होगा, वह सफल कृषि-संवाददाता नहीं हो सकता। कृषि-संवाददाता को निम्नलिखित विषयों का सामान्य ज्ञान अवश्य होना चाहिए, जिससे उसे कृषि सम्बन्धी समाचार बनाने में कोई कठिनाई न हो। यदि उसे इन विषयों की मोटी-मोटी जानकारी होगी, तो वह जरूरी होने पर विषय विशेषज्ञों से मिलकर विशद् जानकारी भी कर सकता है। सामान्य, जानकारी के अभाव में वह विषय को पकड़ नहीं सकेगा-

(1) मृदा एवं कृषि रसायन (2) कृषि अर्थशास्त्र (3) कीट शास्त्र और जीव विज्ञान (4) कृषि प्रसार (5) शस्य विज्ञान (6) कृषि मौसम विज्ञान (7) पशुपालन एवं दुग्ध उद्योग (8) जैव प्रौद्योगिकी विज्ञान (9) पादप प्रजनन (10) मत्स्य पालन (11) उद्यानशास्त्र (12) कुक्कुट एवं शूकर पालन (13) पादप रोग विज्ञान (14) बीज उत्पादन एवं प्रमाणीकरण (15) भूमि संरक्षण आदि।

इन विषयों के अतिरिक्त वे विषय भी उसे जानने चाहिए, जो कृषि एवं कृषकों से सम्बन्धित हों। कृषि संवाददाता को भारतीय कृषि क्षेत्र की समस्याओं से भी भलीभाँति परिचित होना चाहिए। चूँकि कृषि और कृषक मुख्यत: गाँवों में रहते हैं। अत: गाँवों की लगभग हर समस्या कृषि समस्या है। इन समस्याओं पर लिखने के साथ-साथ इनके समाधान के उपाय भी कृषि संवाददाताओं को सुझाने चाहिए।

कृषि और कृषक की मुख्य समस्याएँ कुछ इस प्रकार हैं- (1) खेती के पिछड़ेपन की समस्या (2) कृषि उपजों को उचित मूल्य पर बेचने की समस्या (3) कृषि आधारित उद्योगों की समस्या (4) यथासमय खाद, उन्नत बीज आदि न मिलने की

समस्या (5) सिंचाई की समस्या (6) समय से एवं पर्याप्त बिजली न मिलने की समस्या (7) अकाल, सूखा एवं बाढ़ की समस्या (8) पशुओं के उचित चिकित्सा की समस्या (9) विभिन्न सरकारी योजनाओं की जानकारी न होने की समस्या (10) कृषि मजदूरों एवं मजदूरी की समस्या (11) भूमि सुधार की समस्या आदि।

इन सबकी जानकारी कृषि-संवाददाता को न केवल समाचार लिखने में सहायता करेगी, बल्कि उनके समाचारों से कृषि-विकास प्रक्रिया को भी गति मिलेगी।

वर्तमान में समाचारपत्रों में प्रायः अलग से कृषि समाचारों को स्थान नहीं मिलता है। इन्हें आर्थिक समाचारों के पृष्ठों पर ही स्थान दिया जाता है। आगे कृषि समाचार से सम्बन्धित कुछ उदाहरण निम्नलिखित हैं–

कृषि नीति एवं कृषि-समाचार

कृषि संवाददाताओं को सरकार की कृषिनीति की जानकारी भी अति आवश्यक है। कृषि के सम्बन्ध में सरकार की नीतियों की सही जानकारी न होने पर संवाददाता न तो सम्बन्धित विषयों पर सही समाचार दे सकता है, न ही अपने समाचार से सरकार को उसकी नीतियों के सम्बन्ध में समुचित फीड बैक ही दे सकता है। कृषि पर विभिन्न सरकारों की नीतियाँ बदलती रहती हैं। उदाहरण के लिए कृषि-उपजों का सरकारी समर्थन मूल्य कभी कुछ रहता है और कभी कुछ। इसी प्रकार बीजों, खादों आदि पर दिया जाने वाला अनुदान भी घटता-बढ़ता रहता है। कृषकों को प्रोत्साहन देने वाली ढेर सारी योजनाएँ बनती है। उन्हें इसके बारे में सही जानकारी न होने के कारण इसका उचित लाभ उन्हें नहीं मिल पाता। सरकारी योजनाओं का वास्तविक लाभ पात्र किसान नहीं उठा पाते। एक अनुमान के अनुसार इसका लाभ अधिक से अधिक 10 प्रतिशत किसान ही उठा पाते हैं। कृषि-संवाददाता को इन सभी पक्षों पर ध्यान देना चाहिए। तभी अच्छा एवं उपयोगी कृषि समाचार लिखा जा सकता है।

✡✡✡

9 खेल-कूद, धर्म, शिक्षा, साहित्य, कला एवं सांस्कृतिक समाचार लेखन

खेल-कूद समाचार लेखन

सभ्यता के विकास के साथ-साथ खेलों का महत्त्व दिन-प्रतिदिन बढ़ता ही जा रहा है। कभी समय था जब खेलों के प्रति जनसामान्य में रुचि नहीं थी। खेलों का क्षेत्र भी बहुत ही सीमित था। प्रारम्भ में पत्रकारिता की दृष्टि से भी खेलों को बहुत कम महत्त्व दिया जाता था। कुछ राष्ट्रीय या अन्तर्राष्ट्रीय खेलों के छिटपुट समाचार देकर अपने कर्त्तव्य की इतिश्री मान ली जाती थी, परन्तु अब तो स्थिति यह है कि प्रत्येक दैनिक समाचारपत्र में एक पूरा पृष्ठ खेल समाचारों से सम्बन्धित होता है। कुछ समाचारपत्र तो राष्ट्रीय महत्त्व के खेल समाचारों को मुखपृष्ठ पर हाईलाइट करते हैं। यही नहीं, कुछ समाचार पत्र तो खेलों के बारे में यदा-कदा सम्पादकीय भी देते हैं। अब तो राष्ट्रीय पत्रों में, जिनमें पंजाब केसरी, हिन्दुस्तान, जनसत्ता, दैनिक जागरण, अमरउजाला, दैनिक भास्कर, दैनिक आज आदि प्रमुख हैं, में नियमित दिये जाने वाले पृष्ठ के अतिरिक्त भी सप्ताह में एक बार खेलों पर अनेक लेखादि दिये जाने लगे हैं। यह खेल के प्रति विशिष्ट लगाव का परिचायक है। लोगों में खेलों के प्रति एक विशिष्ट रुचि पैदा हुई है।

साप्ताहिक, पाक्षिक एवं मासिक पत्र-पत्रिकाओं में भी खेल सामग्री को विशिष्ट स्थान दिया जाता है। यही नहीं, अनेक पत्रिकाएँ, जिनकी विषय खेल नहीं है, भी खेलों पर विशेषांक तक निकालने लगी हैं। इनमें क्रिकेट के सीजन में काफी जानकारी से भरे आँकड़ों से सम्पन्न विशेषांक प्रकाशित किये जाते हैं। यद्यपि ये विशेषांक क्रिकेट तक ही सीमित रहते हैं, फिर भी अन्य खेलों पर दी गयी रोचक सामग्री पाठकों को खेलों की ओर आकर्षित करती ही है। खेल-रिपोर्टिंग पर विस्तृत चर्चा करने से पूर्व एक बात और ध्यान देने योग्य है। यह विशेषज्ञता का युग है। हर पत्रकार खेल पत्रकार नहीं हो सकता। इसके लिए प्रत्येक खेल अथवा किसी विशेष खेल के विषय में विस्तृत जानकारी प्राप्त करना आवश्यक है।

खेल-पत्रकारिता का इतिहास

खेल-पत्रकारिता के इतिहास की चर्चा के सम्बन्ध में हम सबसे पहले अपने देश के इतिहास की चर्चा करेंगे। सन् 1951 में नयी दिल्ली में प्रथम एशियाई खेल हुए। उसी समय से खेलों के समाचार प्रकाशित होने आरम्भ हो गये थे, परन्तु 1960 के आसपास ठीक रूप से इनके प्रकाशन का प्रारम्भ माना जाता है। 'हिन्दी पत्रकारिता : विविध आयाम' (लेखक - डॉ॰ वेदप्रताप वैदिक) पुस्तक में नवभारत टाइम्स बम्बई की क्रिकेट-रिपोर्टिंग का एक उदाहरण प्रस्तुत किया गया है, जो 12 फरवरी, 1961 के अंक में प्रकाशित हुआ था। रायटर समाचार एजेंसी द्वारा प्रेषित और मेलबोर्न में खेले गये आस्ट्रेलिया और वेस्टइण्डीज के क्रिकेट -टेस्ट का यह समाचार मोटे-मोटे अक्षरों में शीर्षक के साथ इस प्रकार प्रकाशित हुआ था-

यह खेल समाचार का प्रारम्भिक रूप था। प्रारम्भ में नवभारत टाइम्स जैसे-प्रतिष्ठित समाचारपत्र में भी खेलों से सम्बन्धित मात्र एक दो कालम ही प्रकाशित होते थे। वर्तमान में खेल-कूद समाचारों की लोकप्रियता दिनों-दिन बढ़ रही है। आज से लगभग 15-20 वर्ष पहले खेल-कूद के समाचार जहाँ कुछ कालमों या अधिक से अधिक आधे पृष्ठ में सिमटे रहते थे, वहीं आजकल खेल-कूद के समाचारों के लिए प्रायः एक या दो पूरे पृष्ठ सुरक्षित रहते हैं। इन पृष्ठों पर केवल खेल के ही समाचार दिये जाते है। इन समाचारों की आवश्यकता एवं महत्ता को देखते हुए प्रत्येक अच्छे समाचारपत्र में खेल-कूद का अलग से एक विभाग काम करता है। इस विभाग में सुविधानुसार एक या अधिक उप-सम्पादक/रिपोर्टर नियुक्त रहते हैं। समाचारपत्रों में खेल-कूद के प्रभारी के लिए खेल-सम्पादक का एक पद भी मान्य किया गया है, जो मुख्य उप-सम्पादक के स्तर का माना गया है। अच्छे एवं बड़े समाचारपत्रों में इस प्रकार के सम्पादक भी नियुक्त किये जाते हैं।

खेलों के समाचार उन हजारों-लाखों लोगों के लिए लिखे जाते हैं, जो उसे प्रत्यक्षतः देख नहीं पाते। किसी भी अच्छी एवं महत्त्वपूर्ण प्रतियोगिता में हजारों दर्शक उपस्थित रहते हैं, जो घण्टों बैठकर इनका आनन्द लेते हैं। समाचारपत्र अपने खेल-समाचारों से अपने पाठकों को यही आनन्द और जानकारी प्रदान करने का प्रयास करते हैं। खेल-कूद के समाचार लिखते समय भी वही पद्धति अपनायी जाती है, जो अन्य समाचारों के लिखते समय अपनायी जाती है अर्थात् खेल का परिणाम सबसे पहले दिया जाता है, इसके बाद आवश्यकतानुसार खेल का अन्य विवरण दिया जाता है। चूँकि प्रत्येक खेल-कूद की अपनी विशिष्ट विधि होती है, इसलिए खेल-कूद के समाचार-लेखक को उस खेल की मोटी-मोटी जानकारी अवश्य होनी चाहिए, जिसके बारे में वह समाचार लिख रहा है। श्री प्रवीण दीक्षित ने खेल-कूद-रिपोर्टिंग के लिए निम्नलिखित दिशा-निर्देश सुझाए हैं-

(1) खेल-कूद-संवाद पक्षपात रहित हो (2) क्रीड़ा-जगत् की परम्परागत भावनाओं का ध्यान रखा जाये। (3) समीक्षा और सुझाव विश्लेषणात्मक हों, किन्तु किसी टीम

या खिलाड़ी को अपमानित या उपेक्षित करने की दृष्टि से न प्रस्तुत किये जायें। (4) अधिकारियों, पदाधिकारियों, खिलाड़ियों के प्रशिक्षकों, निर्णायकों, रेफरी, अम्पायर इत्यादि के प्रति पूर्वाग्रह मुक्त हों। (5) पूरी टीम तथा खिलाड़ी की व्यक्तिगत विशेषताओं तथा खेल पर पड़ने वाले उनके प्रभावों का भी उल्लेख हो। (6) खेल-व्यवस्थापकों की ओर से किये गये किसी अनुचित व्यवहार या अव्यवस्था का उल्लेख किया जा सकता है। (7) प्रशिक्षक या टीम कप्तान द्वारा निर्णायक के निर्णय पर प्रकट किये गये विरोध को संक्षेप में लिखा जाये। (8) प्रशिक्षक या टीम मैनेजर द्वारा या उसके किसी खिलाड़ी के सम्बन्ध में प्रकट की गयी 'विशेषज्ञ राय' भी खेल संवाद का महत्त्वपूर्ण अंश हो सकती है। (9) यदि दर्शकों की भीड़ ने अत्यधिक उत्साह या आवेशवश कोई विशेष व्यवहार प्रदर्शित किया हो, तो उसका भी उल्लेख आवश्यक है। (10) स्थानीय स्तर पर खेल भावना को प्रोत्साहन तथा खेल-कूद में चालाकी, धूर्तता और बेईमानी को हतोत्साहित करने की नीति का अनुगमन किया जाये।

खेलों के प्रकार

खेल-पत्रकारिता पर चर्चा करते समय खेलों के विभिन्न प्रकारों पर भी चर्चा कर लेनी चाहिए। खेल मुख्य रूप से दो प्रकार के होते हैं- (1) इनडोर (2) आउटडोर। इनडोर खेल मैदान में नहीं , बल्कि छत के नीचे खेले जाते हैं। इनमें कैरम, बिलियर्ड, जिमनास्टिक आदि प्रमुख हैं और आउटडोर खेलों में फुटबाल, हॉकी, क्रिकेट आदि प्रमुख हैं।

कुछ महत्त्वपूर्ण खेल- खेल-कूद की परम्परा सम्भवतः विश्व की प्राचीनतम परम्पराओं में से एक है। खेलों के रूप भले ही बदलते रहे हों, किन्तु उनकी मूलभावना में कहीं कोई अन्तर नहीं आया है। कुछ खेल अन्तर्राष्ट्रीय स्तर पर खेले जाते हैं, जबकि कुछ का स्वरूप क्षेत्रीय होता है। नीचे कुछ खेलों का नाम दिया जा रहा है, जिनकी जानकारी खेल-कूद रिपोर्टर को अवश्य होनी चाहिए-

(1) हॉकी (2) फुटबाल (3) बालीबाल (4) क्रिकेट (5) बैडमिण्टन (6) टेनिस (7) टेबल टेनिस (8) बिलियर्ड और स्कूनर (9) बॉक्सिंग (10) कुश्ती (11) विभिन्न दूरियों की दौड़ (12) ऊँची कूद (13) लम्बी कूद (14) शाट पुट (15) भाला फेंक (16) हैमर फेंक (17) विभिन्न प्रकार की तैराकी (18) नौकायन (19) पर्वतारोहण (20) शतरंज (21) ब्रिज आदि।

इसके अतिरिक्त कुछ क्षेत्रीय खेल-कूद भी होते हैं, जैसे कबड्डी (भारत, पाकिस्तान, नेपाल आदि), खो-खो (भारत, नेपाल, श्रीलंका आदि), सॉफ्टबॉल (इंग्लैंड, फ्रांस आदि।)

खेल समाचार लेखन की विशेषता

खेलों की रिपोर्टिंग करने के लिए प्रायः खेल समीक्षक को उस मैदान में जाकर बैठना चाहिए, जहाँ खेल खेला जा रहा है, परन्तु कई बार ऐसा सम्भव नहीं हो पाता। उस

स्थिति में प्राप्त सामग्री के आधार पर ही समीक्षा लिखी जाती है। ऐसी रिपोर्टिंग में समीक्षक को चाहिए कि अपनी विस्तृत जानकारी का उपयोग करे और खेल के विभिन्न आँकड़ों के माध्यम से, खेल को और अधिक अच्छा कैसे खेला जा सकता था, इस विसष पर अपनी सलाह देकर समीक्षा को रोचक, पठनीय एवं आकर्षक बनाये। खेल संवाददाता को प्रायः दो काम करने होते हैं- (1) वास्तविक खेलों और खेल गतिविधियों की रिपोर्टिंग करना तथा (2) खेले गये या खेले जाने वाले खेलों की पृष्ठभूमि पर अपना मन्तव्य व्यक्त करना।

समाचार लिखते समय संवाददाता को इस बात पर ध्यान देना चाहिए और यह अत्यधिक महत्त्वपूर्ण भी है कि अधिकतर पाठक खेल के समय मौजूद नहीं होते हैं। और, उन्हें मैच केवल संवाददाताओं की आँखों से ही देखना है। समाचार इस ढंग से लिखे जाने चाहिए कि पाठक की आँखों के आगे मैच का एक चित्र-सा बन जाये और वह खेल के मैदान के रोमांच को अनुभव कर सके। संवाददाता को अपने अन्दर यह योग्यता पैदा करनी चाहिए कि वह खेल के मैदान में हुई प्रत्येक महत्त्वपूर्ण घटना का महत्त्व जान सके और उसे पाठकों के समक्ष सही ढंग से प्रस्तुत कर सके।

खेल-संवाददाता पर एक बहुत बड़ा उत्तरदायित्व होता है। बहुत हद तक किसी खिलाड़ी की लोकप्रियता उसके बारे में समाचारपत्र में छपी रिपोर्टों और उनमें व्यक्त विचारों पर निर्भर करती है। किसी खिलाड़ी के बारे में अच्छे-बुरे समाचार उसकी लोकप्रियता को प्रभावित कर सकते हैं, इसलिए संवाददाता को अपनी लेखनी में निष्पक्ष होना ही चाहिए। हाँ, कभी-कभी खिलाड़ियों को प्रोत्साहन देने के लिए यदि उसके खेल को थोड़ा बढ़ा-चढ़ाकर प्रस्तुत किया जाये, तो कोई हर्ज नहीं है।

साथ ही खेल-संवाददाता को अपने व्यवसाय को जानने के लिए थोड़ा परिश्रम भी करना चाहिए। जिन खेलों की वह रिपोर्टिंग करता है, उनसे सम्बन्धित छोटी-बड़ी सब जानकारी उसे होनी चाहिए, क्योंकि पाठक सब कुछ सहन कर सकता है, किन्तु लेखक की अज्ञानता को सहन नहीं कर सकता। वह पत्रकार को सर्वज्ञानी व्यक्ति समझता है। उसके विचार में जो व्यक्ति समाचारपत्र के लाखों पाठकों को कुछ बता रहा है, उसका विषय पर पूर्ण अधिकार तो होना ही चाहिए।

खेल-कूद समाचार-लेखन की विभिन्न शैली

खेल समाचार लेखन मे अनेक प्रकार की शैलियों का प्रयोग किया जा सकता है। खेल-कूद समाचार के तथ्यों का विवरणात्मक ढंग से लेखन किया जा सकता है, उसको उसकी पृष्ठभूमि आदि के वर्णन के साथ इस प्रकार प्रस्तुत किया जा सकता है, जिससे उसका सजीव चित्र उपस्थित हो जाये, उसकी प्रस्तुति में उसकी समीक्षा एवं आलोचना भी साथ-साथ की जा सकती है आदि। इस प्रकार खेल-कूद समाचारों की प्रस्तुति को निम्नलिखित शैलीगत भेदों में बाँटा जा सकता है-

(1) विवरणात्मक (2) सजीवात्मक (3) समीक्षात्मक।

(1) विवरणात्मक रिपोर्टिंग में खेले जा रहे खेल के तथ्यों का विवरण प्रस्तुत किया जाता है, जैसे- यदि फुटबाल का खेल हो रहा है, तो किसने गोल किया, कौन टीम हारी आदि का तथ्यात्मक विवरण।

(2) सजीवात्मक रिपोर्टिंग में खेल का विवरण इस प्रकार लिखा जाता है कि पाठकों के सामने उस खेल-प्रतियोगिता का जीवन चित्र उपस्थित हो जाये। उसे ऐसा लगे जैसे वह खेल अपनी आँखों से देख रहा है। फुटबाल खेल की एक रिपोर्टिंग देखें-

(3) समीक्षात्मक रिपोर्टिंग में खेल के विवरण को खिलाड़ियों द्वारा खेल मे की गयी गलतियों अथवा उत्कृष्ट प्रदर्शन की समीक्षा करते हुए प्रस्तुत किया जाता है। इस प्रकार की प्रस्तुति यद्यपि पाठकों द्वारा पसन्द की जाती है पर, इसमें निष्पक्षता बरतने की आवश्यकता होती है। कभी भी किसी खिलाड़ी या टीम के प्रति दुर्भावना रखकर समीक्षात्मक लेखन नहीं करना चाहिए। इण्टरनेशनल प्रेस इंस्टीट्यूड मैनुअल 'दी एक्टिव न्यूजरूम (The Active News Room)' के सम्पादक हेरील्ड इवान्स (Herald Ivans) की दृष्टि में तो खेलों की रिपोर्टिंग का अर्थ उन पर टिप्पणी करना है।

एक उदाहरण देखिए, मान लीजिए की भारत की क्रिकेट टीम विदेशभ्रमण पर जा रही है। खेल-समीक्षक को होने वाले टेस्टों पर अपनी राय देनी है और भारतीय टीम की सम्भावनाओं पर चर्चा करनी है। इसके लिए उसे घोषित टीम के खिलाड़ियों के आँकड़े इकट्ठे करने चाहिए। अमुक खिलाड़ी का खेल किस प्रकार का है, वह फार्म में है या नहीं? अमुक देश में उसका खेल कैसा रहा है? आदि की चर्चा के साथ-साथ पूरी टीम के खेल की स्थिति की चर्चा भी करनी चाहिए।

खेलों के परिणाम पर प्राय: जलवायु, खेल के मैदान, दर्शकों की मन: स्थिति आदि का भी प्रभाव पड़ता है। मान लीजिए, क्रिकेट की ही रिपोर्टिंग करनी है, तो समीक्षक को स्लिप में कौन अच्छा कैच कर लेता है, स्पिनर की गेंद किस स्थान की पिचों पर क्या करतब करेगी? दूसरे देश की टीम में कौन-कौन से अच्छे खिलाड़ी हैं? उस देश के कौन से खिलाड़ी हमें जीतने से वंचित कर सकते हैं? आदि की विस्तृत चर्चा करते हुए ऐसे खिलाड़ी जिन्हें टीम में नहीं लिया गया और जो अच्छा खेल सकते थे, वहाँ के खिलाड़ियों को परेशान कर सकते थे, इस बारे में भी तथ्यपूर्ण चर्चा करके लेख को रोचक और ज्ञानवर्धक बनाया जा सकता है। इस प्रकार समीक्षक का कार्य खेल की चर्चा करने के साथ-साथ मार्गदर्शन करना भी है। क्रिकेट खेल की समीक्षा का एक उदाहरण देखिए-

इसके अतिरिक्त खेल-कूद जब आरम्भ होने को होते हैं, तो पाठकों की जानकारी के लिए प्राय: उसकी पृष्ठभूमि बतायी जाती है। उदाहरण के लिए यदि क्रिकेट का

समाचार पत्र एवं पत्रकारिता

विश्वकप कहीं होने वाला है, तो विश्वकप की शुरूआत कब और कहाँ हुई? इसकी आयोजक संस्थाएँ कब कौन-कौन थीं? पूर्व में कौन देश/टीम जीती? वर्तमान में जहाँ खेल होने वाला है, वहाँ सम्बन्धित खेल की लोकप्रियता कैसी है? इस बार कौन-कौन सी टीमें भाग लेने वाली हैं, उनकी हैसियत और तैयारी क्या है? आदि बातों की जानकारी पाठकों को दी जाती है। कई दिनों तक चलने वाले खेलों (जैसे क्रिकेट) के क्रम टूटने न पाये इसलिए भी अवकाश के दिन खेल की समीक्षा आवश्यक होती है। खेल-कूद समीक्षा लेखन में भी अन्य समीक्षाओं के नियम लागू होते हैं। खेल का सम्यक् विवेचन, की गयी गलतियों एवं अच्छे प्रदर्शनों का वर्णन, खिलाड़ियों की कमियों और अच्छाइयों की निष्पक्षता के साथ प्रस्तुति अच्छी समीक्षा के लिए आवश्यक है। समीक्षा पढ़कर पाठक अपने ज्ञान में भी वृद्धि करते हैं, क्योंकि समीक्षा में बहुत सी तकनीकी एवं व्यावहारिक बातों का भी उल्लेख रहता है।

खेल-कूद समाचारों की विशिष्ट शब्दावली

शब्दावली के स्तर पर खेल-कूद के समाचारों की रिपोर्टिंग अन्य समाचारों से बहुत हद तक भिन्न होती है। भिन्न-भिन्न खेलों के नियम भिन्न-भिन्न होते हैं। ये नियम अन्तर्राष्ट्रीय रूप से मान्य होते हैं। स्थानीय खेलों में भी नियम होते हैं, जिन्हें खिलाड़ियों को मानना पडता है। इन्हीं नियमों के अन्तर्गत ये खेल खेले जाते हैं। नियमों की कुछ विशिष्ट शब्दावली होती है, जिनका ज्ञान खेल-कूद रिपोर्टर को होना चाहिए। उदाहरण के लिए क्रिकेट में पाँव पर बॉल लगने पर पगबाधा (LBW) कहा जाता है, जबकि हॉकी में पैर पर बॉल लगने पर कैरेड तथा फुटबाल में हाथ से बाल लगने पर हैण्ड कहा जाता है। यदि रिपोर्टर खेल के नियमों एवं शब्दावलियों को नहीं जानेगा, तो वह कुशलतापूर्वक एवं सही ढंग से खेल की रिपोर्टिंग नहीं कर सकता। इसलिए खेल-कूद रिपोर्टर को सम्बन्धित खेल के नियमों एवं उसकी शब्दावली की सम्यक् जानकारी अवश्य होनी चाहिए।

किसी रिपोर्टर को खेल-कूद के नियम एवं उसकी विशिष्ट शब्दावली का ज्ञान केवल इसीलिए जरूरी नहीं है कि इससे वह सम्बन्धित खेल की रिपोर्टिंग ठीक ढंग से कर सकता है, बल्कि इसलिए भी जरूरी है कि यदि उसे कभी खेल-कूद रिपोर्टिंग का अनुभव होने के कारण किसी खेल की कमेण्ट्री करने का अवसर मिल जाये, तो वह उसकी सही कमेण्ट्री कर सके। चूँकि कमेण्ट्री में समीक्षा का पुट अवश्य होता है और समीक्षा सम्यक् ज्ञान के बिना सम्भव ही नहीं है, इसलिए खेल-कूद रिपोर्टर को इन सबका ज्ञान जरूर प्राप्त करना चाहिए। जैसा कि कहा जा चुका है कि खेल-कूद रिपोर्टिंग की एक शैली समीक्षात्मक भी होती है, इसलिए यदि रिपोर्टिंग समीक्षात्मक शैली में करनी है, तब तो खेल-कूद के नियमों एवं शब्दावली का ज्ञान अनिवार्य है।

खेल-कूद रिपोर्टर की योग्यताएँ

एक अच्छे रिपोर्टर में जिन गुणों एवं योग्यताओं की आवश्यकता होती है, वह सब खेल–कूद रिपोर्टर में भी होनी चाहिए। अतिरिक्त योग्यता के रूप में उसे खेल–कूद के नियमों की जानकारी आवश्यक है। विभिन्न खेलों की लोकप्रियता कहाँ–कहाँ है, यह भी उसे जानना चाहिए। पृष्ठभूमि लेखन के लिए उसके पास सन्दर्भ ग्रन्थ उपलब्ध होना चाहिए। विभिन्न खेल संगठनों, खेल के प्रायोजकों की जानकारी उसे होनी चाहिए। विभिन्न खेलों के पूर्व विशिष्ट खिलाड़ियों के साथ ही वर्तमान खिलाड़ियों की भी जानकारी होनी चाहिए। खिलाड़ियों की उसे पहचान भी होनी चाहिए, क्योंकि यदि खिलाड़ियों की पहचान नहीं होगी, तो तथ्यात्मक भूलें हो सकती हैं। इस ढंग की भूलों से समाचार माध्यम (समाचारपत्र) की स्थिति काफी हास्यास्पद हो जाती है।

खेल–रिपोर्टर की विभिन्न प्रतियोगिताओं और उनके समय के बारे में जानकारी रखनी चाहिए ताकि वह यथा समय उन पर अपना काम कर सके। अपनी रिपोर्टिंग, लेखों और समीक्षाओं के द्वारा खेल–कूद रिपोर्टर यदि खेल और खिलाडी के स्तर को ऊँचा उठाने में कुछ योगदान न कर सका, तो उसकी योग्यता शायद अधूरी मानी जाएगी। इस प्रकार खेल–कूद रिपोर्टर में कुछ विशेष योग्यताएँ अपेक्षित हैं।

खेल-रिपोर्टिंग के लिए आवश्यक बातें

प्रथम एशियाई खेलों का उद्घाटन करते हुए भारत के प्रथम प्रधानमन्त्री पं० जवाहर लाल नेहरू ने कहा था– 'खेल को खेल की भावना से खेलो।' यही सूत्र पत्रकार के लिए भी आधारभूत सिद्धान्त है। अतः खेल पत्रकार निम्नांकित बातों पर ध्यान देना चाहिए–

(1) सम्बद्ध खेल के विषय में, जिसकी रिपोर्टिंग करनी है, पूरी जानकारी प्राप्त करें। बिना जानकारी प्राप्त किये लिखा गया लेख या रिपोर्टिंग किसी के लिए लाभदायक नहीं होगी।

(2) खेलों के परिणाम की पूरी जानकारी होनी चाहिए। क्रिकेट के बारे में यदि यह लिखा जायेगा कि अमुक टीम ने कुल इतने गोल किये, तो यह एक चुटकला ही होगा।

(3) प्रत्येक खेल की अपनी भाषा है, इसकी जानकारी भी नितान्त आवश्यक है। फुटबाल में किक लगता है और हॉकी में हिट इसका भी ध्यान रखा जाना चाहिए।

(4) जीत–हार ही अपेक्षा खेल की तकनीक और खिलाड़ी के खेल पर विशेष ध्यान देना चाहिए।

(5) रेफरी और अम्पायर के निर्णय की आलोचना नहीं करनी चाहिए। यदि ऐसी स्थिति पैदा हो जाती है, तो उसके लिए किसी को दोषी न ठहराते हुए संकेत मात्र दिया जाना चाहिए। क्रिकेट में तो प्रायः यह स्थिति आती ही रहती है।

तब समीक्षक को लिखना चाहिए कि 'खिलाड़ियों ने बहुत विश्वासपूर्ण अपील की, परन्तु अम्पायर ने उसे स्वीकार नहीं किया।' कुछ भी हो, अम्पायर का निर्णय सर्वमान्य होता है। एक उदाहरण देखें-

हैरी ई. हीथ और गैल फेण्ड ने 'खेल समाचारों के सम्पादन' पर अपनी पुस्तक में खेल संवाददाता के लिए निम्नलिखित आचारसंहिता बनायी है- (क) पक्षपातहीन रिपोर्ट देना (ख) ठीक वर्णन करना (ग) ईमानदारीपूर्ण चित्रण करना (घ) समाचार-सूत्रों की रक्षा करना (ङ) प्रलोभन से परे रहना (च) अकारण किसी की आलोचना न करना (छ) पेशेवर खिलाड़ियों के साथ युवकों को भी प्रोत्साहन देना।

इन सब बातों का ध्यान रखकर अच्छा एवं सन्तुलित लेखन किया जा सकता है। खेल-रिपोर्टिंग को निम्नलिखित तीन भागों में बाँटा जा सकता है- (1) प्रारम्भिक प्रबन्ध (2) घटनाओं का उल्लेख और (3) काफी समाचारपत्र में पहुँचाना। ये तीनों चीजें आपस में महत्त्वपूर्ण हैं।

खेल संवाददाता को मैच शुरू होने से पूर्व देख लेना चाहिए कि आसपास किसी टेलीफोन आदि का प्रबन्ध है या नहीं? वैसे तो प्राय: बड़े मैचों में संवाददाताओं के लिए अलग टेलीफोन-कक्ष की व्यवस्था रहती है, जहाँ से वे अपने समाचार दे सकते हैं। यदि टेलीफोन का प्रबन्ध न हो, तो एक सन्देशवाहक की व्यवस्था होनी चाहिए, जो समय-समय पर समाचार आदि समाचारपत्र के कार्यालय तक ले जस सके। यह विशेषत: उन समाचारपत्रों के लिए महत्त्वपूर्ण है, जो सायंकाल को छपते हैं और उसी स्थान से प्रकाशित होते हैं, जहाँ यह मैच हो रहा है।

जो समाचारपत्र प्रात: छपते हैं, उनमें इतनी सावधानी की जरूरत नहीं, क्योंकि संवाददाता शाम को मैच समाप्त होने के बाद स्वयं कार्यालय जाकर रिपोर्ट लिखकर दे सकता है। वैसे आजकल मोबाइल फोन के होने से समाचार प्रेषण में बहुत सुविधा हो गयी है।

शीर्षक देना

वैसे तो समाचारों का शीर्षक देना सम्पादकीय विभाग का कार्य है, किन्तु एक अच्छा रिपोर्टर अपने समाचारों का शीर्षक स्वयं दे, तो यह अच्छी बात होती है। उसके शीर्षक को बदलना या ज्यों का त्यों दे देना सम्बन्धित उप-सम्पादक का ही कार्य होता है। खेल समाचारों का शीर्षक भी अन्य समाचारों के अनुरूप ही दिया जाता है, फिर भी ध्यान रखना चाहिए कि खेल समाचारों में महत्त्व परिणाम को दिया जाता है। कुछ शीर्षक देखें- (1) भारत को आस्ट्रेलिया ने 3-1 से पराजित किया (2) बागान 18वीं बार चैम्पियन (3) इंग्लैण्ड विजय की ओर (4) बालिकाओं की हैप्टाथलान में नया रिकार्ड।

ध्यान रहे कि शीर्षक समाचार की लम्बाई के अनुरूप हो और यथासम्भव संक्षिप्त हो। बहुत लम्बा शीर्षक समाचार पढ़ने की उत्सुकता को भंग कर सकता है। ध्यान रखें कि शीर्षकों में पूरा परिणाम प्रत्यक्ष दिखे। उपशीर्षक देकर छोटे शीर्षक की अपूर्णता

को पूरा किया जा सकता है। हिन्दी खेल-पत्रकारिता का अतीत बेशक अभावपूर्ण रहा हो, परन्तु इसका भविष्य उज्ज्वल है।

अब तो हिन्दी के संवाददाता भी विदेशों में खेल, संवादों और रिपोर्टिंग के लिए भेजे जाते हैं और उन्हें वही सुविधाएँ दी जाती हैं, जो अंग्रेजी पत्रकारों को दी जाती हैं। खेल लेखकों को अब प्रतिष्ठा मिलने लगी है और खेलों से सम्बन्धित पुस्तकें भी प्रकाशित होने लगी हैं। किसी एक खेल में सिद्धहस्तता प्राप्त करके इस क्षेत्र में प्रतिष्ठा अर्जित की जा सकती है। क्रिकेट खेल रिपोर्टिंग का एक उदाहरण देखिए– (यह समाचार अमरउजाला 7 जनवरी, 2004 में सात कालम (तीन कालम चित्रसहित) हैडिंग में प्रकाशित)

सम्बन्धों का महत्त्व

एक खेल-संवाददाता के लिए उसके सम्बन्ध महत्त्वपूर्ण होते हैं। वैसे तो प्रत्येक संवाददाता के लिए उच्चपदस्थ व्यक्तियों से सम्बन्ध बनाना जरूरी होता है, क्योंकि इससे वह उस क्षेत्र की अधिकृत जानकारी पा सकता है और अपने पाठकों को भी वह जानकारी पहुँचा सकता है। एक खेल-संवाददाता के लिए खिलाड़ियों, प्रशिक्षकों, मैनेजरों, टीम-चयनकर्त्ताओं और खेलसंघों के पदाधिकारियों के साथ व्यक्तिगत सम्बन्ध रखना भी आवश्यक है। उसके लिए इस प्रकार के सम्बन्ध कायम करना बहुत आसान होता है, किन्तु उन्हें बचाए रखना बहुत कठिन। इससे वह उनके बारे में प्रामाणिक जानकारी दे सकता है, परन्तु यदि कहीं भी उसके लेखन में शिथिलता आती है और वह पक्षपातपूर्ण लेख आदि लिखता है या कोई अपमानजनक बात लिखता है, तो इससे सम्बन्धों को बनाये रखने में कठिनाई उत्पन्न हो सकती है।

सम्बन्ध बनाये रखने के लिए आवश्यक है कि आप उस व्यक्ति के विषय में गलत या अन्यायपूर्ण समाचार न छापें। खेल-संवाददाता के बारे में यह धारणा बननी चाहिए कि वह निष्पक्ष और विश्वसनीय व्यक्ति है। एक बार यदि आपने किसी का विश्वास तोड़ दिया, तो वह सम्बन्ध हमेशा के लिए समाप्त हुआ समझिए, किन्तु इसके साथ ही इन सम्बन्धों पर अधिक विश्वास भी न कीजिए। अपनी निर्णयशक्ति को सदा सर्वोपरि रखिए। एक बात का इस क्षेत्र में और ध्यान रखा जाना चाहिए। वह यह कि किसी संवाददाता की रिपोर्ट किसी खिलाड़ी का भविष्य बना या बिगाड़ सकती है। इसलिए खेल-संवाददाता को सदैव यह ध्यान रखना चाहिए कि वह अपनी कलम से किस खिलाड़ी की अनावश्यक मानहानि न करे। यदि वह ऐसा करता है, तो इस कारण उसे कचहरी में मानहानि के मुकदमे भी भुगतने पड़ सकते हैं। आपने देखा होगा कि कई बार किसी खिलाड़ी के बहुत फिसड्डी खेल दिखाने पर भी समाचारपत्र उसे उतना बुरा नहीं लिखते, जितना वह मैच देखने वालों को लगा। इसका कारण यही है।

समाचारों की भाषा एवं उसका प्रवाह

समाचार लेखन और पत्रिका के लिए खेल सम्बन्धी लेखन की भाषा में अन्तर होना चाहिए। समाचार की भाषा सूचना देने के लिए है और पत्रिका का लेखन विस्तृत जानकारी के लिए। समाचार को हर प्रकार का, हर वर्ग का, हर आयु का व्यक्ति पढ़ता है, परन्तु पत्रिका को गम्भीर और अपनी ज्ञानवृद्धि चाहने वाले लोग ही पढ़ते हैं, अत: समाचार व लेख की भाषा में अन्तर स्पष्ट एवं स्वाभाविक है। खेल समाचार लिखते समय ध्यान रखें- (1) खेल-समाचारों की भाषा सरल होनी चाहिए (2) भाषा में गति और प्रवाह होना चाहिए (3) मुहावरों आदि का प्रयोग करके उसे बोझिल नहीं बनने देना चाहिए।

हिन्दी खेल-लेखन

खेलों से सम्बन्धित लेखन के दो रूप सामने आते हैं- एक तो अनुवाद और दूसरा मौलिक लेखन। प्रारम्भ में धर्मयुग जैसी प्रतिष्ठत पत्रिकाएँ भी खेलों से सम्बन्धित लेखों के अनुवाद ही प्रकाशित करती थीं, परन्तु पिछले कुछ वर्षों से खेलों के प्रति विकसित रुचि के कारण प्राय: सभी पत्र-पत्रिकाएँ मौलिक लेखन की ओर प्रवृत्त हुई हैं। हिन्दी में लिखते समय ध्यान रखना चाहिए कि प्रचलित अंग्रेजी शब्दों को उसी रूप में प्रयोग करें। उसे हिन्दी प्रेम के मोह में विकृत न करें। क्रिकेट के लिए लिखते समय ध्यान रखें कि एक शब्द है- 'रन'। कुछ हिन्दी प्रेमियों ने इसका अनुवाद किया है- 'दौड़'। उदाहरणार्थ- 'कपिल देव ने 70 दौड़ें बनायी।' इस प्रकार के प्रयोग से भाषा की रोचकता नष्ट होती है, क्योंकि आज साधारण आदमी भी 'रन' का अर्थ समझता है। इसी प्रकार अन्य खेलों में प्रयुक्त होने वाले अंग्रेजी के मौलिक शब्दों का भी मौलिक प्रयोग ही करना चाहिए।

धर्म, शिक्षा, साहित्य-कला एवं सांस्कृतिक समाचार लेखन

आज के युग में जनसंचार माध्यमों में विविध प्रकार के समाचार देखने को मिलते हैं। सामान्य और विशिष्ट समाचारों के बीच धर्म, शिक्षा, साहित्य, कला एवं संस्कृति विषयक समाचार भी होते हैं। प्राचीनकाल में जहाँ धर्म कुछ धर्म गुरुओं, शिक्षा गुरुकुलों, साहित्य कुलीन वर्गों तथा कला-संस्कृति की बात इस क्षेत्र के कुछ लोगों तक सीमित रहती थी, वहीं आज शिक्षा का प्रसार-प्रचार एवं वैज्ञानिक प्रगति के फलस्वरूप इसका प्रवेश व्यापक रूप से हर जगह देखने को मिलता है। इस प्रकार इन विषयों के समाचार भी जनसंचार माध्यमों में लिखने पड़ते हैं।

बड़े-बड़े धार्मिक गुरुओं और उनके संस्थानों का कार्यक्षेत्र इतना बढ़ गया है कि धार्मिक रुचिसम्पन्न लोगों के लिए इस विषय के समाचारों हेतु धार्मिक पत्रकारिता एक पृथक् कार्यक्षेत्र जैसा हो गया है। धर्म के क्षेत्र से जुड़े ये लोग अपनी पत्र-पत्रिकाएँ

भी प्रकाशित करने लगे हैं। समाचारपत्र बड़े-बड़े धार्मिक अवसरों या सम्मेलनों जैसे कुम्भपर्व आदि के समाचारों के लिए संवाददाताओं की एक पूरी टीम ही भेजते हैं। समाचारपत्रों में धार्मिक उत्सवों, सम्मेलनों तथा प्रवचनों का सार संक्षेप छापा जाता है। राष्ट्रीय विषयों पर इमामों, पादरियों और शंकराचार्यों के साक्षात्कार छापे जाते हैं। इन सबके समाचार लेखन में इस बात का ध्यान रखना आवश्यक होता है कि किसी धर्म विशेष की परम्पराओं और आस्थाओं पर किसी तरह का आघात न पहुँचे।

उदाहरणार्थ-

इसी प्रकार शिक्षा का क्षेत्र भी अब व्यापक हो गया है। शिक्षा सम्बन्धी नई-नई खोजों, शिक्षा क्षेत्र से जुडे लोगों की समस्याओं, शिक्षक संगठनों, शिक्षण संस्थाओं, शिक्षा परिषदों, विश्वविद्यालयों आदि में कुछ न कुछ नित्य ऐसा घटता है, जो समाचार होता है। इस प्रकार की अनेकानेक समस्याओं ने शिक्षा पत्रकारिता की आवश्यकता को जगाया है। आज समाचारपत्रों में विश्वविद्यालय परिसर जैसे कालम प्रायः देखने को मिलते हैं। उदाहरणार्थ-

साहित्यिक-समाचारों के अन्तर्गत कविगोष्ठी, विचारगोष्ठी, पुस्तकों का विमोचन और लोकार्पण, पुस्तकों पर होने वाली चर्चा, गोष्ठियाँ आदि जैसे समाचार आते हैं। इनकी प्रस्तुति भी सम्बन्धित गोष्ठी की गरिमा के अनुरूप होनी चाहिए और इनके समाचार-लेखन की भाषा, शैली भी विशिष्ट होनी चाहिए। उदाहरणार्थ-

धर्म, शिक्षा और साहित्य की ही भाँति कला और संस्कृति का क्षेत्र भी अब बहुत व्यापक हो गया है। आज प्रत्येक कला में विशेष योग्यता प्राप्त लोग हैं। संस्कृतिकर्मी भी तीव्रता से अपनी पहचान बना रहे हैं। सरकार सांस्कृतिक मन्त्रालय के माध्यम से कला और संस्कृति को बढ़ावा देती है। पूरे देश में कला और संस्कृति से सक्रियतापूर्वक जुड़े लोगों की संख्या लाखों में है। देशभर में सैकड़ों सांस्कृतिक संस्थाएँ और उनके कार्यक्रम हैं।

कला और संस्कृति के क्षेत्र में प्रायः कुछ न कुछ आयोजित होता ही रहता है। कहीं कलाप्रदर्शनी, कहीं विचारगोष्ठी, कहीं नाटक, कहीं संगीत-समारोह, कहीं कलाशिविर, तो कहीं सांस्कृतिक-महोत्सवों का आयोजन होता ही रहता है। इन सभी गतिविधियों और आयोजनों के समाचारों की रिपोर्टिंग आज प्रत्येक जागरूक नागरिक एवं कला-संस्कृति प्रेमी देखना चाहता है। संगीत कला के समाचार से सम्बन्धित एक उदाहरण दृष्टव्य है-

उपर्युक्त प्रकार के समाचारों के लेखन के समय रिपोर्टर को कुछ विशेष सतर्कता रखनी पड़ती है। क्योंकि उपर्युक्त प्रकार के समाचारों की प्रस्तुति में रोचकता लानी पड़ती है, ताकि पाठक को यह लगे कि वह सम्बन्धित समाचारों से तादाम्य स्थापित कर रहा है। ऐसे समाचारों की रिपोर्टिंग के समय शब्दों के चयन पर विशेष ध्यान

दिया जाना चाहिए। उनके लिखने की शैली वर्णनात्मक होने के साथ ही समीक्षात्मक भी होनी चाहिए। सांस्कृतिक-रिपोर्टिंग में चित्रों का विशेष महत्त्व होता है, क्योंकि इससे समाचार में सजीवता आ जाती है औ पाठक उसको देखने जैसा अनुभव करता है। उपर्युक्त श्रेणी के समाचार सम्बन्धित व्यक्तियों से साक्षात्कार करके भी लिखे जा सकते हैं। ऐसे समाचारों के लेखन में सम्बन्धित विषय विशेषज्ञ से बातचीत कर लेना अधिक लाभदायक हो सकता है।

आजकल इन विषयों के लिए कुछ स्वतन्त्र पत्रिकाएँ भी प्रकाशित होने लगी हैं, जिनमें विषय से सम्बन्धित प्रचुर सामग्री के साथ-साथ प्रस्तुति में विविधता भी दिखायी पड़ती है। यहाँ कुछ ही रिपोर्टिंग के उदाहरण प्रस्तुत किये गये हैं। इन्हीं के आधार पर देश, काल, परिस्थिति और विषय के अनुरूप विभिन्न प्रकार की रिपोर्टिंग की जा सकती है। आशा है कि इन उदाहरणों से आप रिपोर्टिंग के बारे में बहुत कुछ समझ गये होंगे।

✡ ✡ ✡

www.ingramcontent.com/pod-product-compliance
Lightning Source LLC
Chambersburg PA
CBHW071753090426
42737CB00012B/1804